大学语文教育视域下的
文学素养培养

陈媛萍　著

中国原子能出版社

图书在版编目（CIP）数据

大学语文教育视域下的文学素养培养 / 陈媛萍著. --北京：
中国原子能出版社，2023.9

ISBN 978-7-5221-3035-4

Ⅰ. ①大…　Ⅱ. ①陈…　Ⅲ. ①大学语文课–教学研究
Ⅳ. ①H193

中国国家版本馆 CIP 数据核字（2023）第 192813 号

大学语文教育视域下的文学素养培养

出版发行	中国原子能出版社（北京市海淀区阜成路 43 号　100048）
责任编辑	白皎玮
责任印制	赵　明
印　　刷	北京天恒嘉业印刷有限公司
经　　销	全国新华书店
开　　本	787 mm×1092 mm　1/16
印　　张	15.5
字　　数	228 千字
版　　次	2023 年 9 月第 1 版　2023 年 9 月第 1 次印刷
书　　号	ISBN 978-7-5221-3035-4　　　定　价　76.00 元

发行电话：010-68452845

前　言

　　教育既是一门科学，又是一门艺术，学科教育学不仅要研究学科的教学理论问题，而且要从教育学的基本原理出发，从培养人的高度来讨论学科教育的问题。在人的智力结构中，思维居于核心地位，是整个智力活动的最高调节者，给各种智力活动以深刻的影响，人类依靠思维能力，去认识世界、改造世界，创造了光辉灿烂的物质文明和精神文明。

　　语文教学的主要目的是培养学生的语文能力，学生的语文能力是以语文知识为基础，由听、说、读、写四种能力和思维的深刻性、灵活性、独创性构成的一个开放的动态系统。语文思维教学可促进学生智力的发展，从而有效地提高语文能力。为此，必须使语文学习与思维训练有机地结合起来，学思结合就成了学习语文的一条基本规律。学习语文离不开思维的积极参与，只有通过教师引导下的独立思维，学生才能达到发展智力、提高语文水平的目的，要达到这一目的，必须把握语文思维教学的特性。

　　由于语文教育与文学素养研究内容广泛，具有较强的综合性和应用性，加之笔者水平有限，时间仓促，书中不妥之处在所难免，敬请读者批评指正，以便今后进一步修改，日臻完善。

目　录

第一章　概　述

第一节　大学语文教育学的范畴

本书中所指称的大学语文是在高等教育阶段对学生进行的语文教育。大学语文教育学就是对这个阶段的各种语文教育现象观察、研究并进而探索其教育规律的一门学问。其基本目标是学生能够在大学语文教育过程中历练语文能力并使自身得到发展，最高目标是学生能够传承优秀文化并且养成努力创新的文化精神。

大学语文教育学的体系和人类社会、自然界的许多潜在规律相契合。它对众多学科知识和思想方法的吸纳、综合运用极为重视，致力于揭示语文教育系统中各要素的内涵及其内在联系，探索这个系统运动取得最大价值的种种可能性。因此，大学语文教育学要立足于我国的传统文化，从我国现实社会和未来发展的需要出发。通过总结语文教育实践的经验教训，把语文科学、教育科学、心理科学、社会科学等相互交叉、渗透、融合，建立大学语文教育理论体系。

大学语文教育研究包括三个层次的基本问题，即事实问题、价值问题和技术问题。事实问题包括语文教育的历史演变、基本特征、构成要素等基本事实，以及语文课程与教学的性质、状态、关系等客观属性。价值问题包括语文课程与教学目的的设定、意义判断和各种可行的教育途径之间的文化抉择。技术问题涉及语文课程的实现方式、设计程序和教学的操作手段等。这三个层次的问题常常纠缠在一起形成错综纷繁的现象。本书不仅要描述这些现象，揭示这些现象的本质，而且要从学理上论证它们的科学价值、实践价值，以及生命价值。

一、大学语文的目标、结构和过程

目标。目标是对活动预期结果的主观设想。它的价值在于为人的行为指明方向，聚合行为过程各要素的功能并提供一定的动力支持。彼得·德鲁克是一位管理专家，他在《管理实践》中提出的"目标管理"虽然是谈企业管理的，但对语文教育具有指导价值。他认为，并不是有了工作才有目标，而是有了目标才能确定每个人的工作。如果一个领域没有目标，这个领域的工作必然被忽视。因此，管理者应该用系统的方法，将庞大复杂的事情和行为，整理为关键性的可控制目标的管理活动。企业的使命和任务必须转化为目标。语文教育也一定是这样的，必须把庞大、广泛而又明显的任务和潜在交织的语文素养明确为一个个具体目标，这样，语文教育才不至于迷失方向。

语文教育目标明显受到社会政治、经济制度、文化传统、意识形态的制约，因而，语文教育目标具有社会性。它既是语文学科的目标，也是社会的目标，还是人生的目标。因此，语文教育的目标具有多样性。培养的学生应该具有良好的文化修养和较强的运用语言文字的能力，在语文的应用、审美、探究等方面得到协调、全面、有个性的发展。语文教育目标的多样性体现在三个维度：知识与能力、过程与方法、情感态度与价值观。各个目标之间并非是在一个目标实现之后才接着去实现另一个目标的线性关系。语文教育的各个目标之间形成一个相互联系着的网络。

知识与能力一直是语文教育的重点。古代语文强调识字和背诵；20世纪 60 年代认为语文知识包括字、词、句、章，语、修、逻、文，语文能力包括听、说、读、写；90 年代合称"双基"，如今把知识与能力作为语文素养的基础。

传统的观点认为过程就是教学过程，方法就是教学方法，这些似乎都只是教师的事。现在主张语文教育过程应当是学生"接受"和"探究"的和谐统一。要让学生享受学习过程，在体验和思辨的过程中学会学习语文，运用富有个性的语文学习方式养成主动探究的精神和能力。

语文是一门人文学科，学习的过程是一个情感体验的过程，是一个对社会、人生态度的思索过程，也是人生价值观不断形成的过程。情感态度和价值观不仅是语文教育目标的一个维度，还是语文教育的内容和动力。所以，要摒弃单纯的静态的理性分析，用丰富的情感体验的方式努力激发学生的积极参与。

结构。一切事物都有结构，结构是事物的存在形式。语文教育研究最为困难的大约就是语文教育结构的问题。语文教育的结构过于庞大和复杂，许多问题似乎边界不明。但是，语文教育研究应该把语文课程与人类历史、社会人生、众多学科教学相联系，从而构建大学语文教育完整的结构体系。

控制论在对某一类问题进行整体研究时将它称为系统，把组成系统的要素及要素之间的关系称为系统结构。结构分析就是先确定系统由哪些基本要素组成，然后分析要素之间的某种稳定联系和组织方式，从而从整体上把握系统行为。要特别注意的是，要素之间的关系是普遍存在并相对稳定的，它有一定的保持自身存在的调节能力，而且，这种关系把要素组成一个整体。在文化领域，一种文化意义总是透过特定的结构关系表达出来，一种文化意义的产生与再造也是透过作为表意系统的各种实践、现象与活动来完成的。

由此看来，语文教育系统是一个由多种要素组成且各要素共生共长的运动系统。这个系统虽然外在表现为某种技术的成分，但它实质上属于观念形态。从宏观上考察，语文课程的结构是由一个核心、三个维度、五个方面和两种课程构成的认知实践体系。"一个核心"是为了每一位学生的全面发展。其内涵是正视人存在的物质与精神、实然与应然的二重性，突出学生学习的主体地位,在语文学习的过程中帮助学生树立正确的人生观和价值观，为学生的终生发展奠定坚实的基础。"三个维度"是知识和能力、过程和方法、情感态度和价值观。这三个维度相互渗透，融为一体，共同构成一个人的语文素养。"五个方面"指识字与写字、阅读、写作、口语交际、综合性学习。两种基本课程是指必修课程和选修课程。如果从微观的角度观照语文教育，会发现它的内在结构如人的神经结构一样细密，功能极为复杂。各个结构要素的功能都不是孤立地进行的，而是在人的生命价值指令的直接或间接控制下，互相联系、相互影响、密切配合，使语文素养成为一个完整统一的有机体,从而发挥语文的文化交际和人格发展的功能。

过程。任何事情的发展都需要一个过程，但不同领域的过程具有不同的特征。日常工作的过程是一种手段，通过该手段可以把人、规程、方法、设备，以及工具集合在一起，以产生所期望的结果。从经济学的角度看，任何一个过程都有输入和输出，输入是实施过程的基础、前提和条件，输出是完成过程的结果。输入和输出之间是增值转换的关系，过程的目的是增值，不增值的过程没有意义。哲学中的过程是指物质运动在时间上的持续性和空间上的广延性，是事物及其事物矛盾存在和发展的形式。根据怀特海的过程哲学，在认知过程实际发生之前，根本无所谓主体和客体之分。主体和客体是在实际存在物相互作用的过程中逐步生成的，主体与客体的关系，以及主体对客体的认识也是一个逐步生成的过程。过程是事物存在的方式，是事物生成、转变和发展并走向目的的必经环节和途径。"存在"在任何意义上都不能从"过程"中抽象出来。

上述各领域对过程的理解，对认识语文教育过程都具有指导意义。教育的价值产生于过程。每一个教育过程都大致包括浪漫想象、精确分析和综合运用三个环节。这是一种不断反复的循环周期，由浪漫想象、自由探索进入精确分析，然后走向综合运用。对大学语文教学过程的挑战不是在个体的头脑中存储事实、理论，以及合理探索程序，而是产生各种语境，并使其中所形成的对话价值和意义能被最充分地认识；或去创造各种条件，并使该条件下的对话能跟个人或社会当前的实际追求联系在一起。一个人的能力和精神只有在对问题的研究中才能发生和发展。语文教育过程就是学生和世界在对话过程中"相遇"并相互生成的过程；是教师根据一定的社会要求、学科功能和学生身心发展的特点，指导学生通过理解教学内容从而感悟人生，认识世界，并在此基础之上发展自身精神力量的过程。语文教育过程是认识过程、心理过程、社会化过程的综合运动系统。学习主体在这个过程中"博学之，审问之，慎思之，明辨之，笃行之"，在练习语文能力的过程中提升生命的高度。语文教育最突出的特征是感性和理性的统一，认识和实践的统一，精神和技能的统一，学科和社会人生的统一。语文教学过程在于引导学生获得感性知识，"闻""见""知""行"缺一不可。大学语文教育过程的特殊性在于要在形象的飞翔中达到形而上思辨的境界。

二、大学语文的性质、功能和方法

性质。通常，性质是指一个事物所具有的区别于其他事物的根本属性，也就是事物固有的本质。但当事物遇上人，事物的性质就会因为人的介入而发生变化。这在对语文课程性质的认识上表现得尤为突出。有一种意见认为，性质是在对事物的适应和感觉中反映出的人性。人要适应事物或环境必然会从心理反应，以及由于自身价值观和世界观影响而做出相应行为。这种观点在人文社会科学领域是很容易找到根据的。存在即感知，事物的性质由心灵决定，乔治·贝克莱认为，像石头、房子、高山、河流、太阳等事物是因为被感知才存在的。所有这些事物都是存在于心灵内部的，在心灵之外没有任何东西可以存在。这种意见与王阳明的心学具有相通之处。乔治·贝克莱最终想要说明的是：万物的存在都依赖于上帝的存在。对于这种观点，可以理解为是他作为主教的职责所在。但是，这种观点仍然是有意义的：事物存在的意义有赖于像人类这样有感知能力的灵魂，或者说，心灵感知事物就是心灵感知观念。

人在对自然或社会事务的认识中赋予各种事物以含义，人类在传播活动中交流的一切精神内容都包括在意义的范围之中。一旦把事物的本质归为某个单一元素就无法完整地还原事物的整体，而以事物的某一因素说明事物的整体就限制了对事物的观察视野，不能清楚解释事物运动过程的复杂性，不能从更深刻、更细微的层面把握事物的本质。所以，任何一种事物的性质都应当从整体上来认识，充分注意到事物运动系统的完整性。

如果认同了事物的性质与人确实有关，并且同意从整体上完整地认识构成事物性质的多种元素，那么，一个事物的性质按照它与人的认识能力关系的不同可以分为三种。即与人的认识能力无特殊关系的、事物自身固有的科学性质，这种意义上的性质可以称为事物的第一性质；虽基于事物自身固有的某些属性却主要是由于认识能力的局限而被"发现"或"赋予"的功用性的性质，这种意义上的性质可以称为事物的第二性质；由于认识能力特别是联想和想象能力的过度使用而被赋予的人为"性质"，这种意义上的性质可以称为事物的第三性质。语文的性质在这三个层面上的界定就特别有意思。《高中语文课程标准》指出：语文是最重要的交际工具，是人类文化的重要组成部分。工具性与人文性的统一是语文课程的基本特点。照这种理解，文化是语文第一层面的性质，工具性和人文性分别属于第二、第三层面的性质。这种把握是全面的。

其实，任何事物的现象与本质都是统一于物，以及物与物的相互关系、相互作用之中。现象中体现本质，本质寓于现象之中，二者从来就没有分开过，被分开的只是个体的思维而不是现实。一个基本事实是，一个个具体的言语活动，都有自己特定的对象、目的和内容。有谁在现实生活中见过裸露着本质的抽象的"语文"？虽然本质是感觉到的现象的思维抽象，但这个本质不可能是感觉所能感觉到的，而是依靠思维推理分析出来的。在语文教育研究中不可过分拘泥或陶醉于对语文性质的追究，而应该注重研究具体的言语活动，以及从事言语活动的人的生命活动。

功能。功能是指事物或方法所发挥作用以满足某种需求的一种属性。从广义上说，凡是满足使用者需求的任何一种属性都属于功能的范畴。功能作为满足需求的属性包括客观物质性和主观精神性两个方面，称为功能的二重性。《牛津英语词典》认为功能是一种行为模式，通过此行为，某物实现了它的目的。这种解释揭示了某事物的功能在动态过程中的生成性，它不是事物的属性而是它的能量。通过这个角度可以更好地认识事物的价值并有利于它的应用。

"功能"与"作用"两者虽然相似，但"作用"只限于现在和未来，"功能"却可以生殖，用佛家的话说是可以通于三世，因此两者并非完全相同。《阿毗达磨顺正理论》卷十四云："谓有为法，若能为因，引摄自果，名为作用，若能为缘，摄助异类，是谓功能。"这里把功能与作用做了清楚的区分。佛学把某事物的功能和作用区别开来，对认识语文的功能极有意义。语文的功能不可局限于当下的实际运用之一途，而应全面考察它对人的孕育和生成的力量。

教育界对语文功能的认识经历了教化功能—智能功能—人文功能的演变。在我国古代，"化民成俗"是教育的基础目的。"诗书教化，所以明人伦也"，为了实现教化的目的，"四书""五经"成为蒙学之后的主要课本。如《诗经》，孔子说："不学诗，无以言"，"诗可以兴，可以观，可以群，可以怨。迩之事父，远之事君，多识于鸟兽草木之名。"在古人的心目中，《诗经》是进行全面教化的生动教材。1912年，教育部颁布《中学校令施行规则》指出："语文要旨在通解普通语言文字，能自由发表思想，并使略解高深文字，涵养文学兴趣，兼以启发智德。"这时已将"智"列于"德"之前，极为重视语文的智育功能。20世纪90年代以来，语文教育切实尊重学生的主体地位，开始重视人的发展这个根本性的问题。

语文教育具有多方面的功能，从不同的角度考察可以得出不同的结论。从历史的角度看，它具有文化传承的功能；从社会的角度看，它具有沟通凝聚的功能；从个人的角度看，它具有涵养和发展的功能等。如果从语文自身来看，它的功能也是多元的。最基本的几种功能是：认知的功能，发展的功能，交际的功能，想象的功能，皈依的功能等。语文是人学的一种。从这个意义上说，人有多少可能性，语文就有多少种功能。认识到这一点非常重要——在语文教育的过程中，常常有人把语文的功能弄得机械单一，语文因此形销骨立，失去它本来的风采和魅力。

语文的功能具有不可忽略的特殊性。作为一种商品的功能与功能载体在概念上有分有合，而语文则是合二为一的。麦尔斯在谈论商品的价值时说，顾客购买物品时需要的是它的功能而不是物品本身，物品只是功能的载体。只要功能相同，载体可以替代。这是功能与其载体在概念上的区分。但是，一种功能的实现不可能没有载体，所以功能与其载体又必须结合。在价值工程运作中，往往是某种功能与原来的载体分离了，经过创新方案与另一个载体结合起来，这就称为功能的载体替代。但是，语文的功能却是不可能寻找载体替代的。语文的功能和载体是不可分离的，甚至一种语言的翻译，一种文体的改写，严格说来也不是什么载体的转换而是本体功能的迁移。你可以把锄头与使用者分离开，但是，你不能把舞蹈家的肢体与他的舞蹈分离开，更不能把一个人所表达的内容与他运用的言语分离开。

方法。方法是由目标决定的，方法是一种思维的现实。教学叙事和哲理思辨的结合是大学语文教育学研究的基本方法。它从哲学思想、教育理念和操作方法三个层次展开，这三个层次之间的关系如同土地、果树和果实之间的关系一样。一定的操作方法总是受一定的教育理念的支配，一定的教育理念也是由相应的哲学思想孕育诞生的。而哲学思想、教育理念只有转化为操作方法才能应用于语文教育实践，也只有通过具体的操作方法才能产生实际的效果。语文教育的方法蕴含着丰富的思想、感情，绝不是纯粹机械冰冷的技术。

语文教育学的研究方法不仅要求积累大量有关课程实际的资料并对之进行分析，还要求理解其试图加以解决的课程现实问题及其意义。语文教育研究要有活力，其首要条件就是要干预语文教育的现实问题，这种干预意味着既要从整个人类发展的广阔视野出发规定课程与教学问题，还要从具体社会的实际情况出发规定课程与教学问题。站立在历史和未来的连接点上，把目光伸向社会、人生和文化三个领域。研究的过程不能停留在对各种语文教育存在形态的直观叙述上，也不能搞成对语文教育现实及其历史发展的单纯的形而上的思辨。要力求对各种具体材料做出相对系统的分析和解释，并且通过这种分析和解释形成对语文教育理论的构思。这个过程中的三个关键词是：描述、经验研究和观念化。

对大学语文教育事实描述的选择是至关重要的，这是大学语文教育理论形成的重要环节。在社会现象方面，没有比胡乱抽出一些个别事实和玩弄实例更普遍更站不住脚的方法了……如果从事实的全部总和，从事实的联系去掌握事实，那么事实不仅是胜于雄辩的东西，还是证据确凿的东西。如果不是从全部总和，不是从联系中掌握事实，而是片断的和随便挑出来的，那么事实就只能是一种儿戏，或者甚至连儿戏也不如。不能拿一个学生写不好请假条的"事实"来说明语文教育的重要任务是教给学生写好请假条。没有经典叙事的研究会失去现实的基础，不管它的体系构筑得多么完美，充其量是一种漂亮的乌托邦。选择描述的教育事实要具有典型性，典型的意义在于它能够解释本质，也能够孕育规律。此外，描述还应尽可能地做到它所应当具有的开放性和多角度产生的层次性。描述的开放性是建立在充分的教学细节之上的，而层次性就不仅是观察角度的问题，还意味着观察者所拥有的精神高度。这对想象力和创造性是一个严峻的考验。

对语文教育事实的搜集和整理离不开已有的概念和原理，以及真正跨学科的方法论，特别是语言学、文学、教育学、心理学和社会学的观念体系。寻求一个明确体系的认识论者，一旦他要力求贯彻这样的体系，他就会倾向于按照他的体系的意义来解释科学的思想内容。同时排斥那些不适合于他的体系的东西。……但是，经验事实给规定的外部条件，不允许他在构造他的概念世界时过分拘泥于一种认识论体系。汉森的观察渗透理论也认为，通常是带着由过去的经验和知识构成的以各种特殊语言和符号的逻辑形式加以着色的眼睛来"观看"的。"看"是所谓的渗透理论的操作。"渗透"的不仅局限为主体的背景知识，还有心理因素、社会文化因素、价值观念因素等。对于语文来说，还涉及人们的信念、欲望、意图、目的等多种因素。大学语文是跟社会人生一样复杂和广阔的。

这就是说，对一种经验的研究是存在危险的。研究中先前的观念是无法完全拒绝的，同时也不应该拒绝，要做的是在进行观察或经验调查时，及时进入研究对象的结构性的关系中，在各种联系中建立观念。大学语文教育研究应该时刻注意重建自己的研究思路。在概括、抽象，从个别走向一般的过程中，只要牢记自己的目标就不会迷路：语文教育研究是人的科学，是根据作为人的需要、利益、希望表明的价值和规范来进行的，研究者要肩负起学术建设和语文教育创新的社会责任。

在研究的过程中，常常要从现实回望历史。作为事物演变过程的历史并不总是过去式的存在，它还是面向未来能够孕育的开放性的存在。历史的道路上留下两行深深的脚印，一行是经验，一行是教训。它们无时不在提示着走向未来的道路。梁启超说："史者何？记述人类社会赓续活动之体相，校其总成绩，求得其因果关系，以为现代一般人活动之资鉴者也。"希腊语"历史"原义就是"调查、探究"。历史具有明显的动态增殖性。柯林伍德说："一切历史都是思想史，历史与伦理、哲学和艺术同属人类重要的精神资源。历史可提供今人理解过去，作为未来行事的参考依据，人们总是可以用历史材料来谈论现实中的问题。

我国语文教育的历史极其漫长、曲折，它本身就在昭示着丰富的意义，对它的研究具有更大的价值，这种价值在当下更指向未来。总的来看，我国语文教育的进程和我国社会的进程紧密相连。从内容方面看，古代的语文教育文史哲不分，经史子集融为一体。语文的独立分科才只百余年。内容的选择是由教育目标决定的，而教育目标又受到社会体制的性质及其社会生产方式的制约。从方法来看，社会需要什么样的人就要采用相应的方法来培养。是熟读经书及其注疏并以此为标准，还是尊重学生的主体性，鼓励其独立思考和创造，这远不是一个语文教师所能决定的事情。从体例看，我国以文学为主的语文教育形式一直占主导地位，但各个时期的变体也不断出现。

语文教育绝不单纯是语文自身的事，它跟政治、经济、伦理等重大因素密切相关，特别是跟社会思潮息息相通。就最近的语文教育考察，因为全球化急剧推进，人们备感生存的无根和焦虑，因而急切呼告坚决捍卫语文的母体地位，以此保住民族精神的家园。因为市场经济在社会中心地位的确定，人们发现职业操守无底线的大面积溃败，因而主张语文教育要承担起人文精神的培育，试图以此拯救日渐沉沦的人性。当从这些斑驳、绚烂的历史中抬起头来眺望未来的时候，语文教育的道路分明地正在从脚下向远方延伸。

第二节 大学语文教育的态度

一、语文教育应重视学生的精神成长

在语文教育过程中，虽然不能忽视学生的物质生命，但更紧迫的是侧重于学生的精神生命的建构。一个人的精神生命包括三个层面，即知识范畴、感情态度和价值观。这三个层面由表及里纵向排列，而在某个具体的认知过程中又交融渗透，相互催生。知识处于最外层，它标志着人对世界了解的程度。一个人的知识广阔代表着他与世界联系的广泛。如果掌握的知识过于狭窄和肤浅，则意味着生命和世界处于隔膜或断裂的状态。感情处于中间层，是人对世界的感受和体验。感情要在相关知识的支持下才可能产生，而感情的方向和强弱又受价值观的支配。价值观处于人精神生命的核心，它为人的精神生命提供动力并决定着生命的方向。要特别强调的是，知识、感情和价值观是靠思维联结并因此获得生机的。离开了思维，三者将会陷入孤立封闭的状态从而走向破碎和沉寂。反过来，思维也离不开知识、感情和价值观的支撑，任何人的思维都不可能无所依凭、漫无目的地空转。所以，要培养一个丰富、强大的生命，要使一个人的精神积极和高贵，必须从知识、感情和价值观三个方面入手，又特别不能忽视贯穿于其中的思维能力的发展。一旦生命气象葱茏，生机勃发，那些平时悄无声息的词语就会变得神采飞扬，一起朝向理想的目标飞奔。反之，对于一个生命羸弱、精神萎靡的人来说，任何词语都显得呆头呆脑、暗淡无光。一个人言语的内容和方式在本质上是他生命的现实，精神的高度决定着言语的高度。

从语文教育要培养的学生听说读写四种技能来看，语文能力和生命的质量呈现鲜明的正比例关系，二者紧密结合而成为一个有机的整体。听和读，都必须弄清楚每个词所代表的事物，理解每个词中所包含的生命感悟。只有在生命之流中的词语才有意义，丰富、积极、开放的生命才能有效地听和读。一个人说的能力绝不仅仅只是嘴上的功夫，它决定于人的认识、思维、心态等复杂的生命要素。磨利嘴皮必先磨利思想，要把话说好必须先把头脑和心灵培养好。写作也不是做一个文字搬运工，写作是一种深刻的生命现实，是认识事物的过程和结果。言语的舒展是思想的流畅，言语的优美源于思想的精致。思想就是生命对事物的感受和判断。所以，运用语言的能力在本质上是一种思想的能力，它来源于心灵的力量，言语行为只是把外部世界跟思想结合在一起。语文活动实质上是一种深刻的生命活动。文采即生命的光彩，华章映射出精神的光辉。口若悬河、下笔如有神是思维的奔涌不息。因此，语文教育必须唤醒、壮大、升华学生的生命，使之敏感、坚定、深刻，语文教育崇高的使命是让学生的灵魂睁开眼睛看世界，让他们的精神站立起来朝前走。

那么，人的精神生命归根结底来自于何处？它的力量到底怎样壮大？

在人和世界的联系中，人和自然、人和社会、人和人，以及人和自身的命运，都时常处于一种矛盾的运动中。这种矛盾一方面使人认识到自己的有限性，使人产生无助和恐惧等对生命力否定的情绪；另一方面在这种否定中又相应地激发起了人的超越的能力，激发起想象力朝着更高的理性超越。崇高的生命力在瞬间的退回后实现大幅度的起跳，它以反弹的形式实现对人的本质力量的确证，这是对人自身的有限性的超越。想象力在退回中意识到的应该是面向无限的一种勇气和精神，这就像黑暗中的一道闪电，或是荒野上的一条路，它通过分割混沌或大地而构成一种延异，从而揭开一个陌生和别样的世界。人在置身困境时，心灵的这种意义才会呈现出来，才会有对有限生命中的无限意义的执着、追索和探寻，才会努力超越自己的有限性，不断创新，不断献身。所以，应让学生多接触、了解他们生存的这个世界，认识自然和社会，洞察历史和现实，理解个体生命在世界中的真实存在及其意义。特别重要的是要引导学生用高贵的心灵之光去反观、照射这个世界上一切现存的事物，以自己丰富、强健的想象力实行对现实的超越。

总之，语文教育要依赖于生命教育才能实现。生命的丰富内涵是语文教育的内容、动力和终极目标。

二、语文教育要秉持坚定的理想精神

理想化不仅是一种高级的精神追求，对语文教育来说，理想化还是一种重要的科学方法。

如果说语文学科的基础是语言，语文教育的过程是言语，那么，语文教育的灵魂就是理想主义。语文是人类最重要的交际工具，是人类文化的重要组成部分。"交际"是主体和客体之间、主体与主体之间的对话和交流。客体一旦进入主体的视野，它就不再是纯客观的了，特别是在人文领域，客体往往映现出主体的本质力量的光辉，而主体是文化孕育出来的精神的载体，主体之间的交际无不显示出人的本质力量的对话性。"交际"在本质上是一种深刻的文化活动。文化是一种精神力量，是一种价值取向，是人类不屈不挠走向文明的悲壮的过程，以及在这个过程中产生的辉煌的成果。文化的核心就是理想精神。它像火把、像太阳一样，照耀、引导着个体的人生，以及人类社会前行的坎坷之路。人们才因此不避艰险努力创造，人类社会才因此日积月累拥有了灿烂的文明。

没有理想的人生是黑暗冰冷的，没有理想的社会是混乱癫狂的，那么，没有理想的文化将是不可思议的。

语文教育的每一个环节都是在了解人类文明的进程，鉴赏人类进步的文化成果，从而深深地理解民族，以及人类的历史和现状并展望未来，为自己及社会设计一个理想的蓝图，并为之努力奋斗。语文教育的外部活动是对人类文化成果的认知，内部活动是学习主体对文化成果中理想精魂的吸纳，并由此构建主体的文化人格，确立主体理想的人生目标。

　　语文教育的三维目标之一是感情态度和价值观。感情是人对事物的心理反应，价值是人评价事物的标准。感情态度和价值观是紧密相关的，一个人的感情态度取决于他的价值观。同样一个事物，会因为价值观的差异而在个人的心理上引起不同的反应。价值观建立的基础又是什么呢？应该是理想。就是说，价值观是受理想制约的，有什么样的理想就有什么样的价值观。理想的方向决定着价值观的方向，理想层次的高低决定着价值观层次的高低。

　　理想是一个人的精神追求。它包括道德理想、人格理想和社会理想。语文教育的目标，在道德方面是教学生做一个能够自我完善的人，善良，有责任感。在人格方面能够独立、坚定、进取。在社会方面，则努力追求正义、文明和进步。在这种理想的基础之上，才能建立正确的价值观，知善恶，辨是非，有追求。才能够自主地区分出高尚和低下，懂得什么是永恒，什么是虚幻。如果能做到这些了，那么，他的感情才可能是纯粹的，才知道爱生育自己的父母，才可能关心别人，才知道热爱用文化的血脉滋养自己的民族，进而热爱脚下滚烫的大地，对国家、对人类的前途心怀忧虑，他才能够为正义的事业而终生奋斗。

　　人类理想还是语文教育内在、持久的动力。一个字词代表一个事物或概念，运用语言并不只是字词无意识地排列、堆砌。运用语言的实质是寻找事物或概念之间的联系。这种联系既是事物或概念之间固有的，又是在主体意识的烛照之下发现的。如果没有主体意识的烛照，事物或概念"固有的联系"只能是处于幽晦的状态而不能为人所知，那么，许许多多的字词也就成了没有联系的散沙。

　　感情态度、价值观和理想精神共同构成一个人的主体意识，其中最核心的是理想精神，它既是运用语言的动力，又是运用语言的内在尺度。人类的任何实践活动都是人的本质力量的显现和确证，言语活动也不例外。言语并不是如水波光波一样的纯物理性的东西，而是感情价值，以及理想的流动。当面对一群人物一些事件的时候，只有理想的光辉洒在它的身上，才能对它产生一种生动的感知，才能评判它的价值，才能对它发生某种心理的触动。思维飞扬起来，语言才可能飞扬起来。如果缺少了理想光辉的照耀，事物就如同处在漆黑的夜里，虽有眼睛却没法看到它，没法捕捉到它的灵性，那是跟生命相契合的神性之光。失去了理想，价值观是混乱的，感情是冷漠的，感觉也必是麻木的，所认识的一个个的字词也会变得懒惰呆滞，语言的运用就会艰涩、疲倦甚至不大可能。语文教育要发展学生的言语能力，发展言语能力要在言语实践中发展，理想是言语实践的动力。理想不仅重新赋予字词以个性化的生命，而且还决定着字词"排列"的秩序和方向。理想是一种了不起的精神力量。

在语文教育中高举理想的旗帜是由语文的性质决定的。理想作为语文教育的灵魂、目标、动力、方式和评价的重要尺度，几乎涉及语文教育的各个方面。只有灌注理想精神，语文教育才能活起来，效率才能高起来，培养的学生也才能真正成为人格健全、富有创造力的现代化的公民，整个社会才会逐渐成为一个和谐创造的社会，民族也才能够强大。

第二章 语文本体界说

第一节 汉语言的主体性

语音、语义、词汇和语法是构成语言的基本要素，语言的意义是在各要素的流动过程中实现的。所以，研究语言的本质就要从分析语音、语义等方面入手了。

一、语音生于人心

语音是由人的发音器官发出来的表示一定意义的声音。所谓"一定意义"就是指声音所代表的事物（或概念），那么，事物（或概念）与人的发音器官的发音状态是什么关系呢？从物理学的角度看，语音具有音高、音强、音长、音质四个要素。其中音质是最基本的要素，因为它是一个声音区别于其他声音的基本特征。而音质取决于以下三方面的因素，即声带振动不振动，这是发音体方面的因素；肺里呼出的气流所碰到的阻碍用什么方法克服，这是发音方法方面的因素；肺里呼出的气流在什么部位受到阻碍，如果没有受到阻碍，口腔的形状又是什么样的，这些都会造成共鸣腔的不同形状。当一个人面临着庞大物体的侵害而心怀恐惧的时候，与面对细小精致的物体而身心极为放松的时候，他的胸腔、口腔、喉咙的开合、震动的幅度是大不相同的，这种不同对声音的音高、音强、音长，特别是音质具有决定性的影响。事实上，某种事物的发音取决于主体对这种事物的感受，而这种感受又受制于事物的形状和性质。也就是说，是"一定意义"决定了人的发音器官的发音状况。因此，语音跟人们看到、听到的东西密切相关，它反映出主体对事物的极其微妙的感知，它是世界上的各种不同的事物在人们敏感、隐秘的心灵深处产生的回声。所谓"喜则气满声高，悲则气沉声缓，爱则气缓声柔，憎则气足声硬，急则气短声粗，冷则气少声淡，惧则气提声抖，怒则气粗声重，疑则气细声粘，静则气舒声平"，正是揭示的这个道理。

《礼记·乐记》中说："凡音之起，由人心生也。人心之动，物使之然也。感于物而动，故形于声。"荀子在阐述语言缘起时，也强调"天官"的作用。"天官"即人的感官，杨倞注："天官，耳、目、鼻、口、心、体也。谓之官，言各有所司主也。""天官"发挥作用的方式是"意物"，即以感官感受事物。正是在物的刺激下，感官才接收到了多方面的具体信息，给心官以统摄的材料。这就说明了语言起自于感物，源于心灵，它如同呼吸、血液、性别一样，神秘地存在于人的主体性之中。语音的物质基础是人的生理器官的功能，它的精神动力则是心灵表达的需要，是主体精神的不由自主的流射。它源于生命而又呼唤着生命。

卡西尔也认为，语音"并非依赖于单纯的约定，而是有其更深的根源。它们是人类情感的无意识表露，是感叹，是突进而出的呼叫"。洪堡特也曾对语音做过类似的论述，他说："发音器官发出的声音恰似有生命体的呼吸，从人的胸中流出，即使在未使用语言的情况下，声音也可以传达痛苦、欢乐、厌恶和渴望，这意味着，声音源于生命，并且也把生命流入了接收声音的感官：就像语言本身一样，语音不仅指称事物，而且复现了事物所引起的感觉，通过不断重复的行为把世界与人统一起来，也就是说，语音把人的独立自主性与被动接受性联系起来。"恩格尔坎普则进一步指出："不同的说话所发出的某一音位是有差别的，即使同一个说话者在不同时间发这个音也会有所差别。这就意味着音位并不存在于语言的物理信号中，而是语言使用者的创造，它是一种心理单位。"这都说明，语音就是人类意识中天赋的"情绪"，它是人类心灵的天然的律动，它是天籁在主体心灵中的回响。人们常说的语音的社会属性应该是建立在语音的主体性的基础之上的。

还有一些学者从语言起源的角度论述了语音本质的主体性，如卢梭认为："人类最初的语言……其实就是最简单的自然呼声。自然的呼声是在紧急的情况下，只凭本能发出来的，如遇到危险，求人救助；遇到疼痛，希望减轻……当人类的概念逐渐扩展和增多时，并且在人们之间建立起更密切的来往时，他们便想制定更多的符号和一种更广泛的语言。正如思想控制整个心灵，语音首先具备一种能够渗透和震撼全部神经的力量。语音的这个特点使它有别于所有其他的感觉印象。……感觉的生物能发出非分节音，思维的生物还能发出分节音。正如最合乎人性的思维在黑暗中渴慕着光明，于囹圄中向往着无限的自由一样，声音从胸腔的深底向外冲出，在空气这种最精微、最易于流动的元素中觅得一种极为合适的媒质，而这一媒质从表面上看并不具备实体性，这使得它在感觉上也与精神相一致。"语音的本质与主体思想内部的精神因素密切相关。亚里士多德说："说出的词是心理经验的符号，而书写的词是说出的词的符号。"语音与主体心理之间存在着一种根本、直接、深刻的相关性，它是外在事物与主体自身的高度融合与共同呈现。

二、汉字字形是人认识到的事物的特征

文字是语音的物质化，是先有声音然后才有记录这种声音的文字。汉字是传达汉语言的符号。有些人一谈到符号总是认定符号的任意性，也总是好举交通灯为例来说明汉语言的任意性。其实，用红、黄、绿这三色来做交通信号是和人的视觉机能结构与心理反应有关的。任何符号中都包含着人们对事物的某种感知，总是受制于主体与事物之间的某种逻辑关系，

那么，作为汉民族文化结晶的汉字就更是如此。

汉字是汉语言的独立的基本结构单位。汉语中的字，相当于印欧系语言中的词而不是语素。所以，在很大程度上，汉字的研究也就是对词的研究，汉字在汉语言中占有基础的中心地位。汉字是世界上仅存的象形文字，属表意文字，集形、音、义于一体。表意的汉字显示出我们祖先与世不同的文明传统和感知世界的方式。汉字的构字基础是象形字，其他几种造字法是在象形字的基础上构成的。日常所见之实物皆有字符与之相应，象形字与实物有着直接的密切的联系，如"日""月""木""鸟""走"，就准确、生动地描画出了事物的形象特征。由于世界上存在着抽象事物，而此抽象事物皆无原物可以画像，于是便通过联想将几个实物图形（相形字符）叠加在一起，反复组合的结果产生了大批表达抽象事物的字符，如"炎""歪""情""想"，就形象地揭示了概念的性质特征。象形的特征造成了汉字的鲜明的画面感、突出的个性和强烈的暗示性。"哭"字就像是在瞪着眼睛掉眼泪；"笑"字正表现了一副笑眯眯的表情；一见"坎坷"二字，似乎看到了大大小小的土疙瘩充塞的道路难以行走的情形；"囹圄"二字想象出与外界隔绝的监狱滋味。汉字以简单的笔画描写了事物的特征，揭示了事物的性质，是主体对世界的感受、认知的结果。一个字词可以是一种具体的事物，表现为事物的形状、特征、性质；也可以是一种情绪，表现为同情、畏惧、厌恶；还可以是一种行动，表现为积极的反应或消极的抵抗；甚至是一种思想观念，表现为逻辑上的概念、命题、论证。总之是包含着主体的思维、心理、意识等层面的丰富的内涵。

因此，汉字的字形与字义的关系绝不是任意性的，这一点与拼音文字有很大的不同。拼音文字记的是声，与实物没有任何相像，人们可以读懂却可能根本不知其意，其"识字"有时并不是真正的"识字"而只是"识字母"而已。

三、词义和语法指向事物的本质及其联系

罗素在《心的分析》中说："人们很自然地会认为一个词的含义是约定俗成的。但是，这种看法须是在一定的范围之内方属正确。可以根据惯例给现存的语言中添加新词，许多新的科学术语就是这样产生的。然而，语言的基础却不是约定俗成的，不管从个人的角度还是从群体的角度看都不可能。正在学话的小孩所学的不过就是环境所决定的那些习惯和联系，但要说它们起源于人们的约定俗成，同属虚妄之谈。很难想象曾有一群从未开口说过话的声聋之人突然凑集一处，共同决定把牛叫做牛，将狼称为狼。词与其含义之间的联系一定是经过了某种自然的过程而发展起来的……"洪堡特也认为："词不是迫于需要和出于一定的目的，而是自动地从胸中涌出的，任何荒原上的游牧人群，都有自己的歌曲。因为人作为动物的一类，乃是歌唱的生物，只不过他的曲调与思想相联系。"虽然绝大多数词汇的渊源已被忘却，可每个字词最初都是天才闪光的结果。它之所以被广为接受，乃是因为它在那一瞬间曾以象征的形式使最初的说话者和听话者认识了眼前的世界。语源学家发现，即使最冷僻的词汇过去也曾是一幅光彩夺目的图画。语言是诗的化石，是情绪和认识的结晶。这一点在汉字中非常明显，每个汉字都是对事物特征的细致描摹和对事物性状的深入把握。因而汉字特别能激发人们对事物的想象力，促进人的倾向性的行为。

一个词的词汇意义指向事物的本质，而它的语法意义则揭示了事物之间联系的必然性或者是可能性。就是说，语言给予的不是一堆事实，而是连同事实把道理一起给了。语法的逻辑来自生活的逻辑，本质表达在语法里。可以说"美丽的青春"，可以说"小树在成长"，而不能说"美丽的垃圾"，不能说"桌子腿在成长"，就是因为说出的词的顺序必须揭示出语词和存在的基本关系，必须符合世界上各种事物之间的逻辑关系。语法正是

这种关系的呈现而不是随随便便地堆砌。在本质上，语言应和着存在的无声之音。语法表达的乃是大众思想中无意识的逻辑。构成思维活动基础的各主要智能门类已由我们的母语确立了。在运用语言时，是没有明确意识的，而却能借助人类思维的系统化方法，这说明对其逻辑上的分类与组合已是何等的熟悉。语法规则绝不是人们硬性规定的。人们在言语实践中也很少想到语法规则。它跟人的思维方式是完全一致的，或者说，它就是对思维逻辑的描述。语法跟人的思维的关系，就像船跟河道的关系，船行何处，完全取决于河道的走向。

四、语言是主体对存在的揭示和呈现

语音、字形、词义、语法都跟主体与事物的关系紧密相连，是主体对事物认识的结果，是主体对存在的揭示和呈现。既然如此，为什么还有人坚持所谓语言符号的任意性原则？这有两个主要的原因：一是因为在若干万年之前，人类语言诞生、形成发展过程中文化中介的轨迹逐步被时间磨灭的结果；二是语义不断"隐喻转移"的结果。卡西尔曾举例说："一些声音的组合，如果能和着某种旋律来唱，而且在击败或杀死敌人后用作欢庆胜利的赞歌，就可能变成代表那个特殊事件乃至代表那个杀敌英雄的专有名称。"通过把这种隐喻的表达转移到类似的情况，人类语言就得以发展下去。但恰恰正是这个'隐喻转移'一语概括地包含了全部的问题。这样的转移意味着，以前一直只是强烈情感的无意流露和吼叫的音调正履行一个全新的任务：它们在作为传达确定意义的符号而被使用。"再如阿Q对"癞""光""灯""烛"的忌讳，在特定的言语环境中，这些字的意义全都发生了奇妙、有趣的转移。这样的情况在人类运用语言的漫长岁月中极为常见并由此造成了一些语音、字形与语义之间的距离感。尽管如此，语言的主体性本质仍然没有改变，语言从来就不是简单的"替代物"。

通过以上的论述可以理解汉语言与主体的知觉的关系极为密切,知道语音绝不是"物质的声音,纯粹物理的东西,而是这声音的心理印迹"。它是一种可以直接作用于人类知觉系统中的听觉的意识。语义是同语音形式结合在一起的人们对某一事物的概括反映和主观态度,语义又是主体想象的产物。"人们听到这类概念就会记起这些具体的客体,因为他曾从中抽象出有关的语义特征。这就是说,他能同时记起所有这些特征的那些客体。借助于这种直觉'再现'自然能够激活起比概念定义多得多的语义特征,即激活了记起的客体的所有特征。从被激活的语义特征的数量来看是非常丰富的。"而"语法表达的乃是大众思想中无意识的逻辑",语法规则绝不是人们硬性规定的,它跟人的思维方式是完全一致的,或者说,它就是对思维逻辑的描述,词语的排列顺序在本质上是事物之间内在联系的反映。

语言的一端联结着世界的状况,另一端联结着人的生命状况。语言跟人的生命息息相关,它是人的生命的产物,不可能存在任何生命之外的语言形式。人与世界是在语言中相遇的,人的本质一直参与着语言的本质。语言在本质上是主体之思,是人的主体性的呈现和确证。巴尔特认为:人的本质不能先于语言而存在,也不能与语言相分离,语言具有优先性,它是决定人的思想行为和价值观的潜在力量。人在使用语言的过程中确证自己。在语言产生之前,世界是混沌未开的,思想本身好像一团星云,其中没有必然划定的界限。预先确定的观念是没有的。命名过程改变了甚至连动物也都具有的感官印象世界,使现实成了一个心理的世界、一个观念和意义的世界。

语言深刻地反映了主体对世界的感受程度及其富有个性的呈现方式,语言的排列秩序深刻地揭示了主体的逻辑心理及其对世界的认知模式。语言是主体的现实,是主体社会实践和心理实践的结晶。主体、语言、世界是三位一体、不可分离、互相确证的关系。语言揭示了人与存在的关系,人也同时是语言中的存在。可以理解的存在就是语言。

人有了语言，便有了他的精神世界。人在语言的理解中获得的关于他存在于其中的精神世界，既是人存在于其中的世界，又是人与自然界相对峙的世界。

因为存在或实体是把真理与实在联系结合起来的最普遍的范畴。如果这两者之间没有至少是部分的同一性，一个词语就不可能"意谓"一个物。符号与其对象之间的联系一定是自然的联系而不是约定的联系。没有这样一种自然的联系，人类语言的任何词语都不可能履行它的职务，而会成为难以理解的。语言是以某种具体的方式与世界相联系，语言的结构与宇宙的结构是全息的。如果分析一下人的本质，就会发现，这里也存在着自然界到处发生着的同样的元素组合。小宇宙作为大宇宙的精确副本，使得对大宇宙的知识成为可能。不可能分离存在与思维，因为它们是同一的。如果在认知主体与被认知的实在之间没有一种同一性的话，那么知识这种东西就是无法解释的。

第二节　语文的界定

一、对语文内涵的不同理解

我国古代没有"语文"这个词，跟它相近的词有"字""言""语言""文""文章""诗"等，其中占核心地位的是"文章"，直到 1949 年才用"语文"这个词命名语文课程，但对语文的含义一直存有争议。有的说语文就是语言和文字，有的说是语言和文学，还有的说是语言和文章、语言和文化等，大都是从对"语文"解词的角度来说明这一课程的性质。

当时，华北人民政府教育部教科书编审委员会把小学"国语"和中学

"国文"更名为"语文"。叶圣陶作为主持人，他的解释是："彼时同人之意，以为口头为'语'，书面为'文'，文本于语，不可偏指，故合而言之。其后有人释为'语言''文字'，有人释为'语言''文学'，皆非立此名之原意。第二种解释与原意近，惟'文'字之含意较'文学'为广，缘书面之'文'不尽属于'文学'也。课本中有文学作品，有非文学之各体文章，可以证之。第一种解释之'文字'，如理解为成篇之书面语，则亦与原意合矣。"吕叔湘说："语文这两个字连在一起来讲，可以有两个讲法：一种可理解为语言和文字，也就是说口头的语言和书面的语言；另一种也可以理解为语言和文学，那就不一样了。中小学这个课程的名字叫语文，原来的意思可能是语言文字，但是很多人把它理解为语言文学，因此，在小学里且不说，中学里头就有很多老师把这门课当作文学来教了。"

在语文课程命名的时候，人们对它的理解就产生了歧义并对语文教育实践产生了一定程度的误导。如果把"语文"理解成"语言文字"，就没有突出经典作品在语文教学中的重要性，而阅读优秀的文学作品是最能发展学生言语能力的方式之一，也是陶冶学生情操的重要途径。如果把"语文"理解成"语言文学"，纯粹"把这门课当作文学来教"，就容易忽视对语言的教学，而语言是语文课程的学科基础。因此，叶圣陶所说的"以为口头为'语'，书面为'文'，文本于语，不可偏指，故合而言之。亦见此学科'听''说''读''写'宜并重，诵习课本，练习作文，因为读写之事，而苟忽于听说，不注意训练，则读写之成效亦将减损"，一直被作为对"语文"的权威解释。它重视学生语文能力的全面发展，也为语文教学指出了一个可操作的训练方式。但是，不管口头语还是书面语，都属于言语作品的范畴，它忽略了构成言语作品的材料并作为语文学科基础的语言，而语言在语文课程中是万万忽略不得的。《全日制义务教育语文课程标准》所认为的"语文是最重要的交际工具，是人类文化的重要组成部分，工具性与人文性的统一，是语文课程的基本特点"，这是大家经过长期的讨论获得的比较一致的看法，但"工具性"与"文化性"也只是对语文的功能性描述，仍然不是对语文本体论意义上的揭示。这种状况导致了语文教育研究纷争不断，难以集中智慧向语文课程的纵深处挺进。

二、语文本体的涵义

为了揭示语文本体的涵义，有必要引入索绪尔的语言观。瑞士语言学家索绪尔鉴于语言同时带有某些物质的、精神的、心理的、个人的和社会的因素，他就从语言的这种"多种多样的和异质的"特征开始了研究，进而提出了语言和言语的概念。

现在，这种"二分法"及其概念被人们普遍地接受。他把那种从繁杂多样的整体语言现象中分出的纯粹的社会对象与组成它的预兆材料无关的、需要去表达的语言规约的系统化结构称作语言，而把语言的纯粹个人部分（语音、规则用法和符号的偶然性结合）称作言语。

在一定的社会集团里，语言学家经过对无数个别言语的研究，可以从这些具体的无限的言语事实中概括出来一些抽象的有限的系统，即语音系统、语义系统、词汇系统、语法系统，这个系统的总和就是语言。语言既具有习惯上的社会性，又具有意义上的契约性。作为个体的人，是既不能创造它，也不能自己改变它。它根本上是一种集体的契约。假如一个人想要表达，他就必须遵守它的全部规则。语言系统内部哪怕是细微的变化，也绝对是出于共同交际统一或者自身完善的需要。

言语根本上是一种选择性的和现实化的个人规则，是个体的人运用语言符号的一种创造性的综合活动，虽然它还受着语言系统的制约。因此，言语的个性化特征十分鲜明和丰富。言语包括两个方面：一是运用语言的过程，二是运用语言的结果。从形态上分，又有口头言语和书面言语之分。

索绪尔说："语言和言语活动决不能混为一谈；它只是言语活动的一个确定的部分,而且当然是一个主要的部分。它既是言语机能的社会产物,又是社会集团为了使个人有可能行使这机能所采用的一整套必不可少的规约。整个来看,言语活动是多方面的,性质是复杂的,同时跨着物理、生理和心理几个领域,它还属于个人的领域和社会的领域。没法把它归入任何一个人文事实的范畴,因为不知道怎样去理出它的统一体,相反,语言本身就是一个整体,一个分类的原则。一旦在言语活动的事实中给予首要的地位,就在一个不容许作其他任何分类的整体中引入一种自然的秩序。"

我国的语言学家对语言和言语也早有过明确的区分,认为："言语不同于语言。运用同一种语言的人不见得有同样的言语。言语就是说话（或写作）和所说的话的行为和我们运用汉语说（或写）出来的一句一句的话（甚至于可以大到一段演说、一篇文章、一本著作）就是言语。话都是由某种语言的词按照这种语言的语法规则组合起来的,它也有声音和意义两个方面,但它毕竟不是这种语言本身,而说话（或写作）即运用语言的行为当然也就不是语言。因此,不能把语言与言语混为一谈。"

语言"是从一代人传到另一代人的语言系统,包括语法、句法和词汇",它是抽象的有限的系统,在本质上"语言是代码"。而言语"则是说话者可能说或理解的全部内容",它是具体的、无限的现象,在本质上"言语是信息"。语言具有社会性,是人们继承过来的社会财富；言语是属于个人的,是个人意志和智能的行为。语言存在于言语之中,言语是语言存在的基础,没有言语就没有语言。在言语活动中,语言规范、制约着言语,同时,言语赋予语言以生命。

界定和区分语言和言语这两个概念具有至关重要的意义。语言和言语的正确划分,对于语言学各部分的研究对象及研究内容、方法的合理确定,起巨大的、决定性的影响作用。语言和言语问题既是语言观的一个具有本体论价值的最重要的组成部分,也是现代语言学中最重要的一个方法论原则。这个方法论的意义在于它从本原出发,从大量的言语现象中把语言规则抽象出来,从而明确了各自的性质、范畴和价值。从语文教学的角度来说,这种二分法把语言作为一种知识体系,而把言语作为一种认知活动及其成果,这种观点会孕育出新的语文理念,从而决定着语文教学和研究的方法。

法国的 R.巴特曾对这个问题做过较为详尽的说明,语言和言语处于一种互相包含的关系之中。语言是在主体属于同一社会集团的情况下,言语实践所积累起来的财富,并且,既然它是个人特征的集体综合性产物,那么,在每一个孤立的个人层次上,它都必定留下不完善的部分,除非在"语言集团"中,否则,一种语言是不可能完善地存在的。除非某个人吸收语言,不然他就不可能掌握语言。但反过来说,仅仅从言语出发的语言是可能的,从历史的观点上看,言语现象先于语言现象(它是造成语言逐渐发展的言语);从发展的观点来看,一种语言存在于向环境中的言语学习的个人之中(总而言之,一个人不可能教会孩子们语法和词汇,而这正是语言)。总之,语言既是言语的产物,又是言语的工具,因此,它们之间的关系是一种真正的辩证关系。将注意到(一个当我们讲到符号学情景时的重要事实)无论如何也不可能有一种言语的语言学(至少根据索绪尔语言学理论是这样),因为某些言语,当它们作为一种传达过程而被掌握时,它们就已经是语言的一部分了,后者只能作为科学的对象。现在,来解决这两个问题:对于是否必须在学习语言之前学习言语表示怀疑,是没有价值的。这种对立的情况是不会存在的,一个人只能直接学习言语,因为言语反映语言(由于言语是"声音的")。从开始就想把语言从言语中分离出来的想法,也同样是没有价值的。这不是初步的工作,相反,把语言从言语中分离出来却意味着虽然语言根据事实本身,却构成了意义的未肯定性。语言和言语的关系就是这样,语文教育必须遵从这个关系所揭示的规律。

三、语文的内涵和外延

依据上述对语言和言语的理解，可以来界定语文的内涵和外延。语文的内涵是人们借助语言进行的人文认知活动，是文字符号化了的精神文化资源，以及在其中包含着的语言系统的规约。这是反映在"语文"概念中的对象的本质属性。认知活动是指运用语言的言语行为，人文认知活动是它的质的规定性，这是与科学认知活动相对的。科学认知活动的目的在于揭示事物的运动规律，人文认知活动是描述人的生存状态并指向人的精神归宿，并在活动的过程中使主体得到全面发展。作为言语结果的精神文化资源是跟物质文化资源相对的，这个结果存在于个性化了的语言符号系统之中。不论是言语行为还是言语结果，都以语言为原料，并遵守它的使用规约。言语和语言是在人的认知活动中结合起来的，其中自然包含着认知活动所不可缺少的重要的精神因素。伽达默尔说，语言并非只是一种生活在世界上的人类所拥有的装备，相反，以语言为基础，并在语言中得以表现的乃是人拥有世界。对于人类来说，世界就是存在于那里的世界……但世界的这种存在都是通过语言被把握的。这就是洪堡特从另外角度表述的命题的真正核心，即语言就是世界观，正是语言创造了我们拥有世界的可能性。人在语言中得到了相互理解的可能。人对他自身的自我认识和人对自然的认识范围，与在语言中理解所达到的界域相重合。语言构成了人和世界的绝对的、根本的关系，人与世界在语言事件中互生共存、不可分离。这就是语文内涵的本质。具体到一个民族的语文来说，它总是记录着这个民族的历史，反映了民族的政治经济生活，透视出民族的文化心态，蕴含着民族的思维方式。它既是民族的足迹，也是民族的梦想。总之，语文不是随意堆砌的杂乱无章的符号，而是有一定目标追求和一定价值的思维过程及其结果。

语文的外延是"语文"这个概念所指的一类事物,即语文所适用的范围。语文的外延包括语言系统、言语活动及言语成果。语言系统包括字音、字形、词义、语言的基本用法,以及一些经验性的技术。言语活动包括内部言语和外部言语。外部言语又包括口头言语和书面言语,口头言语还有对话言语和独向言语两种不同的形式,书面言语又有科学言语和艺术言语之分。它们各自具有不同的特性。言语成果是极其生动和丰富的,包括一切用声音和文字记录下来的言语。语文的外延跟生活的外延是相等的,语文的外延是无限的。从课程分类学的视点来看"语文",它是一门综合性的学科课程。西方学者把由若干相关科目组成的具有特定体系的新学科称为"融合课程",语文虽然是一门古老的课程,却因为历史文化存在于语文之中,新鲜的现实生活也在语文中与我们"相遇"而成为一种特征显著的融合课程。

第三节　语文的育人功能

一、语言价值的多样性

人类聪明之处是会创造和使用符号,能够用简约的符号来记录认识到的丰富世界,进而表达、交流思想。人类因此有了可以回忆的历史并且站在历史上对未来畅想。语言的价值表现在人类生活的各个方面,它具有鲜明的揭示、交际和发展等多种价值。

语言符号开辟了人类生存的新时空。符号活动是人的本质特征,卡西尔把人定义为"符号的动物"。人为了生存创造了符号,人为了表达而使用符号。人类的活动是在种种符号形式中进行的,离开了符号,人类的活动是难以想象的。各种符号形式构成了一个新的世界，这是一个使人类经验能够被他人所理解和解释，联结和组织，综合化和普遍化的符号宇宙。它使人类活动的成果得以巩固和传播，并可以世代延续下去。人类的空间是符号的空间，即抽象的空间。它借助符号功能从具体感性的多样性和行为情感的异质性中抽象出来。以这种新的独特的空间形式为媒介，人才能形成一个超越了现实的广阔和系统的新宇宙。另外，人类的时间是创造性和构造性的时间。时间有三种样态：过去、现在和未来。是符号把时间的三种样态联结组合在一起，也可以说，是符号创造了人类时间。符号记忆是一种过程，在这个过程中，人不仅可以重复以往的经验，而且重建这种经验。想象成了真实的记忆的一个必要因素。对人类来说，更为重要的方面是时间中的未来，思考着未来，生活在对未来的憧憬中，这是人的本性的一个必要部分。为未来而生活，未来成为理想而指引着现在，这是人类的时间根本点。卡西尔指出：人类世界与自然界的区别，实质上是理想与现实，可能性与现实性的区别。符号活动是人和动物相区分的一个标志。符号赋予人一种认识和创造的能力。人的符号活动能力进展多少，物理实在似乎也就相应地退却多少。

在所有的符号中，语言符号是世界上最复杂、最丰富、最缜密、最有价值的符号。人类的语言是一种音义结合的听觉符号系统。语言符号以语音为其物质形式，以语义为其意义内容，是一种音义结合体。语言符号显现了存在。海德格尔说："语言的本质存在是作为显示的说。语言之说（显示）的特征并不基于任何种类的符号；相反，一切符号都源于这一显示，在显示的领域，为了显示的目的，符号才称其为符号。"语言符号的价值是建立在对存在显示的基础上的。这就是说，语言符号显示了存在，人们可以通过它走进存在。

语言揭示了人与存在的关系，人也同时是语言中的存在。语言是从物质过渡到非物质的过程，是从语义到精神的变形过程。语言既是表达思维的工具，又是塑造思维的模式；既是心灵的外化，又是生命世界的一定界限；既是个人的、特殊的、具体的，又是公共的、普遍的、抽象的，一套话语体系就是一种对世界的理解模式。语言的交际只是语言的功而非它的能，只是语言的一种用途而非它的深刻本质。语言对存在本质的揭示好比燃烧的火焰，从语言中接收的信息只是火焰发的光亮。

如果在理解了语言的深刻的主体性之后再来看语言的价值，就会发现它的用途是多方面的。既可以再现又可以表现，既能够回忆又能够召唤。世界在诞生语言之后又走进语言，世界在语言中更加清晰更加丰富。主体在创造语言之后又被语言所创造，主体因此更富有生机。正如罗素所说："语言的实质并不在于将其作为这种或那种交际方式使用，而在于运用其固定形式的那种联想（不论其最初是怎样形成的），从而使某种目前感觉到的东西，如一句口头语、一幅画、一个手势等，能够唤起对其他事物的'概念'。"卡西尔也认为："名称并非旨在表达事物的本性，它们并没有客观的对应物。它们的真正任务不是要描述事物，而是要激发人类的情感；它们并非只是传递观念或思想，而是要促使人们去行动。"语言是大脑或心智的子系统，是大脑的一个成分，因而，它就不必是以交际为本。语言交际仅仅是语言多种用途中的一种。语言还可以用来记事，个人思考，录写个人的诗文，语言最具发展性的功能是它对人的再现、联想、想象能力的激发，以及对人的行为愿望和能力的促进。语言的价值（用途）是多方面的，它绝不仅仅是人们交际的工具，它还是一片主体性生长的沃土，具有极强的信息增值的功能。人的主体性是依赖于对语言符号的掌握和运用而实现的。语言符号发展了人的主体性，主体的种种可能性在很大程度上是通过语言实现的。

二、语文活动跟人的生命密切相关

语言跟人的生命息息相关，它是人生命的产物，不可能存在任何生命之外的语言形式。语言是这样，那么，作为运用语言行为和结果的言语，这个特性就更加分明了。

在言语活动中，说、写是为了表达自己的"意思"，听、读是为了接收别人的"意思"并生产自己的"意思"，那么"意思"是什么？又来源于何处？它来源于社会生活，它是生命的感悟和思索，是经过一番艰苦的认知活动的结果，它是人的丰富的思想和感情。所以言语的质量取决于生命的质量，言语的能力取决于生命的高度。这可以从我国古代的语言观来加以印证。

我国古代的语言观中有三组基本的逻辑结构，即言与象，言与气，言与道。第一，言与象的关系。《周易·系辞》里说："子曰：'书不尽言，言不尽意。'"然则，圣人之意其不可见乎？子曰：圣人立象以尽其意。这里说明的是言、象、意三者之间的关系。人们借助语言来描述物象，目的是达意，因言成象，意在象中，对意的捕捉和传达包含着人生的发现和感悟。第二，言与气的关系。"天地感而万物化生。""气之动物，物之感人，故摇荡性情，形诸舞咏钟嶂。""气"是本源，是万物之所由生者，正因为"气化流行，生生不息"，才有生命之华彩。所以语言就在于证明和传达天地之"大气""正气""浩然之气"。"气"在"言"先，言语表现就是对文化流行的亲证。第三，言与道的关系。文源于道，文以明道，文以载道，"心生而言立，言立而文明"。孔子说："天何言哉？四时行焉，百物生焉。"庄子说："天地有大美而不言。"天地不言，人何以知"道"？于是人以语言的形式来开启那终极的境域。这里的"言"是指语言的形式，"象""气""道"则是指言语的内容。"象""气""道"都来源于言语者的修养，即对社会、人生及宇宙万物的深刻的体察和感悟。

西方的当代语言哲学提出了语言作为存在的本体论的命题，深刻地揭示了存在、语言和人三者之间的本真关系。人与存在是在语言中相遇的。语言以敞亮、展开的方式呈现世界，并以其"说"呼唤物，使物从遮蔽状态走入澄明。语言是人的存在状态，言说是存在的自身本体的显露，语言的贫乏显示出人的存在的贫乏。人的本质一直参与着语言的本质，只能在语言关涉存在之域中直观到语言的本质。语言为一切提供道路，它是原初的"道"。语言在本质上并非有机体的吐嘱，也非生物的告白。不能根据语言的符号特征，甚至不能根据语言的含义特征，来正确地思考语言的本质。语言是在本身既澄明着又遮蔽着的到来。语言在本质上是主体之思，是人的主体性的呈现和确证。维特根斯坦说，"我的语言的限度意味着我的世界的限度"，"想象一种语言就意味着想象一种生活方式"。哈贝马斯说：使人类超越自然的只有一件东西——语言。巴尔特认为：人的本质不能先于语言而存在。也不能与语言相分离，语言具有优先性，它是决定人的思想行为和价值观的潜在力量。人在使用语言的过程中确证自己。在语言产生之前，世界是混沌未开的，"思想本身好像一团星云，其中没有必然划定的界限。预先确定的观念是没有的"。

在当代西方语言哲学中，海德格尔的语言观产生了深远的影响。他认为：作为"道说"的语言在人那里"开辟道路"，是通过人发声为词的。人之能"说"，是因为人归属于"道说"，并顺从"道说"而倾听，从而能够"跟着说"。人与语言的关系是由人如何归属到"大道"之中的方式来决定的。海德格尔认为，语言的本质在于天道无言的展现，而天道又是借助人言的解释来展现的，人言出于天言。语言是存在的家。人就栖居在语言的家中。凡是用词语来思考与创作的人都是这个家的看护人。他们的看护完成着对存在的呈现，其条件是：他们能通过其言说将此呈现带给语言并保持在语言中。语言的本体功能是对人归家的召唤，是生命自身的言说。这就是说，语言具有本体的意义，世界存在于语言之中，人生活在语言之中。对于人类社会来说，没有语言，人类将成为宇宙间的孤儿，成为彼此之间没有任何黏连性的沙砾；对于生存于社会中的个体生命来说就更是如此。人是通过语言跟生存的这个世界建立起联系的。这种观点在伽达默尔那里得到了进一步的发展。他认为：语言并非只是标志对象世界的符号系统，语言不是意识与世界沟通的工具之一。是语言揭示了人与存在的关系，人也同时是语言中的存在。可以理解的存在就是语言，人有了语言，便有了他的精神世界。人在语言的理解中获得的关于他存在于其中的精神世界，既是人存在于其中的世界，又是人与自然界相对峙的世界。

从静态上来分析，人的结构有三个层次：主体性、自然属性和反主体性。主体性是人不畏艰难、积极创造价值的特性。自然属性是人的类似于动物的生理属性。反主体性是跟主体性相对立的，是一种毁坏价值、发泄欲望的心理及行动。主体性是人的质的规定性。教育的任务就是培育和发展人的主体性，消解人的反主体性，而把自然属性升华为主体性。

从动态上来分析，人是开放的存在，是文化的存在，又是符号的存在。人的开放性也就是人的未完成性。人生下来就是"早熟的"。他带着一大堆潜能来到这个世界。人永远不会变成一个成人，他的生存是一个无止境的完善和学习过程。人的文化性是指人是在文化中完成自身的。每个人类的个体只有作为超个体的文化媒介（它超越个体并为整个群体所共有）中的一个参与者才能成为人类的个体。只有文化媒介的支撑才使个体直立，只有在文化媒介的气氛中他才能呼吸……他必须使理想充满生活的实在。文化没有人去实现它就不会存在。但是人没有文化也将是虚无。对于一个渴望深刻了解和系统掌握世界的人来说，世界就是一个符号化了的世界。

无论是从人的静态结构上还是从人的动态结构上看，人的成长和发展都离不开语文。主体性的确立和张扬，反主体性的抑制和消解，自然属性的引导和升华，都离不开丰富的文化的哺乳，都离不开人文精神的浸润。文化存在于何处？无疑，语言符号记录和保存了有史以来最重要的文化成果。它已经成为人类意义世界的一部分。语言符号作为一种思想的媒介，本质上是人把握世界并赋予自身生活以意义的一种特殊方式，是人与世界的一种意义关系，是主体的一种能力，人正是用符号这一功能性工具去解释世界和人性的。而言语，则可以直接作用于人的精神世界，抵达人的心灵。因为她是活的思想，是川流不息的生命，是世界上最广阔最丰厚的精神的沃土。乌申斯基说："在民族语言明亮而透彻的深处，不但反映着祖国的自然，而且反映着民族精神生活的全部历史。人们一代跟着一代传下去，但是，每一代生活的成果都保留在语言里，成为传给后一代的遗产。一代跟着一代，把各种深刻而热烈的运动的结果、历史事件的结果，信仰、见解、生活中的忧患和欢乐的痕迹，全部积累在本族语言的宝库里。总之，一个民族把自己全部精神生活的痕迹都珍藏在民族的语言里。"因此，本族语言是一切智力发展的基础和一切知识的宝库，因为对一切事物的理解都要从它开始，通过它并回复到它那里去。母语是培育智力的母体，是激发思想的源泉。语文具有至上重要性的还不单单是它的"功"，还包括它的"能"。

因为想要说话的渴望和热情，并非出自单纯的要学习或使用名称的欲望，而是标志着企图探知并征服一个客观世界的愿望。"人的大脑能够运用有限的语言符号构造一个无限的文化世界，从而不仅在时间上延长了自己的'生命'，而且在空间上伸展和扩张了自己的'生命'，而且在空间上伸展和扩张了自己的'体力'。"人是通过文化站立起来的，具体地说，人是通过语文站起来的。人一旦站立起来，就把地球作为了双脚的支点，看到的将是整个的世界。

三、语文的育人功能是通过"对话"实现的

"图式"是皮亚杰认识论的核心概念。人的心理"图式"的建构——不论是同化还是顺应，都离不开信息的输入。普利高津的耗散结构论认为，一个开放的系统必须和外界环境进行能量和物质的交换，引进负靖，形成巨涨落，使系统内部充满动态的活力，从而推动系统的跃进和提升。他们的共同点在于都强调了信息即能量的交流是认识系统前进的必要条件，某种意义上说就是动力。"对话"，就是指这种交流。巴赫金把对话看作是人

类真实生活的体现。他认为，"一个声音什么也结束不了，什么也解决不了，两个声音才是生活的基础，生存的基础。人们生活，意味着相互交往，进行对话和思想交流，人的一生都参与对话，人与人的这种关系，应当渗入到生活的一切有价值的方面。"一个真正的会交流的生命才是真正人的生命。布伯认为，真正的交流或传播应该是人在找寻自我的途中，不间断地与他人发生对话式的交流关系。

对话是后现代课程的重要的主题词。"它打破了机械主义和机器隐喻，肯定了有机论和生物学模式，从一种自我封闭和不可改变的宇宙观转向了一种始终存在着变化和演化的、开放的、自组织的、动力学的宇宙观。"系统中各个组成部分不再是相互孤立的因素而是相互联系的整体，联系是靠对话实现的。对话重视认知过程的意义，强调各个局部相互作用中产生的个体经验。对话的本质是主体经验性的建构过程，个人的主观意义是在经验的基础上产生的。因此，对话的理论也就是一种经验的认识论。它绝不仅仅是形式上的一问一答，而是深层次的参与和生产。

毫无疑问，语文是一个庞大的信息源，或者说，个体同外部环境的联系是通过语文实现的，借助语言这个"工具"进行言语的认知活动。当语文以它的丰富性和开放性携带着大量的信息，多重用途，具有冲击力量的事实，不同的解释，深刻但又对立的观点，输入人的大脑的时候，人的认知系统的平衡就会被打破，涨落形成，自组织产生。当新的平衡出现的时候，人就站在了一个新的起跑线上。他的认知系统就得到一次扩展和提高，接纳新信息的欲望和能力就会增强。

人的思想方式，"除了逻辑的、分析的、科学的思想方式，还有另外一种可与之互为补充的方式——隐喻、描叙、诠释的方式。这两种思想方式的主要不同在于分析性方式是说明性的而描叙性方式是阐释的。对于前者，教师希望获得讲解的精确性；对于后者，教师希望保持会话的继续，后者的假设是意义通过对话而获得（构建）。对话是开展整个过程的必要条件。没有对话就没有转变。"这里既指出了对话的思想方式，也指明了对话开展的途径：描叙性的方式。而这正是语文，以及语文教学的本质所在。对话要求教师不再把现成的结论直接告诉学生，而是要积极提供信息，引进负熵，打破学生原有认知图式的平衡，强化心理期待；而学生也不能再做旁观者，只等待认知的桃子熟了再去动手摘取，而是要主动地进行自我建构，这是一个艰苦而又快乐的主体成长的过程。

说到底，语文功能实施的方式是由语文本身的对话性质决定的。因为人类命中注定是要讲话的。人生就是这样，与自然对话，与他人对话，与自我对话。言语的对话性质是直接的、具体的、即时的，语言的对话性质是间接的、整体的、历史的。语文就是生命中最令人激动的部分，就是人类不断对话的结果。人通过对话获取对象，在对象中确证自己。通过对话，人重新构建了自己与世界的关系。正是在这个意义上，对话不仅仅是时代的哲学主题，也是时代的生活主题，又是时代的语文主题，即时代的人的主题。

四、语文是社会进步的基础和动力

语文是社会的产物。它的内容是社会的内容，它的存在也依赖于社会而存在。没有人类社会也就没有语文。这一点是人们能够明显地意识到的，但语文还是联系社会成员的纽带和黏合剂，是社会进步的基础和动力。如果没有语文，社会将是散乱的，人们的头脑中将是一片空白，人们就不会看见思想的阳光，心灵之水将因无法流动而死寂。"没有语言，或语言产生前的某种类比方法，人类对周围环境的认识就只能局限于直观感觉到的那些东西，以及凭本能所能做出的那些推断。借助于语言的帮助，就能知道别人说了些什么，并能将那些感官上不存在的事，单凭记忆再叙述出来。当看到或听到一件同伴尚未看到的听到的事物时，常常仅用一个'看'或'听'字，甚至于打个手势，就可以引起他对那个事物的注意。假如半个小时以前看见一只狐狸，没有语言的话就不大可能告知他人。此乃基于这样一个事实，即'狐狸'这个词，可以同样用表示所看到的或记忆中的任何一只狐狸；故记忆本身虽属个人专有，却可以用声音传达给他人，这样也就具有一种共通的性质。没有语言，所能进行交流的将唯有那一部分包含共通感觉的生活，而且也唯有恰好都具有这种感觉的人们才能够彼此交流。"这就是说，是语言在不同的个体之间架起了心灵的桥，有了这座桥，人们才可能彼此走近，感觉才可以传达，记忆才可以交流，理解也才可以沟通。在这个基础上社会才可能成立。

而且，唯有当人掌握了语文，在语文活动的过程中，才能够了解历史，展望未来，语文通过对个体的丰富而推动了社会的进步。不然的话，每个人都将是孤独而短暂的个体，那么人类社会就会永远处于黄叶飘零的寒秋而无法抽出新芽焕发生机。对此，杜威曾深有感慨，他说，万物生灭，匆匆之间；人生苦短，白驹过隙；事物于我们眼前多是转瞬即逝。我们与事物的直观联系亦是非常有限。自然符号所显示的含义亦只局限于直接接触或看到的那些情况。然而，语言符号所确定的意义却可留待将来使用。即使事物不在跟前表示其义，也可用该词来代表。既然理智生活在于具有丰富的内容，那么作为保持这些内容的工具的语言，其重要性无论怎样强调都不会过分。正是有了语文，人们才可以把自己的认知成果储存起来并传给下一代，后来的人们也才可以利用已有的知识从事新的实践活动，这样代代相传，才创造出了无穷无尽的文明成果，才有了光辉灿烂的文化，社会才能永不止息地进步。

第三章　语文阅读教学

时代的发展，使对话正成为社会日益密切的交往方式、存在与发展方式。众所周知，阅读教学历来是语文教学的重心所在。随着新一轮基础教育课程改革的推进，对话理念和对话理论也正逐步深入阅读教学中来，可以毫不夸张地说，今天倡导的阅读教学即对话。

第一节　阅读教学目标

一、对话语境下的阅读教学

《全日制义务教育语文课程标准（实验稿）》指出：阅读是收集处理信息、认识世界、发展思维、获得审美体验的重要途径。阅读教学是学生、教师、文本之间对话的过程。《普通高中语文课程标准（实验）》也指出："阅读教学是学生、教师、教科书编者、文本之间的多重对话，是思想碰撞和心灵交流的动态过程。"语文阅读教学对话主要分为阅读对话与阅读教学对话两种类型。

（一）阅读对话

阅读对话至少包括两个方面：一方面是读者与文本本身的对话；另一方面是读者与文本相关者的对话。

1. 读者与文本本身的对话

对话理论认为，作者与读者的关系，就其本质而言，体现了人与人之间的精神联系，阅读行为也就意味着在人与人之间确立了一种对话和交流的关系。这种对话和交流是双向的、互动的，互为依存条件的，阅读成为思维碰撞和心灵交流的动态过程，是主体与主体之间的关系。读者的阅读，尤其是阅读文学作品的过程，正是一种共同参与以至共同创造的过程。那么教师应该采取怎样的策略来引导学生与作品产生交流与对话呢？知识指导应该是比较容易使用到的。

知识指导，对话切入口。教师可以给学生一些关于如何阅读的知识指导。这种指导不仅仅是通常意义上的阅读方法、阅读技能、阅读习惯的指导，而是有关文学理论创作、作品叙述视角、艺术留白、文学阐释知识等可以帮助学生进入阅读对话的知识指导。这些知识不一定深，但要实用。学生在较短时间内应该能够掌握，并运用于阅读实践。

2. 随课文举例，教会学生提问

在教学课文时，教师随课文举例子让学生明白怎样在阅读时与作者对话、与作品中的人物与事件对话，会收到比较好的效果。一个比较好的策略是教会学生在阅读过程中不断提问。初始提问是阅读深入的切入，不断追问是阅读深入的表现，从问题中走出则是一轮对话的结束。比如学习《祝福》，可引导学生提问作者为什么先写除夕夜，他是怎么想的？鲁四老爷说"可恶，然而……"时，为什么话到嘴边留半句，没说完又咽下去了？祭祀事件为什么给祥林嫂如此大的打击？等等。当提出问题之后，就要带着问题从文本中寻找答案。这样阅读对话就会不断展开、不断深入。

3. 帮助学生清除阅读对话障碍

在阅读对话中学生常常会出现一些阅读对话的障碍，如词语障碍、术语障碍、背景知识障碍、理解障碍等。教学中教师可采取一些措施帮助学生清除阅读对话的障碍。借助资料。阅读障碍的出现也可能由于学生缺乏相关的背景知识，或者所依托的知识不够，这样就可能使学生无法理解或达不到相应深度的理解，这种情况下，可以指导学生借助课外资料进入阅读。变换角度。当阅读对话不能进行时，可以尝试变换理解的角度。寻找新的切入口，使对话得以继续。当然，还有一些障碍是学生人生阅历的原因，可能是他们无法越过的（这一般是在远远超越他们年龄水平上的阅读中发生的），不过随着阅历的丰富，他们会在今后的人生阅历中理解的。

4. 读者与文本相关者的对话

读者与文本相关者的对话，包括以下几个方面，一是读者通过文本与作者的对话。读者与作者的对话是一元的，即理解作者意图的对话。传统的语文教学，只是注重了读者与作者的对话，而没有注意读者与文本的对话，所以导致阅读的单一性。读者与作者的对话，其内容又是十分丰富的，包括通过阅读并体会作者的情绪、感情、心境，理解作者的写作意图，理解作者的处境、创作状态等多方面。二是读者通过文本与文本所反映的时代背景的对话。作者总是生活在一定时代背景中的，它的作品总会反映他那个时代的一些东西。文本也总是发生在一定时代背景中的，那个时代背景中的一些内容也在文本中得以反映。读者在阅读时，需要与两个时代背景，即作者所处时代背景与文本发生时代背景，分别对话，又需要把两者联系起来进行对话。在语文教学中，还有一层对话是读者通过文本与课文编辑者的对话。与课文编辑者的对话主要通过课文前的提示、课文内的点评、课文内的注释、习题等进行，也通过编辑与整个课文的编辑体例等的对话。

（二）阅读教学对话

阅读教学对话是指师生之间展开的课堂教学对话。具体地说，它是师生或学生间围绕课堂教学的主题所进行的多重互动活动。从互动主体的角度，可以把课堂教学对话的互动分为五种类别。这五种课堂教学互动分别是："师个互动"，即教师与学生个体之间的互动；"师群互动"，是教师个体与学生群体的互动；"个个互动"，是学生个体与学生个体之间的互动；"个群互动"，是学生个体与学生群体之间的互动，具体又分为学生个体与全班学生的互动和学生个体与全组学生的互动；"群群互动"，是学生群体与学生群体之间的互动，主要包括组际交流、组际互查、组际竞争等。在课堂教学中五种互动有时以某一种或某几种为主，有时则会全部出现，这要视具体的课堂教学内容和教学组织情况而定。

二、阅读教学目标

（一）初中阅读教学目标

《全日制义务教育语文课程标准（实验稿）》（以下简称《标准》）规定的初中阅读教学目标如下。

（1）能用普通话正确、流利、有感情地朗读。

（2）养成默读习惯，有一定的速度，阅读一般的现代文每分钟不少于500字。

（3）能较熟练地运用略读和浏览的方法，扩大阅读的范围，拓展自己的视野。

（4）能在通读课文的基础上，厘清思想，理解主要内容，体味和推敲重要词句在语言环境中的意义与作用。

（5）对课文的内容和表达有自己的心得，能提出自己的看法和疑问，并能运用合作的方式，共同探讨其中的疑难问题。

（6）在阅读中了解叙述、描写、说明、议论、抒情等表达方式。

（7）能够区分写实作品与虚构作品，了解诗歌、散文、小说、戏剧等文学样式。

（8）欣赏文学作品，能有自己的情感体验，初步领悟作品的内涵，从中获得对自然、社会人生的有益启示。对作品的思想感情倾向，能联系文化背景做出自己的评价；对作品中感人的情境和形象，能说出自己的体验；品味作品中富于表现力的语言。

（9）阅读科技作品，注意领会作品中所体现的科学精神和科学思想方法。

（10）阅读简单的议论文，区分观点与材料（道理、事实、数据、图表等），发现观点与材料之间的联系，并通过自己的思考，做出判断。

（11）诵读古代诗词，有意识地在积累、感情和运用中，提高自己的欣赏品位。

（12）阅读浅易文言文，能借助注释和工具书理解其中的基本内容。背诵优秀诗文 80 篇。

（13）了解基本的语法知识，用来帮助理解课文中的语言难点，了解常用的修辞方法，体会它们在课文中的表达效果。了解课文涉及的重要作家作品知识和文化常识。

（14）能利用图书馆、网络收集自己需要的信息和资料。

（15）学会制订自己的阅读计划，广泛阅读各种类型的读物，课文阅读总量不少于 260 万字，每学年阅读两三部名著。

从上述目标不难看出，初中阅读教学主要是理解阅读对话理论和感受性阅读。就目前的实施而言，理解阅读对话理论和感受性阅读，应注意以下几个方面。

第一，从"阅读"教学的角度看，只让学生自己来"说"，是不够的。学生自己的"说"，既可能是"鉴赏者"取向，也可能是"感受性阅读"，也可能是"误读"，还可能是个人的"独白"篡位；既可能是偏于"倾听"的对话，也可能是偏于"言说"的对话，也可能是脱离文本语境的似对话，还可能是无视文本的不对话。

第二，提倡"感受性阅读"，并不是简单地废除教师的"讲"，换成学生"说"。

第三，目前的语文教学实践，至少混杂着四种"阅读"取向：一是概括段落大意和中心思想、寻求"思考与练习""正确答案"的"作业者"取向；二是以分析课文形式方面为主，归结为生词、语法、修辞、章法（结构特点、语言特色等）的语文教师"职业性阅读"取向；三是以"诵读"为主要样式的"鉴赏者"取向；四是"感受性阅读"在教学中表现为对"讨论法"的倚重。相信在目前实验区的阅读教学中，不少语文教师正在经历着"鉴赏者"取向与"感受性阅读"，乃至与习惯了的"作业者"、语文教师的"职业性阅读"方式的激烈争斗的煎熬，而学生也正在经受不同学习方式的转型。

第四，对《标准》的解读，应该基于教学对话理论的导向。从教学的角度，应该维护学生的话语权，教师应该通过教学的对话，引导学生朝着积极的方向发展。

第五，借鉴国外的语文课程与教学经验，应该从能力培养的角度，进一步描述阅读对话理论"意味着什么"。这样，才能有效地设计课程、编制教材、实施教学。"阅读"教学的目的，是使学生学会（建构）在阅读中如何合适地倾听、合适地言说，即学会"对话"——与文本的"对话"。

（二）高中阅读教学目标

与九年义务教育单一的语文课程结构不同，高中语文新课程分必修课程和选修课程两种不同的类型。课程的目标是通过这两类课程的学习，让学生在积累整合、感受鉴赏、思考领悟、应用拓展、发现创新等方面获得发展。这里，仅就必修课程的"阅读与鉴赏"做简单的讨论。

《普通高中语文课程标准（实验稿）》关于阅读与鉴赏的总要求共五条。

1. 在阅读与鉴赏活动中，不断充实精神生活，完善自我人格，提升人生境界，逐步加深对个人与国家、个人与社会、个人与自然关系的思考和认识。

2. 发展独立阅读的能力。从整体上把握文本内容，厘清思路，概括要点，理解文本所表达的思想、观点和感情。善于发现问题、提出问题，对文本能做出自己的分析判断，努力从不同的角度和层面进行阐发、评价和质疑。根据语境揣摩语句含义，运用所学的语文知识，帮助理解结构复杂、含义丰富的语句，体会精彩语句的表现力。

3. 注重个性化的阅读，充分调动自己的生活经验和知识积累，在主动积极的思维和情感活动中，获得独特的感受和体验。学习探究性阅读和创造性阅读，发展想象能力、思辨能力和批判能力。

4. 能阅读论述类、实用类、文学类等多种文本，根据不同的阅读目的，针对不同的阅读材料，灵活运用精读、略读、浏览、速读等阅读方法，提高阅读效率。

5. 能用普通话流畅地朗读，恰当地表达文本的思想感情和自己的阅读感受。

从上述要求可知，阅读与鉴赏的根本目的是"立人"。当代世界各国教育改革的一个共同趋势，就是弘扬人文精神，强调教育应以人为本，一切着眼于人的发展，也就是鲁迅说的"立人"。当代教育追求的目标，其中十分重要的方面就是"不断充实精神生活，完善自我人格，提升人生境界"，语文课在这方面承担着重要责任。所以课程标准关于阅读与鉴赏的第1条目标，是从学生的全面发展和终身发展的角度，以立人为本提出来的，这是从教育的本质上来理解阅读鉴赏教学的必要性。它体现了课程改革对人的尊重，张扬了语文阅读教学中的人文精神，对语文学科的认识达到一种新高度、新境界。目标指出要在阅读鉴赏活动中"逐步加深对个人与国家、个人与社会、个人与自然关系的思考和认识"，这种思考和认识当然有理性的成分，但在语文课程中却在很大程度上是伴随着情感活动而取得的，在文学鉴赏中更是如此。正是通过语言文字，学生与他人、与社会、与人类、与自然建立起了联系，这种联系常常是从直观、感性、情感的层次，进入理性和审美的境界。

第2条目标提出培养独立的阅读能力，着眼点是阅读活动的共性要求，独立阅读能力在文本解读方面的基本要求是"从整体上把握文本内容，厘清思路，概括要点，理解文本所表达的思想、观点和感情"。学生对文本的解读具有整体性特点。语文阅读教学中流行的重分析、轻综合的模式，往往离开了学生对文本的整体感受，进行抽象的概括和分析，学生得到的只是干巴巴的几条筋。所以，阅读必须以整体把握文本的内容为前提，在这个前提之下，才谈得上让学生来厘清作者的思路，概括课文的要点，理解作者的思想、观点和感情。也就是说，文本解读的基本思路，应该是"综合—分析—综合"，前一个综合是阅读的出发点，后一个综合是阅读的归宿，分析则是考察作品是如何统一成为一个整体的。梁启超的"三步读书法"，也体现了这一阅读要诀："第一步是鸟瞰。把文章浏览一遍，了解文章写些什么，并把文章的重点、难点找出来。第二步是解剖。揣摩文章是怎样写的，尤其是对文章的重点、难点细细探究，由表及里，抓住精髓。第三步是会通。就是把全文综合起来，融会贯通，并根据文章的背景和作者情况探究文章的成因，以便对文章有更透彻的把握。"独立阅读能力对学生主观方面的要求是："善于发现问题、提出问题，对文本能做出自己的分析判断，努力从不同的角度和层面进行阐发、评价和质疑。"这里强调的是阅读的主体性和多元化。长期以来，阅读教学基本上遵奉的是求同思维的原则，习惯于对一篇课文得出若干共同性的认识，追求结论的确定性、明确性，这自然是需要的；问题在于，文本本身是一个极其丰富复杂的世界，有的文本特别是文学作品，更具有开放性，不是几个简单的概括性结论可以包容所有的内涵，应该提倡多元思维。高中生的独立阅读能力，更应反映在对文本的多元解读方面。当学生凭借自己的经验积累和知识结构进行阅读时，实际上是在进行文本意义的再一次建构，就会发现问题，提出疑问，会对文本做出自己特有的分析和判断；而在群体的对话进程中，各种意见会相互碰撞、交流，学生的提问、质疑、反驳或批判，必然会形成对同一文本从不同角度和层面的理解，而这些理解往往从对文本的整体性透视而言具有不同层次的合理性。尤其对文学作品的解读，多元的理解也体现了文本自身具有的结构开放性和意蕴的丰富性及不确定性。以人物形象为例，如曹禺《雷雨》中的周朴园，就既是一个专制暴君、感情骗子、唯利是图的资本家，又是一个家庭中的严父、不乏深情的男人、命运的弃儿，不能用简单的逻辑分析去确定一种理解角度，得出一个抽象的结论，作为标准答案。

为了防止离开具体文本进行所谓的分析，阅读活动应该要落实到语言层面，所以课程标准进一步提出："根据语境揣摩语句含义，运用所学的语文知识，帮助理解结构复杂、含义丰富的语句，体会精彩语句的表现力。"在具体的阅读教学中，脱离语境架空分析的倾向还是存在的。例如，在此次课改中，开始重视跨学科的学习，教材也相应地增加了科普文章的选入，有的教师在教学过程中花了大量时间介绍科学术语和相关知识，并采用了许多教学手段，离开文本，脱离对文本语言的探究，语文课上成了科学课。还有一种情况在课改中也时有出现，在学习文学文本时，实施研究性学习，师生往往热衷于对一些思想观念的话题讨论，也就是说集中于文本内容和精神的层面，却始终徘徊于文本语言之外。语文姓"语"，文本的任何价值均应通过语言得以实现，要让学生感性地接触作品。

第3条目标强调的是阅读活动中的个体差异，即生活经验、知识积累、对事物、对文本的感受和体验肯定是因人而异的。阅读具有内省性，即重在感受和体验，学生面对教材文本，就会接触到题目、作者、题材、体裁等，对文本展现的内容、社会生活、思想感情，或者情节、场景、人物性格和命运等，产生迫切求知的心理，这就是常有的阅读期待。当学生期待的世界与文本之间产生背离时，会产生浓厚的阅读兴趣。当学生不满足于一般的理解性阅读时，会对自己的阅读过程和自己的理解进行再思考，这就进入了阅读反思阶段；更高的阅读境界，自然是探究性阅读和创造性阅读。这条目标从个性化阅读，进一步指向创造性思维的培养。探究性阅读和创造性阅读，必须以理解性阅读为基础。这里的关键是，探究的问题是从既定文本出发，有所发现，有所质疑，还是从某些原则或公式出发？有的学生在学习《鸿门宴》一文时，对课文提出了几点质疑，实际上指出了作者运用虚构手段带来的三处漏洞，表现了极为可贵的质疑精神，而这种质疑是以对文本的细读功夫为前提的。有的教师在教学一篇题为《父母的心》的课文时，提出了三个思考题：你觉得父母对孩子的爱和孩子的爱之间可以画等号吗？你嫌弃过自己的家庭吗？这样的"牵引"，游离阅读文本的主题，又脱离学生的经历和思想，实在既无必要，又难以回答。如果学生能联系自己的生活经验、思想情感，或者已经积累的阅读体验，从文本中激发出新的想象和联想，对文本的意义加以适当的引申，进而赋予其新的意义，这应该说是符合创造性阅读要义的。但如果把创造性阅读理解成不顾作品的基本意义而随心所欲地进行解读，则是一种要不得的"过度阐释"。

第4条目标主要涉及以下内容：关于阅读文本的类别，过去的高中大纲提到的"比较复杂的"记叙文、说明文、议论文，以及文学作品。这种分类固有其历史的合理性，但毋庸讳言，它也在一定程度上造成了阅读教学的固定套路，至于什么是"比较复杂的"，恐怕也很难把握。现代思维科学理论把人的思维大致分成三个基本层面，即分析性思维、创造性思维、实用性思维，与之基本对应的语文能力，应该是探究能力、审美能力、应用能力，那么在阅读中，根据文本涉及的思维特征进行分类，可以尝试分为论述类文本、文学类文本和实用类文本。这是从能力层面和思维特征的角度对文本进行综合性分类,比较符合高中阶段的要求。当然,三类文本与三种思维能力不能机械地加以对应,三类文本只是一个大致的分类,三种思维能力也不是截然分离的,所以只能说各有所侧重而已。

不同类型文本的阅读教学,应该各有重点。这在"教学建议"部分有相关表述:阅读论述类文本,教师应引导学生把握观点与材料之间的联系,着重关注思想的深刻性、观点的科学性、逻辑的严密性、语言的准确性,着重培养学生的概括、提炼、分析、判断、综合等抽象思维能力;阅读实用类文本中的新闻,应引导学生注意材料的来源与真实性、事实与观点的关系、基本事件与典型细节、文本的价值取向与实用效果等;常用应用文教学,应主要借助文本示例来了解其功能和基本格式,以学生自学为主,不必做过多分析。对文本内容的准确解读和对文本信息的筛选处理能力显得尤为重要。

关于不同类型文本的阅读方法,目标强调的是根据不同阅读目的,针对不同阅读材料加以选择,注重精读、略读、浏览、速读等多种方法综合、灵活地运用。

第二节　阅读教学必须坚持四个主体性的统一

在当前的语文阅读教学改革中,人们开始重视学生学习的主体性,与此同时,也有将学生学习的主体性绝对化的倾向。语文教学活动必须同时坚持四个主体性:文本作者的创作主体性,授课教师的教学主体性,学生的学习主体性,教材编者的编辑主体性。脱离开文本作者的创作主体性、教材编者的编辑主体性和授课教师的教学主体性,学生的学习主体性是无法得到真正发挥的。

一、文本作者的创作主体性

什么是文本作者的创作主体性？就是课文作者有自由表达自己思想感情的权利，他对自己的作品是有主体性的。也就是说，任何一篇课文的作者都不是为了现在教师的"教"和学生的"学"而创作的，而是为了在自己的语境中向自己所实际面对的对象或自己假想的读者去表达自己真实的思想感情而创作的。直接为了现在教师的"教"和学生的"学"而写作的课文不是没有，但那是极少数，并且多数不具有经典性。经过时间考验的经典性的课文几乎都有不同于现在的语境，不同于现在的教师和学生的读者对象。杜甫的诗不是直接写给当代人看的，莫泊桑的小说不是直接写给中国人看的，鲁迅的杂文也不是专门为教学而创作的。为什么还要学习它们呢？因为既然是学习，就不是仅仅重复自己已有的思想感情和话语表达形式，而是要通过对别人思想感情的感受和理解，扩大自己的思想视野和情感感受的范围与深度。不必成为屈原，但必须能够感受和理解屈原；不必成为鲁迅，但必须能够感受和理解鲁迅。正是在这种感受和理解的基础上，才能不断扩大感受和认识的范围，才能学习到表达各种可能产生的思想感情的语言艺术形式，人文素质和语文素质才会得到持续的提高。在这里，尊重课文作者的创作主体性是能够主动感受和理解课文的基本前提，也是正确发挥教师的教学主体性和学生的学习主体性的唯一途径。

尊重文本作者的创作主体性对于授课教师而言，就是要求教师不能脱离文本本身仅仅向学生灌输自己的思想、感情，以及自己希望学生具有的思想和感情，就是要求教师必须在作者与其实际的或假想的读者对象之间的关系中、在作者及其所处的具体的语言环境中充分理解并体验作者通过文本所表达的思想感情，以及文本语言作为这种思想感情的载体的作用。教师的主体性是有一个限度的，是有一个发挥空间的，它必须接受作者的主体性为它设定的这个特定的空间,必须避免那种离开文本本身许可范围进行纯属于自己天马行空般的自由发挥,必须避免那种脱离开对文本作者的基本理解而进行的不着边际的思想批判和艺术挑剔。教学过程不仅是学生不断成长的过程,也是教师不断丰富和发展自己的过程,教师对文本作者、对学生始终保持一种开放的心理态势是教师在教学过程中不断得到丰富和发展的基本前提条件。教师的批判性思维不能建立在对作者的主体性漠视的基础上,必须建立在对文本作者主体性尊重的基础之上,必须建立在对作者所要表达的思想感情的充分理解的基础之上。理解同时也是一种批判,理解就是理解文本作者的特定性,理解文本所表达的思想感情的特殊性,理解的精确度同时也标志着批判的精确度,理解的深度同时也标志着批判的深度。批判是有各种不同的层次的,那种笼统的批判只是一种极低层次的批判。

可以用保护自然动物的需要批判施耐庵的《武松打虎》,可以用唯物主义思想批判蒲松龄的《画皮》,可以用儒家的入世观念批判陶渊明的《桃花源记》,可以用道家的出世观念批判杜甫的《三吏》《三别》,可以用卡夫卡的现代主义批判巴尔扎克的现实主义,可以用巴尔扎克的现实主义批判卡夫卡的现代主义,但所有这些批判都是毫无意义的批判,它造成的是思想懒汉的作风,是自我心理的狭隘性和封闭性,是自我个性和基本批判能力的丧失。这种批判从根本上否定了文本作者表达自己对社会人生的感受和理解的权利,否定了他们在自己特殊的语境中表达自己真实的思想感情的权利,从而也抹杀了文本自身的意义,把文本语言关闭在了自己所应当感受和理解的语言范围之外。实际上,这不是真正的科学的批判意识,而是以前流行的所谓大批判意识。这种大批判意识的一个根本的标志是批判者根本不想以平等的态度努力地感受和理解文本作者力图表达的思想和感情,不承认他们对于他们自己作品的主体性地位,而是千方百计把自我凌驾于文本作者之上,并以自己的主观好恶否定作者自由表达自己思想感情的权利。这样的教师是不可能通过教学不断提高自己的人文素质和语文素质的,也是不可能在学生人文素质和语文素质的培养中起到应有的先导作用的。

尊重文本作者的创作主体性,对于学生而言就是要把自己放在"倾听者"的地位上而不是"评判者"的地位上,努力感受和理解文本作者所要表达的思想感情并在这种感受和理解的基础上发现文本本身的美,进而从美感中感到趣味。语文教学要有趣味性,但语文教学的趣味性与娱乐活动的趣味性是不同的。平时的娱乐活动是在趣味的基础上感到意义,语文教学则是在感到意义之后才更感到趣味。娱乐活动本身的目的就是娱乐,只要达到娱乐的目的就起到了娱乐活动的作用,意义是为了增加乐趣感,不是乐趣感是为了增加意义感,而语文教学的目的则是学生人文素质和语言素质的培养,在尽可能短的时间内提高学生的人文素质和语言素质,是对语文教学的根本要求。不断把学生带入一个新的思想和感情的空间,使学生感受和体验平时极少可能直接感受和体验到的事物,掌握表达这样一些新的感受和体验语言和语言形式,则是语文教学的基本原则。这样,学生所学课文就不像休假日逛动物园那样,是在纯粹的事先的趣味驱动下的行为。学生在学习一篇课文之前就要求这篇课文的趣味性,或者教师要求语文教材的编写者必须把课本编得像电子游戏那样能够吸引学生主动去学习,这些都不是一种合理的要求。

学生学习的主体性不是建立在刹那乐趣感的基础上,而是建立在成长的乐趣之上。只要学生能从语文教学中不断感到自己的成长,感到自己感受、理解范围的扩大和感受、理解能力的提高,感到自己运用民族语言表达自己思想感情的能力的提高,他们就会在语文教学中感到乐趣。成长的乐趣同游戏的乐趣同样是人的本能的要求,语文教学的人性基础是建立在这种成长的乐趣之上的。在具体地阅读文本之前,在教师没有帮助学生克服感受和理解文本的困难之前,学生是不可能感到像范仲淹的《岳阳楼记》、鲁迅的《孔乙己》、都德的《最后一课》等课文的趣味性的。但也正因为如此，需要教师的"教"。通过"教"，学生有了感受，有了理解，感到了这些作品的美，并在这美的感觉中感到了乐趣。这种乐趣是建立在美感基础之上的，因而是高雅的趣味，而不是低俗的趣味。人文素质的提高就在这高雅趣味的感受和建立中，语文素质的提高也在这表达高雅趣味的语言能力的提高中。

学生学习的主体性是主动感受和理解文本作者的思想感情、熟悉和掌握文本中的语言的主体性，是在尊重文本作者主体性的基础上形成的，而不是让所有的人都必须满足自己刹那的乐趣感和那种享乐者的主体性。语文教学是"教"孩子，而不是"哄"孩子；是为了学生的"成长"，而不是为了学生的"享乐"；是为了学生成长为一个高素质的社会公民，而不是为了他们成长为说一不二的专制霸王。通过不断了解别人、感受别人、理解别人而充实、丰富、发展自我，是学生成长的主要形式。文本的作者就是他们了解、感受和理解的一个个对象，并且是由教材编写者在大量人类的、民族的文化成果的基础上选择出来、认为更有利于他们成长的对象。假若学生对这样一些对象的主体性都没有起码的尊重，都不想主动去感受和理解，他们对现实社会的绝大多数人的主体性也就不会有起码的尊重，他们也就会把人类在几千年间积累起的各种文化成果拒之门外，这对他们的成长是极为不利的。培养学生的批判意识，必须是在充分尊重文本作者的主体性、充分理解文本所要表达的思想感情的基础之上的批判意识。学生首先要学会"倾听"，然后才能学会独立思考和独立评判。一个儿童的语言能力的提高是在经常倾听成人间的对话或与成人对话的过程中实现的，语文教学之所以能够起到尽快提高学生人文素质和语文素质的作用，主要是因为语文教学为他们提供了经常"倾听"文本作者与其直接的或假想的读者进行的书面文字交流和经常倾听教师与他们的直接对话的缘故。学生也要说，也要参与，但除了学生的作文之外，在课堂教学过程中，他们的参与也是为了更好地听，听得更清楚、更明白，听到更多的、更有意义的话。文本的作者是说者，学生是听者。学生是在听的基础上说，而不是在说的基础上听。这个基本的关系是不能颠倒过来的，否则对学生学习主体性的发挥是没有好处的。

二、授课教师的教学主体性

什么是语文教师的教学主体性？那就是语文任课教师有根据自己对文本独立的感受、体验和理解并解读文本和独立地组织语文教学的权利。语文教师不能无视文本作者在自己的语境中真实表达自己的思想和感情的权利，不能脱离开文本的具体内容对作者的写作进行刻意的挑剔和不切实际的批判，但每一个读者都有在自己的人生经历和生活体验的基础上感受与理解文本的权利，一个文本是无法脱离开读者的接受而独立存在的，它激发读者的想象，产生各种可能的联想，从而和读者本人的人生经历与人生体验发生直接的关系，起到感染人、影响人的思想和感情的作用。

语文教师也是这样一个读者，并且理应是一个对课文有着更丰富的体验和更细致的感受的读者。他怎样具体地感受和体验这个文本，是任何一个其他人都无法完全代替的。在教学过程中，一个教师只有以自己真实的感受和认识解读文本，才能起到将这个文本的文字激活，使之成为一个活的语言肌体的作用。尊重语文教师教学的主体性，先要尊重语文教师在课堂上以自己真实的、独立的感受和体验分析并讲解文本的权利。常常说要解放学生，要解放学生，先要解放教师。假若连教师也没有以自己独立的、真实的感受和体验分析并讲解文本的自由，学生的自由又从哪里来？教师怎么会允许学生有真实的、独立的感受和理解文本的自由？

不论教学参考书对文本的讲解多么的准确和具体，不论专家和教授对文本的研究与分析多么地细致和深入，教师都必须通过自己的感受和理解这个无法逾越的中介，才能具体地进入教学过程。离开这个中介，要求语文教师照本宣科地把结论传达给学生，并让学生准确无误地记住这些结论，都是对语文教师主体性的漠视和侵犯，也是对学生学习主体性的残害。在这时，文本的语言实际还是一些死的文字，还不是一个活的语言的肌体。这对于学生，也是有极其重要的意义的。学生要学习，更要深入地感受和理解一个文本，首要的条件就是他要尊重文本作者的主体性，愿意切实地感受和理解作者通过文本所要表达的自己的思想与感情；其次就是要尊重任课教师的主体性，愿意感受和了解语文教师对这个文本的感受和理解，并以此为基础深化自己对于文本的感受和理解。培养学生的批判意识，绝对不是主要通过对文本，以及文本的作者、对教师和教师的讲解的批判进行的，而主要是通过学校教育提高学生的人文素质和语文素质，从而使学生对现实社会生活中诸多不合理的现象与不健康的语言习惯具有批判的意识和批判的能力。为了这种批判意识的建立和批判能力的提高，对文本，以及文本作者、教师和教师的讲解则要有感受和理解的强烈愿望。只要有了感受和理解的强烈愿望，学生就不会盲从书本、盲从教师，而是敢于提出问题，寻求更深入的感受和更切实的理解。这与先就带着批判意识面对课文、面对教师是完全不同的两回事情。

语文教师的教学主体性还表现在语文教师组织教学的主动性和自由性上。在现代社会，教育已经成为一个社会事业，社会对教育的研究也越来越深入、越来越具体，各种各样的教学理论被创造出来，各种课堂教学的经验被介绍出来，这对语文教师提高语文教学的质量无疑是有促进作用的，但所有的这一切，都必须通过教师本人的接受和理解，都不能代替教师在组织教学活动中的主体性地位。如上所述，教师对文本的感受和理解是在自己人生经历与人生体验的基础上进行的。一千个读者就有一千个哈姆雷特，他们都尊重莎士比亚的创作主体性，但他们又各有自己独特的人生经历和人生体验，他们进入莎士比亚戏剧世界的途径和方式是各不相同的。不能企望一个中国的教师和一个英国的教师会以相同的形式进入莎士比亚的戏剧世界，也不能企望他们对莎士比亚戏剧的感受和理解会是完全相同的。这样，如何让学生感受和理解教师对莎士比亚戏剧的感受和理解，其途径也不会是完全相同的。与此同时，不同的语文教师有不同的特长，积累起的教学经验也是各不相同的，他们面对的是各不相同的学生，有着各不相同的语言文化背景。所有的这一切，都意味着他们不能照搬任何一种固定的教学模式，不论是社会还是学校的领导，都要尊重语文教师组织教学活动的自由性，不能用任何固定的教学模式和别人的教学经验将语文教师的手脚捆死。语文教师的教学要重视整体效果，不能只重外部的形式，要让教师充分发挥自己的特长，从而也把自己的特长转化为学生的特长，不能一刀切。条条大路通罗马，课堂教学是不能千篇一律的，是不能把任何一种固定的模式绝对化的。否则，语文教师在课堂上好像是在背一篇自己没有背熟的文章，唯恐自己忘了什么，唯恐自己出了差错，没有一点自由的感觉，他的教学语言活泼不起来，生动不起来，学生怎能感到趣味？学生学习的主体性怎能得到发挥？在这里，需要着重指出的是，中小学语文教学改革要进一步引导学生尊重语文教师的主体性，引导学生养成在教师统一的组织下积极主动学习的习惯，要为教师提供组织课堂教学更大的自由度，而不能为教师主体性的发挥设置更多的障碍，更不能鼓励学生过多地干预教师的教学组织活动。既不能鼓励教师压学生，也不能鼓励学生压教师。教学活动，特别是语文教学活动，是一种自由的活动，也是一种需要自由的活动。真实的语言，美的语言，有感染力的语言，都是在自由的心境中从人的真实感觉、感受和认识中流露出来的。教师有压力，就讲不好课；学生有压力，就听不好课。要使学生感到学习的趣味性，首先要使教师感到教学的趣味性。在课堂上，趣味感是在教师与学生的关系中产生的，任何一方趣味感的丧失，都会同时破坏双方的趣味感。所以，尊重教师在教学活动中的主体性，对于发挥学生在学习上的主体性是十分重要的。

三、学生的学习主体性

当意识到文本作者的创作主体性,语文教师的教学主体性和教材编者的编辑主体性之后,才能正确地理解学生的学习主体性。

什么是学生学习的主体性?那就是在学习过程中,具有主体地位的始终是学生。这包含着两个层次的含义。其一是全部的语文教学活动,从教学大纲的制定,到语文教材的编订,从教学参考书的编写,到语文教师的课堂教学,都必须落实到学生的"学"上,这都是为了尽快提高学生的人文素质和语文素质。不利于学生提高的太低俗的内容和形式固然是应当排斥的,太高远、为特定年龄段的学生所无法接受的内容和形式也是不适宜的。所有这些都不是为了做给社会看的,不是为了让成人社会感到满意的,而是为了有利于学生的学习和提高的。这一点,说起来非常容易,但是做到或基本做到是相当困难的。因为对语文教学做出实际的评估并对从事语文教学活动的人做出实际的价值判断的不是学生,而是成人社会。成人社会如何评估教学活动、如何看待一个语文教师的教学效果是制约教学活动的一个巨大的力量。对学生学习主体性的强调对于转变成人社会的教育观念是有积极意义的,不能依照自己的主观感受评价语文教学和语文教师的教学活动;而要从学生学习和成长的需要看待与评价这一切。其二是在整个语文教学活动中,学生都是一个积极主动的参与者,而不是一个被动的服从者。这表现在学生与文本的关系中,学生不是被动地记忆、模仿文本作者的文本,而是站在与文本作者平等地位上努力感受和理解文本作者的思想和感情。学生作为这样一个读者不是被动的,而是主动的、积极的,他所感受和理解的已经不是文本中的文字本身,而是这个文本作者的思想和感情,这些思想和感情是与这样的文本一体共存的,是经过自己的感受和理解才从文本中发现出来的。离开他的主动、积极的参与就不会感受到作者的思想和感情。与此同时,他不但感到了作者的思想和感情,也感到了自己对作者和对作者文本的思想和感情。通过岳飞的《满江红》不但感受到岳飞的爱国热情，同时也感受到岳飞《满江红》这首词的美。这都是主体参与的结果。没有参与，就没有这些丰富的感受和理解，文本的文字就仍然是一堆死的文字，它们也不会转化为学生的语言，学生的语文素质。这表现在学生与教师的关系中，就是学生不是简单地接受教师的讲解，而是感受和理解教师对文本的感受和理解，并通过感受和理解教师而更深入地感受和理解文本与文本作者的思想和感情。他感受和理解了教师对文本的感受和理解，深化了自己对文本，以及文本作者的感受和理解，但这种感受和理解既不完全等同于文本和文本作者的自身，也不等同于教师和教师对文本的感受和理解。实际上，这才是常说的学生个性的培养，学生的个性不是一朝一夕就可以形成的，只要有了这种主动参与的精神，学生的个性就会逐步地鲜明化，有了个性，也就有了批判意识和批判精神。所有这一切都是学生主体参与的结果。没有学生主体的参与，不论是文本还是教师的讲解，都是外在于他的心灵的，文本的语言和教师的语言都不会转化为学生自己的语言。为此，就要调动学生在学习中的主体参与精神，使学生在整个教学活动中都感到自己是自由的、主动的、积极的，至于怎样才能调动学生的主体参与精神，这就需要发挥教师在组织教学活动中的主体性，在文本、教师和学生这三个活的关系中具体地组织课堂教学。

　　不妨从语文教育与社会文化的关系上感受一下语文教学中前三个主体关系问题的重要性。

　　不仅在语文教学活动中有这三个主体的关系的问题，在整个社会上，也有这三个主体的关系的问题。语文教学中的文本，实际上是人类和民族的文化遗产。它是过往人类创造的文化成果。它们的创造，体现的是它们的创造者的主体意志和思想愿望，他们对于他们的创造物是有主体性的。要感受和了解文化遗产的价值与意义，主要不是从它对现实人的直接使用价值来判断、来衡量，而更应当从它对当时社会、当时人的作用和意义来衡量。在这里，重要的不仅是这种遗产本身，更是它的创造者的创造精神和创造过程。一代代的人要得到更迅速的成长，是不可能一切从头开始摸索和创造的，必须首先了解过往人类的创造成果和创造过程。担负这种文化传承任务的是现实社会中的知识分子，他们的任务更接近语文教学中教师的任务，而从事现实社会各项具体社会事业的社会成员则需要掌握过往人类创造的文化成果，他们要通过现代知识分子的著作了解和掌握有关的文化遗产，以具体地从事社会的各项事业，他们在这种文化传承的关系中更接近语文教学中的学生的位置。在这里，也就有了社会文化中的三个主体的关系问题。这里有三个主体，而不是一个主体，这三个主体是有差异、有矛盾的。

传统文化的创造者的主体性假若压抑了现实社会知识分子和一般社会成员的主体性，传统文化的创造者就被神圣化、绝对化了。在这时，现实社会的人就成了传统文化的俘虏，文化遗产表面上得到一代代人的传承，但一代代人却失去了传统文化创造者的创造精神，它所导致的是现实文化的衰弱和现实社会人的主体性地位的丧失。但是，假若现代社会的知识分子并不尊重人类的、民族的文化遗产，并不尊重过往人类的创造意志和创造精神，并不想感受和了解这些遗产是怎样被前人创造出来的，而是一味根据自己现实的愿望和要求抹杀前人的创造成果，他们的创造性也是得不到发展的。这种仅凭自己的好恶否定一切人类遗产的虚无主义态度，同时也意味着对自我以外的所有人的主体性的蔑视，意味着把其他社会成员都置于自己奴隶者的地位，它抹杀了前人对于自己创造物的主体性地位，同时也压抑了自己文化的接受者的主体性地位。这正像一个教师既不想切实地感受文本自身的意义和价值，也不承认学生在学习中的主体性的地位，蔑视一切，否定一切，打倒一切，只把自己的话当作圣旨。在这时，现实社会表面上有很繁荣的文化，知识分子编织着五花八门的理论，但这些理论却不是从他们对社会人生的感受和理解中产生出来的，而是从与别人对着干的方式中产生的。你说向左我向右，你说向右我向左；你讲唯物我唯心，你讲唯心我唯物，其实他自己是什么思想也没有的。这样的文化只是知识分子的花架子，它无法转化为促进整个社会和社会思想发展的力量。但是，广大社会成员的主体性也不能无视人类文化遗产的创造者的主体性，不能抑制和窒息了现实社会知识分子的主体性。在这时，整个社会陷入愚昧和盲目，否认知识，否认文化，否认历史，否认知识分子的社会作用，把狂妄当个性，把蛮干当创造，把迷信当信仰，整个社会陷入"盲人骑瞎马，夜半临深池"的盲目状态。以上这三种社会状态是我们都经历过的，应当吸取这些历史教训。人类社会发展的主要机制不是来自这三种主体性中的任何一种主体性的片面发展，而是来自这三种主体性的相互制约和相互促进。

人文素质的提高是语文教学的首要任务，而在语文教学中始终坚持上述三个主体性，使学生在尊重历史文化遗产创造者的主体性和语文教师的教学主体性的同时坚持自己在学习和成长中的主体性，承认别人的个性，发展自己的个性；承认别人的自由，争取自己的自由，则是学生人文素质提高的根本标志，而在这样一种人文素质提高的过程中重构自己的语言系统，则是学生语文素质提高的基本途径。

四、教材编者的编辑主体性

简单谈一下教材编者的编辑主体性。阅读教学因为有一个阅读教材的问题，所以教材编者也是阅读教学活动中的主体，他们对编辑教材是有主体性的，只不过这个主体是隐性的。这种主体性表现在编者对教材作品的选择和编辑有自己理解与表达的权利。但这种主体性也非绝对个人意志，编者首先要明白，编写教材是为教师和学生服务的。也就是说，他们对教材的加工都是为了学生的"学"和教师的"教"，是为师生了解文本作者所表达的思想感情而服务的。同时，作为读者，教材编者的主体性虽有一个发挥的空间，但也是有一个限度的，它必须接受作者的主体性为它设定的这个特定的空间，必须避免那种离开文本本身许可范围进行纯属于自己的天马行空般的自由发挥，必须避免那种脱离对文本作者的基本理解而进行的不着边际的思想批判和艺术挑剔。

大家知道，巴金的《灯》曾作为高中语文教材的经典课文而长期被学生学习。课文的结尾有一句话："想着想着，我不觉朝着山的那一边笑了。"曾有语文教学参考书把"山的那边"解释成"解放区""延安"，理由是作者写于 1942 年的桂林，1942 年是抗战时期，桂林属国统区，国统区的对面应该是"解放区""延安"。这是典型的望文生义，政治图解。这种脱离文本本身的许可范围而做的纯属于自己天马行空般的自由发挥，是对编辑主体性的亵渎。因此，教材编者对文本作者、对师生始终保持一种开放的心理态势是教材编写过程中不断得到丰富和发展的基本前提条件。

第三节　从技能训练到策略教学的发展趋势

培养学生的阅读能力的观点，从提出并受到普遍的重视，至今已有几十年的历史，其中进行了大量的理论探索和实验研究，也积累了丰富的资料。但是，20 世纪 70 年代提出的语文教学"少、慢、差、费"的现象也并没有多少改观。面对这样的困境，不得不认真检讨语文教学的理论。阅读教学所依据的理论基础是什么呢？其合理程度如何？是否需要突破旧的理论框架，形成新的更合理的理论体系？

一、阅读教学的理论基础

教育实践总是受心理学的影响。不同历史时期的心理学思想和当时流行的教学实践有着紧密的联系。20 世纪二三十年代，心理学家桑代克把学习看作条件反射的联系,这种思想导致了对人类技能和行为的心理学研究,出现了分技能的分析。到了 20 世纪 50 年代,受斯金纳的影响,教育心理学更注重行为和任务分析,布卢姆的掌握学习和行为纠正成为课程的组成部分。这种教学观和教学方法至今几乎还影响着所有的学校和所有的课程。

目前在学校流行的阅读课程就是建立在 21 世纪初期和中期的行为主义理论与目标人类学之上的。这些理论认为,阅读是一种能力,这种能力可以分解为译码和理解两大分技能,而理解分技能又可以分解为厘清文章思路、概括主要观点等更小的技能。当把这些分技能一个一个教给学生后,就能提高阅读能力。这种观点的假设是,每一项技能是可以教给学生并被学生所掌握的, 所有这些分技能的相加等于阅读能力。

从阅读是掌握一系列技能的观点来看,学习阅读就是学习一套分层级顺序的分技能,从而形成阅读能力,一旦掌握了这些技能,学生就能熟练地阅读文章。从这些观点来看,读者被动接收文章里的信息,意思存在文章本身, 读者的目的是再造这些意思。

早在 20 世纪 50 年代,就有人对这种根据阅读过程进行行为主义分析得到的阅读技能提出怀疑。20 世纪 60 年代的认知研究,20 世纪 70 年代的元认知研究都形成新的思维模式。新的思维模式认为,思维的重要特征包括:策略(程序知识)、关于策略的知识和关于自我思维过程的知识(元认知)、关于世界的知识(科学文化知识)、动机信仰、认知类型等,这些组成部分以交互作用的方式运行。而且思维的认知、元认知和社会情感这些特征都影响着课堂教学的运行,且都可以在教学中加以改变。认知理论为阅读教学提供了新的理论框架。根据认知和元认知理论形成了阅读理解的认知观。这种观点强调阅读的交互作用特征和理解的建构特征。所有的读者,不管是初学的还是熟练的,都运用其头脑具有的原有知识,结合所读文章提供的线索,以及阅读情景的暗示来建构文章的意义模式。按照这一观点,即使是初学的读者,如果给他们所读的文章适合他们所具有的知识，也能熟练地阅读；相反，即使是熟练的读者，如果给他们一篇含糊晦涩的文章，他们也会像幼稚读者一样读不懂。因此，读者的两个重要特征（读者进行阅读时具有的知识与读者用来促进和维持理解的策略）形成了新的阅读观的重要因素。

学生用来理解文章的原有知识是最重要的。这些原有知识包括与文章内容有关的知识，有关社会联系和自然界的总的知识，有关文章组织结构的知识。任何年龄和任何能力水平的读者都运用他们的原有知识作为滤波器来解释与建构所读文章的意思。他们运用这些知识去确定读物的重要性，去推理文章中的言外之意，去监控理解。

除了原有知识外，熟练读者还具有一系列灵活而恰当的策略。他们利用这些策略去理解文章和监控正在进行的理解活动。他们具有关于这些策略的知识。这些知识包括陈述知识（策略特征是什么），程序知识（策略怎样操作），条件知识。

根据阅读理解的认知理论，有的教育工作者提出了阅读策略教学的观点。什么是策略教学？策略指的是认知策略，也就是用于完成学习任务的认知活动过程。阅读策略就是指读者用来理解各种文章的、有意识的、可灵活调整的认知活动计划。策略教学是指通过教学提高学生对学习要求的意识，掌握和运用恰当的策略来完成学习任务，形成监控策略运用的能力。哈里斯和普雷斯利正是从建构意义的角度去描述策略教学模式的特征："好的策略教学不是死记硬背，学生不是仅仅记住策略操作的步骤和机械地执行这些步骤，策略教学更不是简单的反复操练。好的策略教学应使学生认识到运用策略的目的，策略怎样和为什么起作用，何时何地可以运用策略。在教学情景中指导学生充分练习直至掌握。而且，要引导学生积极参与对策略的评价、调控和整合，使之成为学习的主动者。这样，师生在教学中对策略就形成了新的认识。这就是策略教学的建构模式。"

策略教学成了近几年国际教育研究的热门领域之一，是许多课程改革的又一个突破口。而阅读策略教学则是策略教学研究中的重要课题,逐渐取代技能训练而成为阅读教学改革的新方向。因为,阅读策略教学比阅读技能训练具有更大的优越性。如上所述,技能训练观认为阅读是掌握一套技能。换言之,阅读能力是由一系列技能组成的,每一项技能都是高度定型的、几乎是自动化的行为,经过反复操练就可以掌握。而学生在学校中学习不好是因为缺乏某种技能,教学目标就是要增强这些技能。策略教学规则认为阅读能力是整体性的,阅读是读者的原有知识和文章的信息相互作用而建构文章的意义模式。熟练的读者运用他们的原有知识和灵活的策略去建构文章的意义模式,他们监控正在进行的理解,并在理解出现困难时改变策略。他们根据自己的知识水平选择、调整策略。因此,阅读是积极的过程。阅读能力的发展,是读者形成阅读策略来理解文章的过程。学生学习不好是因为不能根据学习任务选择恰当的策略和灵活运用策略,教学的目标是教给学生有效的阅读策略和怎样恰当地运用策略。两者之间有以下几点重要区别。

一是目的不同。策略强调读者有意识地详细地计划认知活动。优秀的读者要意识到并仔细计划运用什么策略、什么时候运用和怎样调整以适应不同的阅读要求。而技能则往往认为是自动化的习惯行为。

二是复杂程度不同。策略强调阅读是在整体理解的背景下进行推理去建构和重构文章的意义。而技能则把理解看作一系列分技能的相加。

三是灵活性不同。策略具有广泛的灵活性和适应性,读者要调整策略以适应不同的文章和阅读目的。而技能,从教学来说,即使不是刻板的,也起码暗示一成不变地运用于所有的文章。

四是有无意识的区别。策略运用元认知意识。优秀的读者在阅读时能够意识到自己在做什么,理解是否正确,从而导致监控和调节。而技能则认为通过反复练习和训练,读者就能在阅读任何文章中自动地或下意识地运用技能。

　　五是读者观不同。阅读的技能把读者看作被动的学习者，只要掌握一系列分技能，就能自动而习惯地把技能运用于所读的文章，从而获得理解。而阅读的认知规则把读者看作学习的积极者。他必须把原有的知识和新的信息整合起来，必须灵活运用策略去促进、监控、调整和维持理解，从而达到建构文章的意义。

　　因此，阅读策略教学观比技能训练观更为教育工作者所接受，从而逐渐取代阅读技能训练，成为阅读教学的主流。

二、阅读策略教学

　　国内外的理论和教学研究表明，下面的策略能够有效地促进阅读理解。

（一）确定重要内容（区分重要和非重要信息）的策略

　　熟练的读者往往根据阅读目的有区别地阅读重要的和非重要的信息。文章的重要内容可以从两个角度去确定。一是作者在文章中所表达的重要意思。好的读者比差的读者能够更好地判断作者写作的关键部分。好的读者是运用三种方法完成任务的：运用他们的丰富知识来理解和评价文章的内容；运用他们关于作者的看法、意图、目的等帮助确定重要内容；运用他们关于文章结构的知识帮助确定和组织信息。文章结构知识在帮助读者确定重要和非重要信息，以及在组织和回忆信息具有特别重要的作用。能确定和运用文章上层水平结构的读者比不能运用的读者回忆的信息更多。二是读者所需要的重要信息。这和前者有时是一致的，有时又有区别。学校的阅读教学往往注重指导学生去确定作者认为重要的部分，而忽略确定读者认为重要的部分。

　　虽然传统教学没有直接指导学生该怎样区分重要和非重要信息，但研究表明通过教学可以使学生获得这一策略。而且，区分重要和非重要信息的能力可导致有效的理解。因此，这一策略是认知理论课程的主要组成部分。

（二）概括信息策略

概括信息策略是指在阅读中简明扼要地写出所读材料的内容梗概，它是对原读物的浓缩，反映了原文章的主旨。

阅读中运用概括信息策略，有利于促进分析加工和整合加工的认知活动。概括文章的信息需要对文章内容进行取舍和浓缩，取舍和浓缩文章信息的过程也就是对所读文章进行深入而全面的分析加工与整合加工，因此，它能提高读者对文章的理解和记忆。概括常常和确定重要信息混淆在一起。其实它是更广泛、更综合的认知活动。确定重要信息是概括的必要条件，但不是充分条件。概括信息的能力需要读者仔细审视文章的整体内容，区分重要和非重要观点，然后综合这些观点，写出代表原文主要内容的梗概。这是较难的认知活动。

概括也分为从作者的角度去概括和从读者的角度去概括。从作者的角度去概括是为了理解文章和回忆重要信息而进行的认知活动。因为这种概括只是概括者自己看的，概括的范围、数量、形式都比较自由。从读者的角度去概括是要求学生为具体的读者对象（家长、小学生、报纸等）去概括一本书、一篇文章。这就要求学生注意篇幅、结构、语言等问题，突出重要的信息。这是从理解变为写作。

要培养学生掌握和运用概括信息策略，必须在阅读教学中进行循序渐进的系统的概括策略教学。概括教学系统主要包括以下内容：概括句子，概括段意，概括文章部分内容，概括一篇文章内容，概括文章中心思想，概括一本书或几篇题材相同的文章内容。

（三）推理信息策略

推理是阅读理解过程的核心。所谓推理策略，是指读者在具体的语言环境中，运用自己的原有知识和文章提供的信息创造出新的语义信息。当读者建构文章意义模式时，他们运用推理去补足文章省略的内容。即使阅读最简单的文章，也需要进行推理。

阅读推理策略有三个特点。一是语言环境对阅读推理具有重要的影响。这是阅读推理和逻辑推理的根本区别之处。逻辑推理是形式推理，在所有情景中其推理过程和结果都是一样的。而阅读推理是心理语言学的推理，对情景具有高度的依赖性。相同语言内容处于不同的语言环境，其推理结果不一样。二是推理是文章提供的信息和读者原有知识之间相互作用的结果。文章提供的信息引发出推理。读者具有的原有知识决定着推理的丰富性和合理性。三是推理的结果是创造出新的语义信息。这新的语义信息既不同于文章提供的语义信息，也不是读者原有知识的翻版，而是一种创新，源于前两者，又高于前两者。

阅读中一般要进行的推理主要有两种。一是连接推理。这是指通过推理把文章不同内容联系起来。读者阅读文章总是从一句到另一句，从一部分到另一部分，一边阅读，一边把文章的各个句子、各个部分的内容联系起来，形成文章内容连贯的整体意象。有时候，文章内容之间、部分之间的联系是明显而直接的，这时候读者很容易把它们联系起来构成整体意象。但有时候，文章没有提供内容之间直接而明显的联系的信息，这时读者必须通过推理创造出一些新的信息，把文章不同部分的内容联系起来，形成整体意象。否则，对文章的理解就会出现断裂现象，只能获得支离破碎的语义片段。二是阐释推理。这是指通过推理把文章没有明说的内容阐释清楚，从而对文章的理解更为丰富、全面而深入。文章有的内容写得微妙而隐晦，要理解这些含蓄的语言，需要进行阐释推理。

因此，在阅读教学中，必须教学生学习推理策略，促使学生把原有知识和文章的知识整合起来，获得对文章丰富而深入的理解。

（四）质疑释疑策略

教师提问一直是阅读教学的主要方法，而学生提问则很少运用。在阅读中进行质疑和释疑是促进理解的有效策略。因此，引导学生掌握质疑释疑策略对培养学生的阅读能力具有十分重要的意义。

质疑释疑在阅读中起到导向的作用。人们阅读文章时，不可能对文章中的每一词语、每项内容都进行同等深度的信息加工，而是选择对文章某些部分（如重要内容）做精细加工，对另外一些部分（如次要细节）做粗略加工，甚至忽略不做加工。阅读中的质疑释疑正是把注意力引导到为完成学习任务所需要深入加工的信息之上，使信息加工更有效。

质疑释疑可以促进积极的信息加工活动。学生阅读时提出问题，尤其是提出需要综合文章内容的问题，更能促使学生积极地阅读，启动和促进各级水平与各种方式的信息加工，从而成为积极的理解和独立思维的学习者，提高对文章的理解和记忆水平。

质疑和释疑可以提高学生的元认知能力。优秀的读者在阅读中具有良好的元认知能力；他们有明确的阅读目的，知道为了实现目的应该做什么和怎样做；他们能够监控自己理解的状况，当遇到理解困难时能采取必要的修正策略。但是，一般学生，在阅读文章时，往往没有明确的阅读目的，也不知道自己阅读完后对文章是否理解和理解的程度如何。学生提出问题和寻找问题的答案，可以显示自己对文章的理解状况，以便于进一步地调整阅读认知活动。当学生不能回答问题时，学生再次加工相关信息，从而促进理解。这往往要运用往回看的策略，仔细阅读包含答案的部分内容，或综合各个部分的内容形成答案。有的学生缺乏这种策略。因此，引导学生运用质疑释疑策略，是培养学生元认知能力的关键一步。

质疑释疑有利于激活学生的原有知识，从而加深对文章的信息加工。如前所述，学生原有知识影响着他们对文章的理解。学生缺乏恰当的原有知识会难以理解文章的内容。但学生有时形成阅读理解的困难，不是因为缺乏原有知识，而是因为没有激活相应的原有知识。因此，学生在阅读中通过恰当的提问，来唤醒头脑中储存的相关概念和经验，用来解释和重组所读文章的内容，使所读的内容更富于意义，从而提高对文章的理解和记忆。

（五）监控理解策略

好的读者比差的读者阅读得更好，不仅在于对文章的理解结果更全面、更深刻，还在于阅读时对策略过程的监控和调节。监控理解策略主要有五点内容。一是定向。在阅读前，通过分析阅读要求、读物特点、学习环境来确定阅读目的，以便按照目的来引导信息加工，这是成功阅读的前提。好的读者和差的读者的一个明显差别是阅读目的是否明确。二是计划。这是选择适合阅读目的、读物特点和自身特长的阅读策略，使阅读活动能顺利地进行。好的读者能够灵活地运用策略。他们在不同的情景中运用不同的策略，能够根据文章和任务要求调整策略。如要求学生回答问题时选择三种策略中的一种，这三种策略是：从文章中直接找答案、综合文章内容、运用原有知识。好的学生能更好地选择恰当的策略，差的学生趋向于运用唯一的策略回答问题。他们呆板地运用简单的文章匹配或尝试回答策略。三是检查。检查是否理解所读文章的内容。阅读有时会出现对所读内容不理解的现象，对于大多数读者来说，下面两种情况会使文章信息难以理解：缺乏理解文章所必需的知识；原有知识和文章信息产生矛盾（如自己的常识错误、自己的认识模糊、文章信息含糊或差错等）。好的读者能够意识到他们的理解和所建构的文章意义模式产生了矛盾；差的读者却很少意识到理解的障碍。四是调节。这是根据理解情况来调整阅读策略，改变注意程度和阅读速度。换言之，当发现阅读困难时知道采取什么补救措施。好的读者监控自己的理解，当遇到问题时知道做什么。在监控中他们预料可能出现的问题，并采取行动去解决问题。差的读者很少意识到理解时所存在的问题，即使意识到问题也没有能力去解决问题。五是评价。就是阅读结束后评价自己的理解程度，了解认知活动的结果是否达到目的，以获取反馈信息。总的来说，监控理解最主要的两个组成部分：意识到理解的正确性和深度，以及当发现理解失败时知道做什么和怎样做。指导学生掌握监控理解策略是阅读教学的一个重要内容。

（六）激活原有知识策略

阅读认知过程的一个重要信息加工方式是同化加工，即读者利用原有知识去解释、消化文章的信息。因此，学生在阅读前是否具有恰当的原有知识，在阅读时能否激活这些知识影响着他们对所读文章的理解和记忆的程度。激活原有知识对阅读认知过程的重要作用主要表现在以下几个方面。在阅读前激活原有知识，能使学生产生阅读期望或图式。例如，新学期开学一般包括迎接新生和开学典礼等热烈场面，学生阅读有关新学期开学的文章时会期望文章可能包含这些内容，这种期望会引导学生阅读时注意与期望相联系的内容，便于对这些信息进行迅速而深入的加工。阅读时激活原有知识，能使学生运用原有知识来补足文章里省略的信息。原有知识主要表明世界生活是什么样子。对文章的理解，首先，利用原有知识去解释文章提供的信息所反映的世界生活情景。例如，有的人看到"玻璃杯掉到地上"的句子，他们就像听到"嘣"的一声响，看到了满地玻璃碎片的情景，这是对文章进行分析和整合加工时利用原有知识去重构世界生活情景的结果。其次，文章部分之间的联系也是利用原有知识去推理出来的，有的句子、有的部分，表面上看毫无联系，但经过原有知识的消化，它们内在的意义联系就显示出来了。这是因为人们具有丰富的有关世界生活的内容及其联系的知识，这些知识可以把分开的信息项联系在一起。文章部分间的联系只有在原有知识的帮助下才能建立起来。阅读后激活原有知识，能促进学生对文章内容的回忆。例如，阅读一篇有关婚礼的文章，具有这方面知识的学生能运用原有知识形成的图式引导记忆搜寻。

虽然学生的原有知识对理解文章起着关键的作用,但原有知识与理解之间的关系并不是简单而垂直的。有时原有知识没有激活,因此不能用于理解过程,这时对文章的理解只能进行不完全的分析加工和整合加工,学生被动地接收文章提供的信息,往往容易形成死记硬背的学习方式。有时原有知识不完善、零碎、肤浅,这时学生对文章提供的信息的解释和消化会产生困难,甚至造成错误的解释。有时原有知识和文章提供的信息产生冲突,这时学生原有知识的影响可能处于优势而根据原有知识去歪曲、排斥文章的新信息;或者文章新信息包含充分的理由和证据足以说服学生修改原有知识,接纳新的信息。也就是说,原有知识既可能促进阅读理解,也可能妨碍阅读理解。

总之,学生理解文章的内容,主要依赖于自己的原有知识与要获取的新信息的交互作用。当原有知识没有激活时,或原有知识出现缺乏时,阅读理解往往是肤浅的,甚至没有发生。因此,在阅读教学中引导学生调动他们的原有知识和生活经历来解释与消化文章内容,具有重要意义。

以上所列举的只是一些经过理论分析和实验检验后行之有效的阅读策略,尚有许多阅读策略有待进一步研究。

第四章　语文写作教学

写作是语文课程的重要组成部分。关于这一点，《九年义务教育语文课程标准》和《普通高中语文课程标准》都做了强调："写作是运用语言文字进行书面表达和交流的重要方式，是认识世界、认识自我、进行创造性表述的过程。"写作能力是语文素养的综合体现。语文教学应重视写作教学，使写作更好地为学生的学习、生活和将来的工作服务，真正做到"易于动笔，乐于表达"。

第一节　写作教学概述

学生的写作过程，表现为一个复杂的心理过程，它涉及学生掌握的词汇量、句子、语段组织能力、知识质量、观察能力、情感态度、思维品质和价值取向等多种内在因素，并经历从构思、起草、修改、定稿这样一个不断循环往复的过程。写作的特性，使得写作教学具有相当大的难度。如果把写作的能力比作"海"，课堂教学只能取其中"一瓢"而教。因为课堂教学内容和时间的有限性与作文能力培养的复杂性之间的矛盾，如何提高写作教学的效率，成为世界各国写作教学研究的难题。比如，研究者发现，知识是写作过程中一个非常关键的要素。除了知识在写作中具有原材料的功能之外，研究者还发现，知识在写作过程中能引导对写作主题的理解，它还与结构策略、修辞技巧、语言技巧、读者意识等相关。但是，语文课堂上的写作教学，不可能负载这样的教学重担，把学生写作所需的百科知识教给学生。从这个意义上讲，写作教学如果离开了学生自己主动地学，尤其是学生自己对百科知识的主动摄入，不可能摆脱纯粹技术的低效操练。

因此，必须思考这样一个问题：在课堂上，教师应该教给学生哪些有效的作文知识？换句话说，在写作所需的全部知识中，哪些是教师在课堂上应该教而且可以教的知识？对于这个问题的认识，影响着课堂作文教学的目标、内容和方法，左右着语文教师对教材的把握、对学生作文的评价，也左右着师生对作文的情感和态度。

关于语文教育的历史分期，有诸多不同的意见。本章仅取其中较流行的一种分法，将我国语文教育分为三个历史时期：传统语文教育时期、现代语文教育时期、当代语文教育时期。以这三个历史阶段为纲要，对语文教材中的写作知识进行系统地梳理，把握其演进轨迹。

一、写作知识的演进轨迹

（一）传统语文教材中的写作知识

我国传统写作教学以"文章作法"为核心知识，以"写好一篇文章"为教学目的。传统的写作教材，基本上分为两类，一类是"文选型"的写作教材，即通过一篇篇选文教写作；另一类是"知识型"写作教材。南宋谢枋得编写的《文章轨范》和元代倪士毅编写的《作文要诀》分别代表了文选型和知识型教材，并由此形成了写作教材编写的"范式"。

谢枋得所编《文章轨范》共 7 卷，分"放胆文"（2 卷）和"小心文"（5 卷）两大类，选文 69 篇，均为唐宋名家名篇。每卷卷首均有教学目的、要求等提示，如"放胆文"（第一卷）卷首这样提示："凡作文，初要胆大，终要心小，由粗入细，由俗入雅，由繁入简，由豪荡入纯粹。此集皆粗枝大叶之文，本于礼义，老于世事，合于人情。初学熟之，开广其胸襟，发舒其志气。但见文之易，不见文之难，必能放言高论，笔端不窘束矣。"

这样的"提示"，所传授的"知识"较为含糊、笼统，大抵是一些关乎写作的原则、态度、习惯等，目的是促进学习者对于写作的"理解"，不太具有操作性。除了这些知识外，还有就是随文而生的"批点"，以帮助读者理解文章作法，如谢枋得在苏老泉的《春秋论》文末批曰："此文有法度有气力有精神有光焰，谨严而华藻者也。读得孟子熟，方有此文章。"在《师说》中"师者，所以传道受业解惑也"句后批曰："第一段先立传道受业解惑三大纲。"这样的随文批点方式固然有可称许之处，尤其是评点的"情境性"对学生理解范文起到较好的帮扶作用，但是，对于写作能力的提高而言，评点的价值恐怕不如其在阅读教学中的表现。

倪士毅所编的《作文要诀》主要讲述经义的写法，具有较强的应试性。该书摘引了大量的写作知识，论述了一般的写作原理，并按经义写作的程序加以详细描述，强调冒、原、讲、证、结。这就是"审题、立意、谋篇、布局"写作知识的雏形。"审题、立意、谋篇、布局"，从它产生的渊源来看，是一种应试策略，应对的是科举考试中的经义写作。后来，"冒、原、讲、证、结"的经义写作法在明代被进一步规范，形成了一种固定的文章写作模式，即"八股文"写作模式。当然，这是文章写作走向极端僵化的例子。

从这两类写作教材看，我国传统的写作知识，一类是具有较强应试性的文章作法知识。这类知识，又可分为两个子类：一是审题、立意、布局、谋篇的过程性写作知识；二是关于文章结构的知识，典型的就是起承转合，极端的是八股文的程序。另一类是写作知识，直接套用了阅读教学中的现成知识，指向一般写作能力培养的文章作法知识，主要在文选型的教材中体现。

这一时期的写作教学，其共同特点都是指向"一篇文章"的做法，主要教学目的是教学生掌握命题作文的写作技巧。

（二）现代语文教材中的写作知识

五四运动以后，在西学东渐和白话文进入中小学教材的历史背景下，掀起了语文设科以来对于写作教学内容研究的第一波浪潮，出现了一大批研究白话文作文法、作文教学法的论著，如梁启超的《作文教学法》《中学以上作文教学法》、陈望道的《作文法讲义》、叶圣陶的《作文论》、夏启尊和刘薰宇的《文章作法》、胡怀琛的《作文研究》、叶圣陶和夏启尊的《阅读与写作》等。有人称，这个时期写作研究的特点，是白话文章作文法终结了文言文写作理论，完成了从传统到近代的转变。

所谓"白话'文章作法'"，是"拿来"了西方的文体分类知识体系，并进行了普及性质的介绍。于是，文体知识成为现代写作教学知识体系的核心构成。文体分类知识的引进，最早可以追溯到傅斯年1914年写的《怎样做白话文》。在该文中，傅斯年引进西方分类理念，把白话文分为形状文、记叙文、辩议文、解说文四类，形成了与传统的"篇章学"迥然不同的"近代文体论"。这一时期关于白话文"文章作法"的大量论著，知识体系基本上是参照傅斯年的"西洋文体论"建构的。如梁启超在《作文教学法》讲演中把文章分为三大类，一是记载之文，二是论辩之文，三是情感之文，并主张在中等以上的学校里，侧重指导学生写作记载文和论辩文这两类实用价值最大的文章。陈望道的《作文法讲义》共12章，其中有六章分别介绍"记载文""记叙文""解释文""论辩文""诱导文"等文体知识。叶圣陶在《作文论》中对叙述、议论、抒情、描写四类文章的特点和做法进行了详细的说明，内容占了全书的一半。其余如夏启尊和刘薰宇合著的《文章作法》、胡怀琛等人合著的《文章作法全集》，都以各种文体作法为内容。此后半个多世纪，一直到20世纪八九十年代，文体知识一直是中小学写作知识体系的主干。写作教学的目的，也从传统的教学生掌握写"一篇文章"的知识转向教学生掌握写"一类文章"的技能。文体分类使写作知识教学实现转"篇"为"体"、转"个"为"类"的两大转变。

西方文体分类知识的输入，不仅改变了"知识型"写作教材的编写，而且也带来了"文选型"阅读教材编写范式的转型，那就是以文体分类为基础的单元编排模式，成为现代语文读写教材的主流编写模式。其中，以追求语文教材编写的"科学性"为旨趣的《国文百八课》，就是读写结合、以写为主、按文体组织单元、以写作知识传授为目的编写的教材典范。

总之，引进西方逻辑分类法，构建以文体知识为主干的写作知识体系，传授记叙文、说明文、议论文三大教学文体的写作知识，是现代语文写作教学的主要特征。

（三）当代语文教材中的写作知识

在汉语、文学分科期间，由于指导思想出现了偏颇，认为写作能力的培养与训练"在语言和文学两科里完全可以做到"，"读了文学作品，就能够学会写一般的散文，而且比仅仅读一般的散文学得更好"，而汉语学习，对写作来说又是根本的。汉语打基础，文学做提升，专门的写作教学就没有必要了。在这种思想的误导下，写作教材建设与知识开发一度停滞，写作教学成为分科的"牺牲品"。

分科结束后，人教社于1958年、1963年新编了两套语文教材，但是，进入这两套写作教材的知识，仍然以记叙文、说明文和议论文的文体知识为主。自此，一直到20世纪90年代初，语文教材中的写作知识基本上是记叙文、议论文和说明文（有时包括应用文）三大文体的写作知识。

回顾百年语文教材演变的轨迹，可以得出这样一个结论：从语文设科始，到20世纪90年代之前，中小学语文教材中的写作知识基本上是以文体知识为主，所致力于培养的是学生"普通文"——记叙文、说明文、议论文的写作能力。

从 20 世纪 80 年代开始，掀起了语文设科以来写作教学内容研究与教材建设的第二波浪潮。第一波浪潮以文体知识取代文章学知识为标志，第二波浪潮则以对读写关系的反思、对能力和知识关系的反思为标志，致力于写作知识的系统性、序列化的科学追求。改革开放后在"一纲多本"的新体制下推出的 30 余套语文新教材，阅读与写作分编的教材多达 11 套。这些教材的共同特征是追求写作教学的独立性和科学化。独立性是途径，科学化是方向。所有这些教材，都试图解决分编型教材的科学化问题，试图改革旧的教材体系。

旧教材的基本特征是：文选系统；文体循环，记叙—说明—议论；讲读中心。几十年来，中学语文教材，内容不断更迭，体例不断改进，但这三个基本特征始终没有多大改变。从总体上说，这样的教材体系，不大符合学生语文能力形成和发展的规律。对此，新教材力求有所突破。但是，20 世纪 80 年代以来出现的 11 套独立的写作教材，除浙江版教材以语文实践活动取代了知识和能力训练体系外，其余的教材，对原有教材中的"文体三分、循环训练"的知识体系进行的或多或少的改革，仍然无法摆脱"文体三分"的影响。

二、写作知识呈现方式的演进轨迹

从历史发展脉络看，写作知识在语文教材中的呈现，目前已经经历了两个转变：第一，从隐性知识向显性知识转变；第二，从零散、玄妙的显性知识向系统、周密的显性知识转变。

（一）传统语文教材中的知识呈现方式

我国传统的语文教材是"文选型"教材。在这类教材中，写作知识是以"语感"的形式隐于选文之中。对于这类知识,古代私塾的做法通常是以"范文死读"、潜移默化的方式,"通过语感来培养语感"。鲁迅曾这样回忆传统私塾的"死读"法:"以前教我们作文的先生,并不传授什么《马氏文通》《文章作法》之流,一天到晚,只是读,做,读,做;他却绝不说坏在哪里,作文要怎样,一条暗胡同,任你自己去摸索,走得通与否,大家听天由命。"这番话颇为形象地描绘了传统写作教学"从语感到语感"式的知识传授特点。从知识和技能获得的角度来说,学生是在一种无意识的状态中自行"摸索"出写作的"语感"。

"从语感到语感"的学习,心理学上称为"内隐学习"。首先承认:内隐学习是语文学习的一条重要的途径。但是,如果把它作为现代课堂教学的主要"学得"方式,则是不妥的。"通过语感获得语感"使教学内容的开发主要依赖教师个人的教学知识和教学技能,有水平的教师可以把自己从选文中摸索出的显性知识传授给学生;而知识水平、经验和教学技能较低的教师,只能以语感的"只可意会,不可言传",把学生赶入一条幽暗不明的知识"胡同"里去,任他们自己摸索。从"语感到语感",它与学校课堂教学所期待的教学时效是相冲突的。因为语感不能言说,一切需要在无意识状态下暗中摸索,它需要在大量的实践过程中反复发生,"操千曲而后晓声,观千剑而后识器",让学生在大量选文中"悟"出写作知识,在追求时效性的课堂教学环境中是很难进行的。以"选文"教写作,基于的理论假设是读写结合论,即学生的写作能力可以从范文借鉴中得到提高。但是,从阅读知能到写作知能,只存在迁移的可能性,而非必然性。换句话说,多读可能会写,但多读不必然会写。之所以有迁移的可能,是因为阅读与写作之间具有许多共同点,如一些共同的陈述性知识与共同的产生式结构。之所以没有迁移的必然性,是因为阅读与写作毕竟是两种不同的学习行为,鉴赏一篇好文章是一回事,写出一篇好文章是另一回事，正如欣赏一位艺术家的小号表演是一回事，让我们去表演是另一回事。我们中的大多数是无法再欣赏美妙的演奏的。

在教材编写体例上，纯粹以范文隐性呈现写作知识，因为其"难以言说"的默会性，不利于教师展开教学，因此，出现了"评点式"写作知识的呈现方式。知识的呈现方式从隐性向显性转化。选文评点，从课程论的角度看，是教材学材化的努力结果，对于传统的那种只给范文以供死读模仿的"文选"来说，在"方便学生自学"上，无疑是给"幽暗不明"的教学"胡同"里照进了几缕光。尽管这几缕光还很微弱，但是，教材编写能考虑发挥学生学习的主动性，注重用"评点"的方式来呈现写作知识，以此引起学生的学习兴趣，引领学生对选文的阅读鉴赏，领悟作者写作的"用心"，这是当时教材编写所体现的一个积极的因素。选评结合的传统文选编写模式，对后来语文独立设科之后的教材编写产生了极大的影响，在今天的语文教材中，可以看到传统的影子。

（二）现当代语文教材中的知识呈现方式

写作知识以"知识短文"的形式在教材中呈现，是现代语文教材编写的特色之一。

第一波现代语文教材建设热潮以语文知识的学科化为中心。"语文知识学科化"的成果之一，是系统的"习作"教材插入了选文中间，形成了"选文—注解—文章作法—作文练习"的教材编写构架，开创了语文教材读写混编、以"文章作法"的语识形式系统呈现写作知识的新体例。当时傅东华编的《复兴初、高级中学国文教科书》即是代表。此后，夏丏尊和叶圣陶合编的《国文百八课》，以108篇"文话"（以文体知识为主）在写作知识"学科化"上做了开拓性的努力，构建了现代学科层面上的写作知识体系。在第二波浪潮中，应对社会各界对语文教学效率的质疑，"读写混编"一度被当成了写作教学科学化的绊脚石。似乎只有在教材层面分别理出阅读与写作的两条"知识"线索，才会有阅读和写作教学真正的"独立"。遂掀起了语文教材读写分编的浪潮，追求写作知识独立的科学系统。

在 20 世纪两次教材改革的浪潮中，无论是写作知识的学科化还是写作教学知识的科学化，改革的共同点是都聚焦在写作知识的内部构架上（如"写作知识要素是什么""写作知识在教材中应该如何组织"），而一成不变的"知识短文"的呈现方式连同知识教学的可操作性与有效性，并没有进入教材编写者的视野。再者，标举"语文学科知识科学化、系统化"的教材改革，并没有带动语文教育效能的根本改观。正是出于对教材改革效能的质疑，特别是对"点点相连"式语文知识点教学效能的质疑，从 20 世纪 90 年代以来，在语文学科知识教学上，语文界出现了一股"淡化知识"的知识教育观。这种观点主张无论是语文教材还是课堂教学，都要淡化知识，甚至还出现了一股不该有的贬低知识教学的暗流，把知识教学和能力培养对立起来，提出写作教学要实现从知识传授向能力培养"转移"的说法。在此背景下，新课标提出"不宜刻意追求语文知识的系统和完整"。

"不宜刻意追求语文知识的系统和完整"是对语文教材过于片面追求语文知识系统的、完整的反驳。但是，这句话提出的具体语境常常被人们忽略，断章取义理解的结果是，人们认为，语文教学要"淡化知识"或"去知识化"。这种误解，对于写作教学的影响是，课堂教学缺乏知识性、技术性的支持，仅剩下某些形式化的练习，比如话题作文。换言之，当文体知识被忽视以后，写作教学往往被写作练习取代。

第二节 写作教学目标

希洛克斯曾对西方国家涉及写作领域的 2 000 项研究进行了检视，提供了对这样一个问题的回答：有效写作需要什么知识？这些回答有助于确定更有效的写作教学目标。希洛克斯的研究表明，写作是一项非常复杂的任务，需要至少以下四类知识：关于所写内容的知识；处理内容的程序性知识；言语交流结构的知识；写作一篇特定类型文章的知识。下面以上述研究成果作为对照和参考，概述我国及其他国家在写作教学上的目标定位。

一、我国写作教学目标

如果把希洛克斯所提供的上述四类知识用我们所熟悉的语言去表达的话，第一类知识相当于"知识面"，知识面的宽窄影响写作的内容，指向"写什么"的问题；第二类知识相当于"文章作法"，包括审题、立意、谋篇、布局的策略性知识，这些知识关系到"怎么写"的问题；第三类知识相当于遣词造句的"语言能力"；第四类知识则属于文体知识。这四类知识，在我国写作教学中都得到充分的重视，比如，我国写作教学历来倡导"多读多写、读写结合"，体现的是对"知识量"的重视；至于文章作法，则是我国写作教学的传统内容；其他两类知识，也历来为我国写作教学界所重视。

语文课程标准对写作教学的目标阐述如下：写作时考虑不同的目的和对象。写作要感情真挚，力求表达自己对自然、社会、人生的独特感受和真切体验。多角度地观察生活，发现生活的丰富多彩，捕捉事物的特征，力求有创意地表达。根据表达的中心，选择恰当的表达方式。合理安排内容的先后和详略，条理清楚地表达自己的意思。运用联想和想象，丰富表达的内容。写记叙文，做到内容具体；写简单的说明文，做到明白清楚；写简单的议论文，努力做到有理有据；根据生活需要，写日常应用文。能从文章中提取主要信息，进行缩写；能根据文章的内在联系和自己的合理想象，进行扩写、续写；能变换文章的文体或表达方式等进行改写。有独立完成写作的意识，注重在写作过程中收集素材、构思立意、列纲起草、修改加工等环节。养成修改自己作文的习惯，修改时能借助语感和语法修辞常识，做到文从字顺。能与他人交流写作心得，互相评改作文，以便于分享感受，沟通见解。能正确使用常用的标点符号。作文每学年一般不少于 14 次，其他练笔不少于 1 万字。45 分钟能完成不少于500 字的习作。

高中语文课程标准有关写作课程的目标描述如下：学会多角度地观察生活，丰富生活经历和情感体验，对自然、社会和人生有自己的感受和思考。能考虑不同的目的要求，以负责的态度陈述自己的看法，表达真情实感，培育科学理性精神。书面表达要观点明确，内容充实，感情真实健康；思路清晰连贯，能围绕中心选取材料，合理安排结构。在表达实践中发展形象思维和逻辑思维，发展创造性思维。力求有个性、有创意地表达，根据个人特长和兴趣进行自主写作。在生活和学习中多方面地积累素材，多想多写，做到有感而发。进一步提高记叙、说明、描写、议论、抒情等基本表达能力，并努力学习并综合运用多种表达方式。能调动自己的语言积累，推敲、锤炼语言，表达力求准确、鲜明、生动。能独立修改自己的文章，结合所学的语文知识，多写多改，养成切磋交流的习惯。乐于互相展示和评价写作成果。45 分钟能写 600 字左右的文章。课外练笔不少于 2万字。

根据上述写作课程目标阐述，可以发现，我国中学写作教学的目标定位，体现了以下几个显著特点。

（一）学以致用的思想一直为我国语文课程标准（或大纲）所倡导

语文教学大纲、课标都把"应用文写作"列为必教的内容，体现了我国写作教学"致用"的主导思想。2001 年、2003 年相继颁布的初高中语文课程标准，同样也传达了"致用"的教学理念，比如，新课标突出写作"交际""交流"的功能，把写作当作书面表达与交流的重要方式，重视读者意识的培养，强调写作要考虑不同的目的和对象。在写作内容的选取上，强调与生活的联系，新课标建议中学写作教学要"鼓励学生积极参与生活，体验人生，关注社会热点"等，这些都传达了我国写作教学在课程层面的目标导向，是生活化、实用化的目标导向。

上述"实用"的写作教学取向，可以看作我国百年写作教学一以贯之的取向。比如，叶圣陶就一贯重视写作教学的实用性，他曾说："若以悠久之岁月而练习不可限程度收效之作文，实非今日所应有之事，宜以最经济之时间练成其最切实应用之作文能力"，"至于写作，最好在实用方面下功夫。说清楚一点，就是为适应生活上的需要而写作"，"练习作文是为了一辈子学习的需要，工作的需要，生活的需要，并不是为了应付升学考试，也不是为了当专业作家"。正是基于这种实用观，叶圣陶提出关于写作教学的一系列主张，如作文命题应该贴近学生的生活实际，让学生有话可说，因为"实际作文皆有作为而发，言各有得，辞不徒作"。作文评价主要看内容是否达意而不是看技巧是否纯熟，因为"文字作用端在达意"。作文教学致力于"修辞立其诚""我手写我口"等好习惯的养成，因为好的习惯才能使学生在"生活上终身受用"。一定要教会学生"自行评改"作文，教是为了达到不需要教。独立的学习能力是学生在离开学校后续学习、终身学习的必要条件。在新课标有关写作教学的规定中，不难找到与叶圣陶论述相似的主张。

（二）我国写作教学的主要目标

叶圣陶曾经这样阐述："基础国文"所包括的范围很宽广，文学只是其中一个较小的范畴，文学之外，同样包在国文大范围里头的还有非文学的文章，就是普通文。这包括书信、宣言、报告书、说明书等应用文，以及平正地写一件东西载录一件东西的记叙文，条畅地阐明一个原理发挥一个意见的论说文；所谓阅读与写作的训练就是以这种中学生将来应付生活所必需的普通文为对象的。

叶圣陶的阐述，为以后的中小学写作教学目标定下了一个基本的模式：轻文学重实用。指向"实用"的三大文体——记叙文、说明文、议论文的文体知识的掌握成为写作教学的核心目标。因为记叙文、议论文和说明文的练习，被认为"是一切写作的'通用'之基础"。因为几乎所有文章，都是记叙、说明、议论、描写和抒情等表达方式的综合运用，如果掌握了这些表达方式，在此基础上去写各种具体的文体，才会游刃有余。

（三）端正写作态度，培育写作情感

这表现为以下三方面。第一，真实写作。在课程标准层面，我国一向提倡写作要"表达真情实感，不说假话、空话、套话，避免为文造情"。真实而负责地写作，力求写作主题的真实、内容真实、思想真实，这是我国写作教学中特别强调的情感教育目标。第二，读写结合。我国写作教学还重视阅读与写作的关系，鼓励学生多读多写，在高质量的阅读中提升写作能力，汲取有价值的写作素材，培养正确的语感。第三，重视兴趣的激发和生活的体验。新课标要求教师采取各种方法，"积极鼓励学生参与生活，体验人生"，以此激发学生的写作欲望，解决写作内容与思想贫乏的难题。在这个目标引导下，许多教师积极探索作文教学的创新变革之路，出现了诸如生活作文、个性化作文、快乐作文、开放式作文、研究性作文等丰富多样的作文教学新形式。

二、国外写作教学目标

参照本节开头提及的写作所需的四类知识，可以发现，世界各国对写作教学目标的定位，基本没有超出该框架。但是，在框架之内，各国在写作教学目标的侧重点上，仍然有较大的差异。

（一）美国中学写作教学目标

由美国国家教育和经济中心、匹兹堡大学合著的《英语、数学、科学、应用学习能力表现标准》（以下简称《能力表现标准》）被视为美国近年来基础教育课程改革成果的重要体现。该书所确定的能力表现标准，意味着所有学生在完成某一层级的学习后应该达到的能力水平。现以该书规定的初中写作能力表现标准为例，概述美国中学写作教学目标。

初中英语《能力表现标准》中的"写作标准"，主要是要求学生表现他们在五种写作类型方面的成绩。这五种写作类型分别是报告、文学作品的读后感、叙述性报道、叙述过程的文章、有说服力的文章。高中增加了"反思性文章"，共六类。下面是有关"报告""文学作品的读后感"和"有说服力的文章"这三种写作类型所应该达到的标准的具体阐述：写作是一个由作者组织语言进行有效交流的过程。写作往往是通过一系列初步计划，几易其稿、反复修改，听取反馈意见得以进行的。目的、读者、背景、内容对写作的形式和内容乃至其风格、语言、态度都有影响。

学生写一篇报告要做到：构建文章内容，建立个人风格，激发读者的兴趣；把握好贯穿全文、传达主题思想的基本主线；构建一个与特定目的、读者、上下文相适应的基本框架；包含恰当的事实和细节；删除多余的不恰当的信息；运用一系列适合的写作技巧，诸如提供事实和细节，描述和分析主题，叙述相关的逸事，比较、对照、指出并说明其优越性和不足之处。

美国的写作教学目标与我国有较大的差异。我国的写作教学体现了为将来写作"打基础"的理念，因此，我们把将来各种写作类型的普遍基础记叙、说明、议论的能力培养作为教学重点。而美国的写作教学则体现了直接为将来写作做准备的思想，因此，他们将学生在校内外的学习、生活和工作中可能碰到的所有写作形式归纳为四类，教学目的是让学生掌握每一种写作类型所特有的基本技巧和规则，以使他们能够熟练地运用，以应对实用写作的需要。这样，在教学中，我国中学生练习的是教学文体——记叙文、说明文、议论文三大文体，而美国中学生练习的是现实文体——在生活中真实存在的各种问题，如报告、读后感、旅行日记、社论等。

（二）英国中学写作教学目标

英国基础教育阶段的课程分四个阶段，其中第三和第四阶段学生的年龄分别是 11～14 岁、14～16 岁，相当于我国的初高中阶段。这两个阶段的写作教学目标如下。

1. 范围

应鼓励学生对各种目的的写作充满信心，建立自己鲜明的且具有独创性的写作风格，意识到对所写内容认真投入的重要性。提供机会指导学生针对特别读者群、广泛未知的读者群，自己进行写作训练，鼓励学生进行有美学意义和富有想象力的写作。进行说明性、解释性、辩证性、叙述性、报告性、描述性、劝说性和释义性的写作来传达思想。通过评述、分析、假设、回顾和概括的写作方式开发思维。学生的写作范围应该广泛，如便条、日记、私人信件、正式信函、时间顺序性写作、报告、小册子、评书、散文、广告、报刊文章、传记、自传、诗歌、故事、剧本。

2. 主要技巧

指导学生坚持写作，提高写作能力，培养在纸上或计算机屏幕上进行写作规划、起草、修改和校读等各个过程的能力，鼓励学生在具体写作中，自己决定过程或需要程度。学生应该有机会对自己和他人的写作进行批评性分析，应指导学生进行流畅性写作及必要的快速写作。在上交修改后的终稿时，保证书写工整，字迹清楚，适当地利用一些手段。培养学生叙事性文章的写作能力。鼓励学生掌握相应的技巧。培养学生的诗歌写作能力，鼓励学生掌握相应的技巧。培养学生剧本和对话的写作能力，鼓励学生掌握相应的技巧。培养学生从事非文学类文体的写作能力，鼓励学生掌握相应的技巧。在书写方面，应帮助促进有关常规拼写规则、词族、词根及其派生词的知识。此外，还应当指导学生拼写不规则的复杂的多音节词，仔细校对自己的作品，并适当地使用字典。要求学生书写工整、笔迹清晰可辨。

3. 标准英语和语言学习

鼓励学生充满信心地运用正式和非正式的书面体标准英语。鼓励学生扩大对句子语法的理解，直到学生有效地组织语篇。鼓励学生熟练并有创造性地选择及精确地运用词汇，包括同义词和双义词。

从上述的英国语文课程标准来看，英国英语课程中的写作教学目标，也与我国的有较大的差异。这些差异主要表现为：虚构性的小说、诗歌和剧本写作都纳入课程标准。而我国语文课程标准一向不提倡文学性写作。因此，小说、诗歌、剧本等文学体裁，并不纳入课堂教学文种。从词、词汇到句子、篇章结构的运用，语言学方面的许多知识点都进入写作课程内容。这也是与我国写作教学迥异之处。这种差异，一方面，源自语言差别，作为表音文字的英语和作为表意文字的汉语有差异。另一方面，是传统。在我国，汉语文的教学和语言教学一向比较疏远，在实际教学中，也往往走两条不相干的道路。而最近，淡化知识的倾向更加剧了语言教学与读写教学之间的疏离。英国的中学写作教学对学生所应掌握的各种写作形式的选择，也与我国有明显差异。对于写作类型，英国首先将其分为两大类，一类是"有美学意义和富有想象力"的文学性写作，另一类是非文学性的写作。在两种类型的写作中，他们又选择各种具体现实文种，力求涵盖生活中常见的文体，然后，在范围广泛的文体中，又确定学生应该掌握的各种写作形式，供学生练习。各种各样的写作形式，不同于我国的归纳（记叙、议论、说明、描写与抒情），包括说明性、解释性、辩证性、叙述性、报告性、描述性、劝说性和释义性的写作等八种类型。分类之细，为我们突破文体三分的思维定式提供了新的思路。

第三节 写作教学设计

一、教学设计的要素和特征

（一）教学设计的要素

教学设计是针对具体的学生，对教学内容在规定时间的纵向展开进行合理的安排。或者说，教学设计就是教学内容在具体班级的条理化、程序化。

教学设计在国际教学研究领域已成为一个具有较为完整和严密的理论方法体系和具有很强操作性的独立学科。教学设计体系包括七个子系统，为教学设计的基本内容和操作步骤规定了"七部曲"：第一步，确定教学目标；第二步，分析学习者的特征（是否具有学习当前内容所需的预备形式以及具有哪些认知特点和个性特征等）；第三步，根据教学目标确定教学内容（为达到教学目标所需掌握的知识单元）和教学顺序（对各知识单元进行教学的顺序）；第四步，根据教学内容和学习者特征的分析确定教学的起点；第五步，制订教学策略（包括教学内容活动进程的设计和教学方法的选择）；第六步，根据教学目标和教学内容的要求选择和设计教学媒体；第七步，进行教学评价（以确定学生达到教学目标的程度），并根据评价所得到的反馈信息对上述教学设计中的某一个或几个环节做出修改或调整。

（二）教学设计的特征

1. 预见性

预见性是教学设计之前，对课堂教学情境、师生互动、教学内容和方法的实施与变动、教学目标的达成、教学中可能出现的问题、课堂教学效果等诸多方面做出周密的分析和科学的预见，以保证课堂教学的成功。只有根据具体学生、具体情境、具体文本，对即将展开的教学做出科学的预见，才能进行周密的课堂教学设计。

2. 目的性

没有明确的目的，就没有成功的设计。目的是设计的方向。课堂教学设计的目标应该是经过一两节课的努力能够实现的。目标定得太空泛或太高，经过一两节课的努力根本不能实现，容易使课堂教学内容组织松散；目标定得太低，又容易使课堂教学效率偏低，不太容易调动学生的积极性。教学设计中目标的确定，要注意结合课程目标、教材内容和学生的实际情况，具体而务实。

3. 可行性

教学设计要充分考虑到设计内容、策略的可行性。特别要考虑一定长度内时间的合理分配；要考虑教学方法与学生、与教师本人执教风格的匹配性。同样的教学设计，由不同的教师执教或者在不同的班级实施，效果可能截然不同。因此，在模仿、借鉴他人设计的时候，切忌盲目照搬，要考虑设计执行者和设计实施对象之间的差异性，以保证设计的成功实施。

4. 开放性

开放性是教学设计的特性。一般的设计强调的是设计对执行的约束性，即设计一旦确定，对完成任务的实际活动起到指导和约束作用。任务的开展、时间的安排都必须严格按照计划行事。但是，教学设计强调预设的同时，也强调开放。这是由教学对象的独特性所决定的。教学的对象是人，是具有主观能动性的学生。正是因为教学对象的特殊性，课堂教学就成为了一个复杂而开放的系统。在这个系统中，有保障设计顺利实施的确定性因素，如任务、文本、目标、教师，也有影响设计按既定方向运行的不确定因素，如学生的反应、师生交往和课堂变化的情境。因此，教师在进行教学设计的时候，一定要注意设计"留白"，也就是预见课堂教学中各种不确定的因素，并保持开放的心态，机智地根据课堂教学中的各种"变化"来调整原有的设计，以保证目标的顺利实现。

二、中学写作教学设计的反思与讨论

根据教学设计的要素和特征，对写作教学实践展开反思与讨论。

（一）从总体上讲，教学设计是当前写作教学的薄弱环节

中学写作教学设计的问题，首先在于设计意识的淡薄。换言之，目前写作教学设计的问题，不是设计"好不好"的问题，而是设计"有没有"的问题。

课堂里写作教学设计的"缺失"或"自我放逐"表现为教师热衷于以学生的"习得"式"自由写作"代替通过"教"使学生"学得"写作知识、提高写作能力的规范教学。早在 1916 年，叶圣陶就批评了教师在写作课上的不作为，他说："今日教授作文，每任儿童自由发挥，一二聪颖儿童不无思想，而多数儿童往往随意凑合，绝无秩序。教师不察儿童之能力，

不行基本之练习，故有此弊。"时至今日，语文课堂依然欠缺规范的写作教学，即使有，也是"半截子训练"，只抓起草这一环，没有让学生受到真正的全程训练，学生写作能力的形成和提高，往往停留在自发和经验的层次。

写作教学设计的缺席，与教师的写作教学观有关。许多教师对写作"可教还是不可教"存疑。还有相当一部分老师认为，写作唯一的法门是练，除此以外别无他法。放弃对写作教学的"教"，是一种"无为而治"。还有一些教师认为，让学生"爱写什么就写什么"能激发学生写作的兴趣，而兴趣是学习最好的老师。因此，这些教师在写作课上的努力是想方设法请来"兴趣"这个老师，以代替自己。可以说，主张放弃正式的课堂写作教学的声音，从来就没有断绝过，这样的声音，在其他学科是绝少出现的，但是，在语文学科，却常常是"理直气壮"地提出："改革作文现状，一要取消集中辅导和训练；二要取消内容、文体及字数的限制，仅作数量的要求。"写作教学，连需不需要"教"都需要讨论，教学设计落后的问题，也就不难理解了。

因此，教师在写作教学中的设计，往往表现为课前寻找合适的作文题。课堂教学的大部分时间，交给学生自己写作。

（二）写作教学设计的重点，往往放在写作内容上

撇开一些老师在写作课上"不作为"的问题，应该承认，许多优秀的老师在作文教学改革上进行了积极的、卓有成效的探索与努力。但是我们也看到，当前写作教学设计有一种明显的倾向，即教师往往把设计的重点，放在"写什么"上。如何迅速有效地在一堂课的有限时间里，帮助学生"获得"可以写的生活内容，是当前许多语文教师进行写作教学设计的追求。

在"找内容"这样的目的指引下，出现了一些以"制造写作内容"为中心的教学设计，设计的策略主要有三种。

1. 搞活动

这种课的一般程序是：（教师）设计活动—（师生）组织开展活动—（学生）写活动。这样的教学设计，实质上就是"生活体验式的活动开发与组织"，目的是解决写作"无米下锅"的窘境。比如，在作文课上组织学生炒菜，炒完了菜，要求学生把整个活动过程写下来。

2. 设情境

这种课的一般程序是：教师创设与题目相关的具体生活情境—学生体验（主要以情感的体验为主）—记录体验或感悟。教学设计等同于"情境的设计与体验"。比如，某语文教师在上课铃声响了以后，迟迟不去课堂，教室里就像炸开了的锅一样，学生纷纷猜测老师不出现的原因。等到开课近一刻钟之后，教师才假装"急匆匆"地走进教室，什么话也不说，挥笔在黑板上写下《当老师迟到以后》。

3. 读材料

这种课的实质是引导学生通过文字间接"体验"生活。因为它省时且经济方便，为许多语文教师所热衷。比如，教师分发材料，让学生写"读后感"，目的是让学生从文字材料中摄取写作内容。

上述三种设计的基本假设是：学生作文的问题出在生活的"源流"上，"源流"枯竭因此内容"贫乏"，所以，教学设计要从"开源"着手，让学生通过"生活体验"来获取写作内容。

强调写作与生活的联系，这种做法无可厚非。但是，把课堂教学设计的重点放在"生活制造"或者"生活体验"上，却值得反思：首先，需要反思这种教学设计的前提——"学生写作的最大困难，在于内容缺失，而内容的缺失，原因在于生活的贫乏"是否成立？其实，"写什么"的内容问题和"怎么写"的技能问题孰重孰轻，至今尚无定论。其次，就算"写什么"更重要，学生生活贫乏的问题，能否通过课堂上时间短暂的"体验"就能解决呢？

（三）写作教学目标的设计，往往过于空泛

在中国期刊网输入"写作教学设计"检索到近百个写作教学设计方案，浏览这些教学设计，不难发现，写作教学目标设计也存在较大的问题，这些问题集中在三个方面。

1. 目标的设计过于空泛

比如，某教师设计的作文课名为《因为出彩，所以出众》，教学目标是：感受优秀作品用词之传神；初步学会用恰当的词语形象化地表达；怎样叫"初步学会"；评定学生是否"初步学会"的标准是什么；什么是学生应当学会的"形象化表达"的技巧。

2. 目标的设计过于宏大，不具有可行性

比如，某教师设计的作文课的教学目标是"引领学生在作文体验中学会做人"；"培养学生对事物有正确的情感态度"；"指导学生学会观察生活"。这样的目标定位，常见于在写作教学设计中。其不当之处，是不能正确处理写作教学"可教"与"不可教"的关系，不能正确处理"教"与"育"的关系。把需要长期培养的写作态度、写作情感、写作价值观等放在课堂有限的时间内"教"，是不太合适的。

3. 目标的设计过于随意

前文提到，教学目标的设计要结合课程目标、学生实际和教材内容，体现目标设计的理据。但是，由于写作教学内容选择的随机性，有些教师往往根据个人喜好而不是课程内容的安排来选择作文题目，导致写作教学目标的设计，随具体题目而设，琐碎而狭隘，缺乏系统性和连贯性。

三、国外写作教学设计

国外写作教学设计主要有以下两个特点。

（一）与我国写作教学设计"内容"不同

国外写作教学设计的重点是"怎么写"——写作某一具体类型的文本所需的规则与技术，用我们所熟悉的术语表达，就是文体写作策略。比如，某教师上"论辩文"写作课，其教学目标是让学生掌握论辩文的基本结构和语体特征，而不是让学生加深对所论辩话题的认识，后者为我国许多老师所热衷。该教师的设计步骤如下：第一步，把教学目标告诉学生，然后给学生一篇论辩文，学生分组讨论文章后问题；第二步，解构文本，让学生明白论辩文的特点，包括结构与语言、读者与写作的目的等；第三步，再给学生一篇论辩文，分组阅读讨论，强化学习效果；第四步，给学生电视节目中的某一论题，让他们设定读者，然后运用头脑风暴进行思考；第五步，每人写下头脑风暴的结果，分组讨论，派代表把讨论结果写在黑板上，然后全班合作，针对论题中的每个问题，选择三个强有力的观点。然后在家庭作业中要求学生根据课堂讨论的结果形成论辩文的提纲。

这个教学设计中，共用时 132 分钟，其中讨论第一篇范文的文体结构和语体特点，花费 43 分钟；讨论第二篇范文的文体特征以检验前一环节学习效果，费时 23 分钟，两项时间相加为 66 分钟，占了教学时间的大半。时间安排的详略体现出教学目标和内容设计的重点。

（二）与我国写作教学设计"活动"不同

过程教学法是国外写作教学设计的一个基本框架，即教师常常在过程导向的框架之内，组织教学环节。所谓"过程教学法"，通常把写作分为计划、起草、修改、发表四个阶段，每一个阶段都有相应的写作策略和教学策略，课堂教学中，教师往往围绕具体的写作类型与写作任务，以写作的四个阶段为基本步骤，组织课堂教学。根据写作的过程来设计教学的步骤，其明显的好处是把修改纳入教学环节，提高学生修改作文的技能，并使修改的结果直接体现在定稿中。

综上所述，目前我国写作教学设计尚有很大的改进空间。

第五章 语文口语交际教学

从历史性来看，口语交际教学由听说教学演化而成，目的是发挥语言的交际功能。语文课程标准提出了口语交际教学的理念和目标，使教学有了依据和方向。口语交际教学与读写教学是相互促进，相辅相成的，应当正确处理它们之间的关系。口语交际训练的途径与方式有：专门的、结合阅读教学的、结合写作教学的、随机的及其他的。口语交际教学案例为教学提供了借鉴和参考。

第一节 从听说教学到口语交际教学

口语交际就是交际双方在特定的语境里，为了特定的目的，或基于一定的话题，运用口头语言和适当的方式，传递信息、交流思想和感情的言语活动，是"听说"双方互动和交流的过程，具有应用的广泛性、表达的特定性、内容的随机性、形式的独特性、手段的多样性等特点。为了使口语交际达到理想的效果，提高学生的口语交际水平，应当重视并积极开展口语交际教学。虽然这在当今已成为语文教育界的共识，不过，由于人们的认识是逐步深化和发展的，它的提出有近30 年的历程。

20 世纪三四十年代我国语文教育界开始注意到口头语言能力的培养，出现了"口语领先"和"以口语为基础"的提法。20 世纪五六十年代的语文教学大纲只是粗略地提到"提高学生口头表达能力"，未对听说教学提出要求。改革开放初期，1980 年的中学语文教学大纲也提到"进一步提高口头表达能力"，仍未列出听说教学的内容。1986 年的中学语文教学大纲提出在初中培养"听说能力"，高中培养"说话能力"，列出了各年级听说能力的基本要求，对听说教学开始有所涉及。1992 年的初中语文教学大纲提出了"听话能力"和"说话能力"的教学要求，在教学内容中要求进行"听话训练"和"说话训练"，采取"听""说"分开，分别训练的做法。1996 年的高中语文教学大纲又将其合并为"听说"，并提出"在语言交际中，应对机敏"。2000 年公布的修订版初中和高中语文教学大纲，基于对现代社会口语交际能力日益重要的认识，首次将"听"和"说"合成"口语交际"一项，但其内容与表述均较简要。2001 年颁发的《全日制义务教育语文课程标准》和 2003 年颁发的《普通高中语文课程标准》，将这两个系列整合在一起，明确提出"口语交际"，详细地提出各个学段口语交际的教学目标，将口语交际作为"表达与交流"的重要内容，提出教学建议，力求突破"听话、说话"这种单向静态的言语实践，并将其作为与识字写字、阅读、写作、综合性学习并列的一项内容，其内涵更加丰富，地位和作用更加突出。语文课程标准对口语交际教学提出的要求，体现了对语文功能的全面理解，对语文素养的全面关注，也是学生全面发展和终身发展的需要。

口语交际教学开展之前，听说教学一般是分为听话和说话两部分进行的，有着基本的能力要求和训练目标。听话是接受有声语言、吸收信息的过程，听话能力是人对有声语言的感知和理解能力，包括对语音的辨识能力、对语义的理解能力和对话语的品评能力等。听说教学对听话能力提出的具体要求有如下几个方面：听新闻广播和一般性发言，听读深浅适度的文章，能复述基本内容，说出要点和中心；参加讨论，能听出不同意见的分歧所在；会做听讲笔记；养成专心听话的习惯等。听话训练要求能听清讲话人的意思，能记住对方讲话的重点，能评价讲话内容，能增强辨别判断能力。说话是以有声语言实现人际间的思想交流，说话能力是一种综合能力，要将内部言语转化成外部言语，因此，需具有组织内部言语的能力、快速的言语编码能力、表达情意的能力和调节控制能力。听说教学对说话能力提出的具体要求有如下几个方面：说普通话；回答交谈，讲述见闻，介绍事物，发表意见，做到语音清晰，意思明白，条理清楚，态度自然；养成有礼貌说话的习惯等。说话训练的内容包括选好话题，选择合适的叙述方法，讲究说话的策略和技巧；正确组织词句准确、切实、简练地表达所要述说的内容；把握声音的高低、语速的快慢和语调的抑扬顿挫；控制说话的神态。说话训练的目标可以概括为：发音准确，口齿清楚；说话有实在的内容和明确的观点；意思集中，前后一贯；用词妥帖，语句完整；根据具体对象，说得合乎分寸。显然，在听说教学阶段听与说教学是有所侧重、各有目标的，但它是一种单向的接受或表达，尚未融为一体，有一定的局限。

　　而口语交际教学力求突破局限，改变这一状况。如果说听说教学只是两个分开的教学内容的话，那么，口语交际教学则以交际为核心，把二者联系起来，成为一个整体，而不是听与说的简单相加；如果说听说教学只是单向的活动，在语文教育中只起着点缀作用的话，那么，口语交际教学则正式登台，扮演着不可或缺的角色，进行着双向或多向的互动信息交流；如果说听说教学更多地处于封闭的静态的语言练习环境中的话，那么，口语交际则力图通过人际交往的实践来磨炼学生的听说能力，使其更具现实性和动态性；如果说听说教学立足点更多地集中在学校及课堂的话，那么，口语交际教学则把着眼点扩大到社会和生活，使之走进生活，贴近社会实际的需要。从听说教学到口语交际教学的嬗变，反映了改革开放以来语文教育理念的进步。特别是新课程标准颁行以来，经过一段时间的教学实践，人们对口语交际教学的认识更为深入，其教学方法更为多样，教学效果也得到了一定的提高。

一、明确了口语交际的要求

口语交际是人类运用最广泛的交际手段，是在一定的语言情境中相互传递信息、分享信息的过程，具有交流信息、沟通感情和审美愉悦的功能。为了实现其功能，保证口语交际的成功，以适应现代生活的需要，交际双方必须遵守共同的要求。否则，可能由于表达错误或领会错误，影响交际效果。口语交际应遵循以下基本要求。

（一）准确清晰

言谈话语的水平如何，对口语交际有着重要影响。言语清新生动，有声有色，能产生感人的力量，给人留下深刻的印象。所以，要提高口语交际的质量，言语应当力求准确清晰。口语交际中的准确，要求内容正确，中心明确，重点突出；发音准确，吐字清晰，说规范的普通话；用词准确，造句基本符合语法规范；没有语病，不含糊其辞，不东拉西扯，信口开河，说话应力求紧扣题旨，力戒似是而非，避免措辞模糊，以便完整地表达自己的思想。口语交际中的清晰，要求语脉清晰，条理清楚，层次井然；语流通畅，前后连贯；语意完整，句式简洁；逻辑性强，有说服力；不啰唆重复，不颠三倒四，不自相矛盾。言语交际，要注意长话短说，言简意赅。冗长、啰唆的讲话，则不能在一定时间内以最简明的语言来传输最大的信息量，浪费时间，降低效率。从心理学的角度看，同样的信息多次单调机械地重复，容易使人产生疲劳和困倦，导致听者厌烦，影响讲话效果，也不符合口语交际中用语简洁清晰的要求。总之，口语交际要做到说清楚，听明白，对方知道的或不重要的少说或不说，点到即可；对方知道的或重要的则多说或详说，说得恰到好处、适可而止。

（二）文明礼貌

一个人的文明礼貌，不只通过一举一动的"行"来表现，大量的是以有声有情的"言"来反映。这种"言"的表达，往往是他思想状况、文化水平、心理素质，乃至气质、个性的综合表现，也是其文明程度的标志。口语交际中的文明礼貌是使交际在友好状态下进行的保证，起着协调人际关系、营造良好社会风气的作用，更是传递社会文明，达到成功彼岸的桥梁。口语交际中的文明礼貌，体现在以下几个方面。一是言语之美、讲求口语的文雅、谦逊、可亲，使人闻之如沐春风，身心愉悦。二是言语之诚，应当坦诚相待，讲真话，说实话，以真诚的言语打动人心，赢得信任，获得支持。三是言语之谦，不应自高自大，或盛气凌人，要用平等的态度对待交谈的另一方，尊重对方；要学会倾听对方的谈话，关注别人的谈话内容，让别人充分发表自己的看法，也不要谈论别人不想谈论的话题。口语交际中的文明礼貌，还应注意给予恰当的称呼，恰当使用谦辞和敬语，注意词语的感情色彩和说话的语气。只有采取平等合作的态度和方式，才能使口语交际达到满意的效果。

（三）适合语境

语境是口语交际中言语表达时所处的现实环境和具体情景，包括表达某种特定意义时所依赖的言辞因素和客观因素。所谓言辞因素，即说话所依赖的前言后语；所谓客观因素，是指时间、对象、场合等。适合语境，就是要求言语表达的内容（即特定的意义）与语境要素配合适当，具有明确的针对性、目的性与和谐的机变性、一致性。适合语境的要求，一是要看时机。言语交际要切合一定时代、历史阶段所具有的特点，还要切合具体的交际时间。时间稍纵即逝，时不我待，机不再来。生活中当说不说，则错失良机，不当说而说，则适得其反。口语交际的效果与交谈时机的选择密切相关。二是要看对象。要考虑不同对象的不同经历、职业、文化水平、不同思想状况、精神状态、性格特征，不同处境、心情，不同性别、年龄等。还要考虑其对某一问题的关心程度和所持的不同态度，考虑对象的接受能力和实际需要，针对特点，从对象的具体情况出发，寻找对象感兴趣的话题，选择得体的言语形式，恰到好处地说话。三是看场合。场合是指交际时的地点与氛围。场合是决定口语交际表达效果的重要环境因素。口语交际必须考虑场合因素，适应特定场合的要求。场合有庄严与随便、正式与非正式、喜庆与肃穆、欢乐与悲痛、公开与私下、单个接收对象与多个接收对象、有第三者与无第三者之分等。同样的话在不同的场合说，所产生的实际效果不一样。所以，看场合说话，就要自觉接受场合的约束，不说与氛围不相协调的话，同时，也要注意寻找适当的场合，使环境气氛适应自己的话题。

（四）理解差异

人们在口语交际中，由于各自的用语习惯和用语规则不一致，出现用语差异，而由于各自坚持自己的用语习惯，则可能引发用语冲突。不论是用语差异，或用语冲突，都会影响或背离口语交际目标的实现。成功的口语交际，要求"说""听"双方在"信息理解"过程中务必保持全方位的"同一性"。在口语交际从"信息发送"到"信息接收"的全过程中，只要"说""听"双方在某一环节上出现了"不同一性"，用语差异就随即发生。用语差异从"说""听"双方的实际情况与条件不同的角度理解，可分为外部差异与内部差异。外部差异是指差异虽然发生在"说""听"双方之间，但不限于只发生在双方之间，且具有一定的社会普遍性。内部差异，是指差异只发生在"说""听"双方之间，往往较少或不具有社会普遍性。口语交际中用语的外部差异，主要通过交际双方所用语言种类的音义差异、文明差异、习俗差异、礼仪差异和观念差异等原因显现。而其内部差异主要是通过交际双方个人目标的追求差异、个性差异、气质差异、文化差异、情感差异等原因显现。特别应当提到的是，每个民族的文化必然在它的语言中有所体现，口语表达者的民族文化对语言的运用会产生深刻的影响，听者不了解表达者的文化背景往往会出现语意理解上的偏差。为了消除这些差异口语交际的负面影响，口语交际应做到"入乡随俗"，就是到了什么地方，就按那个地方的规矩说话和办事，还要做到"用语守规"，即用某种语言进行口语交际，就应当遵守这种语言的用语规则，而不应当说话人表达的是一种语言规则，而其思维理解所遵守的却是另一种用语规则。从听话人一方来说，面对着说话人一方种种难以避免的"差异"现象的存在，则应遵循理解差异，努力消解差异的规则。所谓理解差异就是语言交流的双方要了解彼此的文化语境（包括风俗习惯、思维方法、民族心理、历史来源等），听话人应尽量努力对说话人的意图、目的有正确的应对，特别是说话人以"双重思维"（如用汉语规则思维，用英语规则表述）进行口语交际时，听话人不妨对其种种失误持理解态度。而消解差异则要求在理解差异的基础上，对对方加以纠正，通过差异的消解，推动对方用语水平的提高。由于用语差异而发生用语冲突时，应以宽容之心看待，主动予以化解，以保证口语交际获得成功。

二、探索口语交际的教学方法

口语交际的要求因交际双方面对的条件不同，对其把握应各有侧重，具体对待，才能有利于在口语交际中实现。口语交际教学中要达到上述要求，使学生的口语交际能力得到提高，应当采取不同的教学方法，为此，近年来人们进行了积极的探索，总结出了一些经验。

（一）营造氛围

在语文教学中一部分学生怯于口头表达，不善交流，对口语交际束手无策，有的学生一言不发，有的很少说话，有的无话可说。即便开口说话也存在口齿不清、啰唆重复、条理不清、不知所云等问题。对此，教师应积极创造轻松、和谐的气氛，消除学生因胆怯、沮丧、反感而产生的心理障碍，鼓励学生大胆交流。教师应深入了解学生，与学生建立平等、融洽、和谐的师生关系，要放下架子与学生一起聊天、交谈，让学生敢于说话，善于交流。只要学生能谈点看法，即使不很成熟，也应予以鼓励。还要建立积极向上的人际关系，形成民主、平等、开放的班级秩序。让有优越感的同学意识到自己的不足，让有自卑感的学生看到自己的长处，使学生养成合作学习、讨论问题的习惯。在课上，教师要以和蔼亲切的态度、柔和委婉的语气和鼓励性评价去组织教学。在师生交流、学生交流时，应避免讽刺挖苦或相互讥笑，要以公正的态度对口语交际的内容进行补充或修正，使师生之间、学生之间互相尊重，互相支持，互相促进，形成一种浓厚的口语交际氛围。

（二）创设情境

口语交际是在特定的环境里产生的言语活动，这种言语交际活动离开了"特定的环境"就无法进行。因此在进行口语交际教学时，应有计划、有目的地依据教学目标和教学要求，精心创设符合生活的交际环境，使学生有一种身临其境、似曾相识的感觉。在这种情境中，学生情绪高涨，学习主动，以浓厚的兴趣，走进"交际情境"，犹如处于口语交际的现场，去作进一步体验。口语交际创设情境的方式很多，可以陈设相关的实物，绘制有关情景的图画，制作必要的道具，展播录像节目，播放录音渲染气氛，通过多媒体课件再现情境，教师或学生的语言描述或表演，模拟社会生活实例，让学生置身于现实的场景中去观察、说明、辩论等，使学生感到交际对象就在自己面前，引起交流和表达的愿望，从而触景生情，有感而发，提高口语交际水平。

（三）提供台阶

学生的口语交际能力因年龄而异，因个性而异，这种能力只能逐步提高。特别是对于那些进行口语交际有困难的学生，有步骤、循序渐进地进行，可以降低难度，使其充满信心，达到较高的水平。如有的教师把口头表达分为三阶段进行训练。

1. "敢说" 阶段

这主要是帮助学生克服羞涩与胆怯心理，积累词汇量，调动口语交际的兴趣。内容有日常对话、自我介绍、设疑解惑、自由交流、自由辩论等。

2. "愿说" 阶段

这主要是激发学生自主交际意识变化，变 "要我讲" 为 "我要讲"，将说话重点转到语言的锤炼、思维的拓展方面。内容有：有问必答、主动交流、自我推荐、焦点访谈、专题辩论等。

3. "会说" 阶段

这主要是训练学生说话的敏捷度和技巧性，培养学生富于感情，勇于表达。内容有：情境对话、自我欣赏、巧问妙答、正反辩论、即兴演讲等。

也有的教师根据学生心理生理、认知水平，以及语文能力发展的一般规律，把说话训练分为三个阶段。

1. "说响" 阶段

这就是树立敢说意识，调动和激发学生的主动性和积极性。这个阶段的具体目标是：说话时仪态大方，声音清晰洪亮，基本能控制语音的高低和语速的快慢，基本能通顺地表达想要表达的意思。

2. "说通" 阶段

这就是提高学生语言运用的能力和技巧。要求说话的内容中心明确，思路清晰，重点突出到简明、连贯、得体。

3. "说美" 阶段

这就是在声音、语言、情态等方面进行综合训练，声音动听，话语优美。本阶段的具体目标是：在语言运用方面，要求立意新颖深刻，语言有文采；在声音运用方面，能灵活自如地运用发音和朗读技巧表达感情，较好地调动和感染听众的情绪；在情态运用方面，能运用表情、体态、手势来增强话语的表现力，较好地打动和鼓舞听众。

（四）选择话题

口语交际教学要有适当的话题，才能激发学生交流的热情和兴趣，使学生乐于参与。要选择贴近学生思想水平和生活实际的话题，以使学生真实、诚恳地表达自己的见解。例如，可选择以下话题。

1. 结合学生的年龄特点

如以"我最得意的一件事""我的特长""入校以来我最成功的一次""我的价值""我的理想"等为题，让学生克服自卑心理，树立口语交际的信心，展现自身的风采。

2. 结合学生的学习、生活

如"是分数重要还是能力重要？""爸爸、妈妈的唠叨，对你学习做人有哪些影响？""被班主任或同学误解，该如何澄清？"等。

3. 根据地域特点

学生对自己所处的周围环境一般较为熟悉，如果这些地方有名胜古迹、人文景观等，让学生做导游，就有话可说。

4. 根据社会热点

社会热点是人们关心的话题，也是学生口语交际的好话题，抓住热点话题，可使学生关注国内外大事，透过社会现象看到本质，提高学生的基本素质。

5. 联系现实生活

以"打招呼""打电话""访亲友""看病号""婉言谢绝""自我介绍"

"学会赞赏""推销商品""商务谈判"等话题进行口语交际训练。

（五）实现互动

口语交际的核心是"交际"，强调双方的互动行为，注重人与人之间的交流与沟通，是一个互听互说的双向交流的过程，而不是简单的听和说的相加，不能只重说，不重视听和应答的训练。如果把多元互动的口语交际，变成单一的你听我说，就会成"独角戏"，达不到口语交际的要求。口语交际教学的互动，可有以下几种。

1. 师生互动

教师既是课堂教学的组织者，也是口语交际的参与者，应走下讲台，融入学生，创造一种师生心理相融、民主交往的气氛，有助于学生主动参与交流。

2. 生生互动

要把集中学习、小组合作学习、个体自主学习等有机结合起来，实施多层次、立体型的教学组织形式，促进学生之间的交流。

3. 师生与媒体之间的互动

多媒体能够虚拟学生喜闻乐见的实景，使学习能在和现实情况基本一致或相似的情境中发生，可以引发学生思维，拓展口语交际的多维信息。

4. 师生与环境互动

学生可以将课堂上讨论的话题带回家与父母交流，并听取他们的意见，然后再回到课堂上发表自己的看法。这样也拓展了口语交际的空间，有利于学生主动地参与表达交流。

（六）变换形式

口语交际训练的形式是多种多样的。采取不同的形式，经常变换，避免单一化，可以激发学生学习兴趣，增强他们的学习热情。训练形式可以不拘一格，学生或同桌，或小组，或班级，组成一个临时的口语交际单元，既可以进行画面解说、自我介绍、演讲，也可双人对话、采访、问答，或多人讨论、辩论等。

常见的口语交际形式有以下类型。

1. 介绍类

自我介绍、介绍我的家乡、介绍我的一张照片、介绍一座城市、介绍一种动物等。

2. 独白类

说笑话、说故事、说说自己的奇思妙想、说说自己的愿望、谈读后感观后感、说目击情况、发布小新闻等。

3. 交往类

祝贺、转述、劝阻、商量、请教、赞美、批评、安慰、解释、约请等。

4. 表演类

演剧、演讲、主持节目等。

5. 讨论类

某种思想对不对，某种行为好不好，某个措施行不行，某事该怎么办，建议，小辩论等。

三、注意到口语交际教学中的效果

口语交际教学虽脱胎于听说教学，但作为整合而成的新领域，强调了自身的交际功能，因此，在教学中除了采用不同的方法调动学生学习积极性外，还应当根据口语交际的特点，抓住学生薄弱环节，有所侧重地开展教学，才能达到良好的教学效果。

　　注重实践。人的口语交际能力是在口语交际的实践中形成的，只学习知识，不能运用于实际，那是纸上谈兵，不能真正提高口语交际水平。所以，口语交际教学要唤起学生的主体意识，发挥学生学习上的主观能动性，使之成为口语交际实践的主体。要多提供实践的机会，不仅在课堂教学中，还要保证有足够的时间和空间，让学生勤于学习，勇于实践，善于表达交流。应重视日常生活中口语交际能力的培养，而不必过多地传授口语交际知识。在学生的日常生活中，存在着大量的交际活动，要引导学生利用这些活动进行学习和锻炼，还应有针对性地组织一些有价值的活动，如让学生参加剧社表演，参加宣传活动，参加社区志愿者活动，采访，走访有关部门等。实践活动应让学生以自己的智慧，去设计活动方案，制订活动规则，召集会议，布置安排工作，让他们自己去与别人打交道，请求帮助，解决问题等。在口语交际的实践活动中，学生将学会"倾听"，学会"表达与交流"，学会"进行人际沟通和社会交往"，学会与别人"合作"，逐步形成"具有文明和谐地进行人际交流的素养"。

　　注重个性。为了正确地进行口语交际教学，在教学中还应注意突出其交际性，提高学生沟通交流的能力；注意口语化，发挥口语浅显、易懂的优势；注意重视和引导学生的个性表达，使口语交际做到"声如其人"，而不致千人一腔，众口一词。对于学生不同的口语个性，教师应予以尊重和理解，不能用一种模式，不能用自己的规定，去限制学生；要善于发现学生的口语风格，发挥他们的长处，同时，引导他们克服各自的缺点，防止口语表达中的片面性和不良倾向。

　　注重开放。口语交际教学不应局限于课堂，应打破封闭，将其拓展延伸到课外和校外，让学生多一些学习的自主权和自由度，让学生在广阔的社会实践中感受生活、表达生活。这可以鼓励学生通过多读课外书，自由交流；可以充分利用课间、晨间进行；可在学校开展各种活动；也可利用电影、电视节目进行；还可就社会热点问题发表意见。

注重示范。教师口语表达中的许多特点、许多习惯，会潜移默化地影响学生，所以，教师应努力提高自己的口语交际水平。教师在口语交际中应发挥示范作用，在听学生说话时能集中注意力，抓住要点，善于领悟，及时做出良好反应；在说话时要说标准的普通话，且口齿清楚，音量适当，态度自然，口语表达准确、简练、畅达；能在不同场合恰当地交谈、发言、辩论，应对机敏。这样，教师在指导学生进行口语交际训练时，才有说服力。

从 20 世纪 80 年代中期的"听说教学"到 21 世纪，尤其是新课标颁布后的"口语交际教学"，是语文教育改革走出的可贵的一步。口语交际教学是听说教学的发展，打破了以往单向听说的格局，使口语交际教学形成开放、互动的局面；它从"师—生"单向静态交流为"师—生""生—生""个人—集体"双向和多向的交流，使学生在双向、多向互动的口语交际训练中，逐步形成自然、大方的口语交际能力。可以说，这一变化突出了语文的交际功能，适应了快速发展的现代社会对口语交际提出的新要求，吸收了国外母语教育的基本经验和共识，体现了当今语文教育理念的调整与突破，是改革开放以来语文教育领域和制度的一项重要推进和完善。

第二节　口语交际教学的理念和目标

为了搞好口语交际教学，提高学生的口语交际能力，在语文教育中必须明确其理念和目标，弄清其与阅读教学、写作教学之间的关系。新的语文课程标准提出了口语交际教学的理念，制订了不同阶段的教学目标，使教学有了依据和方向。

一、口语交际教学的理念

口语交际教学的理念即对口语交际教学的基本认识或价值取向,是在对口语交际教学的深刻分析和未来发展的基础上形成的。语文课程标准对口语交际教学的理念作了阐述,《全日制义务教育语文课程标准》指出:"口语交际是现代公民的必备能力。应培养学生学会倾听、表达和应对的能力,使学生具有文明和谐地进行人际交流的素养。"《普通高中语文课程标准》也指出良好的口语交际能力是现代公民的重要素养。口语交际是在一定的语言情境中相互传递信息、分享信息的过程,是人与人之间交流和沟通的基本手段。口语交际教学应注重培养人际交往的文明态度和语言修养,如有自信心、有独立见解、相互尊重和理解、谈吐文雅等。应重视指导学生在各种交际实践中提高口语交际能力,选择他们感兴趣的、贴近生活的交际话题,采用灵活的方式组织口语交际教学,而不必过多传授口语交际知识,还应鼓励学生在各种教学活动中,以及日常生活中锻炼口语交际能力。这些理念是依据时代和社会发展的迫切需要提出的,对以往的听说教学思想有所发展,充分体现了以人为本的思想,凸显了以下几个方面。

(一)口语交际教学应着眼于提高学生的素质

现代社会对学生的综合素质提出了更高的要求,其中之一就是应具备一定的口语交际能力。口语交际教学不仅要求发展学生的听说能力,而且要求在口语交际中规范口头语言、培养言语交际、待人处事、临场应变、表情达意等能力。这不仅是一种人际交流中表现出来的灵活、机智的听说能力,还是一种做人、做事与交往的能力,更是一个人能否和谐发展,能否融入社会的问题,实际上反映了现代社会对公民素质的要求。口语交际教学正是着眼于学生未来的发展和着力于培养高素质的现代公民,即着眼于学生的明天,关注学生将来的发展。学生只有具备了一定口语交际能力,才能促进自身素质的提高,才能适应现代社会生活的需求。

(二)口语交际教学应促进国际的沟通交流

口语交际不仅是一种个体行为,而且是一种双方的互动交往。一个人能说会道,会听别人的话语,却不一定能与他人沟通。也就是说他虽有听说技能,但并不一定能达到与人沟通的水平。这里就存在一个如何沟通、如何与人相处、如何与人合作的问题。人无时无刻不处于社会生活之中,当今人与人、人与社会的交流越来越频繁,运用口语交际处理好人际的沟通交流,越来越重要。缺乏沟通可能导致封闭、可能会落后于社会。所以,口语交际教学应注意培养学生如何与人相处、如何发展合作精神。既然是交际活动,那么双方在应对中的情感态度就十分重要,在交往中应有文明态度和语言修养,要有自信心、有勇气、有独立见解、诚恳待人、尊重对方、谈吐文雅,能够按照口语交际的要求文明地进行交际沟通和社会交往。这是与人沟通的必需,也是与人合作的前提。口语交际教学对此应予重视。

(三)口语交际教学应注重培养学生的能力

口语交际要求有较好的理解力、判断力、语言组合能力、思维能力和应变能力等,因而教学不必过多传授口语交际知识,而应注重其能力的培养,其学习方式的实践性十分突出。口语交际教学要让学生在交际实践中学习,如要为学生创设生动、具体的口语交际情境,让学生积极主动地进入口语交际实践过程;要精心设计和组织各种有趣的活动,让学生在活动中锻炼口语交际能力;要帮助学生如何克服怯于表达的心理障碍,通过积极的评价,发挥其激励功能,使学生自信、大胆地进行口语交际。这样,学生才能在教师的指导下,在课内外口语交际实践中提高能力。

由于对口语交际的认识存在某些偏差,教学实践往往出现一些误区,如口语交际内容远离学生生活，缺乏真实性和实用性；口语交际处于单向活动，缺乏交互性；口语交际只局限于优等生，缺乏参与的全体性；教师只是言语交际的参与者，缺乏教学过程中的指导性，等等。教学必须全面理解和掌握口语交际的理念，寻求对策，走出误区，从而不断提高口语交际教学的实际水平。

二、口语交际教学的目标

口语交际是中学阶段语文教育的重要内容之一，明确口语交际教学的目标，有利于全面完成口语交际教学任务。语文课程标准制订了口语交际教学的总目标和阶段目标。

（一）义务教育阶段的口语交际教学目标

具有日常口语交际的基本能力，在各种交际活动中，学会倾听、表达与交流，初步学会文明地进行人际沟通和社会交往，发展合作精神。

义务教育阶段的口语交际教学目标分为 4 个阶段。

第一学段：学讲普通话，逐步养成讲普通话的习惯。能认真听别人讲话，努力了解讲话的主要内容。听故事，看影视作品，能复述大意和精彩情节。能较完整地讲述小故事，能简要讲述自己感兴趣的见闻。与别人交谈，态度大方，有礼貌，有表达的自信心。积极参加讨论，对感兴趣的话题发表自己的意见。

第二学段：能用普通话交谈。在交谈中能认真倾听，并能就不理解的地方向人请教，就不同的意见与人商讨。听人说话能把握主要内容，并能简要转述。能清楚明白地讲述见闻，并说出自己的感受和想法。能具体生动地讲述故事，努力用语言打动他人。

第三学段：与人交流能尊重、理解对方。乐于参与讨论，敢于发表自己的意见。听他人说话认真耐心，能抓住要点，并能简要转述。表达要有条理，语气、语调适当，能根据交流的对象和场合，稍做准备，做简单的发言。在交际中注意语言美，抵制不文明的语言。

第四学段：能注意对象和场合，学习文明得体地进行交流。耐心专注地倾听，能根据对方的话语、表情、手势等，理解对方的观点和意图。自信、负责地表达自己的观点，做到清楚、连贯、不偏离话题。注意表情和语气，使说话有感染力和说服力。在交流过程中，注意根据需要调整自己的表达内容和方式，不断提高应对能力。讲述见闻，内容具体、语言生动；复述转述，完整准确、突出要点。能就适当的话题作即席讲话和有准备的主题演讲，有自己的观点，有一定说服力。课堂内外讨论问题，能积极发表自己的看法，有中心、有条理、有根据，能听出讨论的焦点，并有针对性地发表意见。

评价学生的口语交际能力，应重视考查学生的参与意识和情意态度。评价必须在具体的交际情境中进行，让学生完成有实际意义的交际任务，以反映学生真实的口语交际水平。

（二）普通高中的口语交际教学目标

增强人际交往能力，在口语交际中树立自信，尊重他人，说话文明，仪态大方，善于倾听，敏捷应对。注意口语的特点，能根据不同的交际场合和交际目的，恰当地进行表达。借助语调和语气、表情和手势，增强口语交际的效果。学会演讲，做到观点鲜明，材料充分、生动，有说服力和感染力，有个性和风度。在讨论或辩论中积极主动地发言，恰当地应对和辩驳。朗诵文学作品，能准确把握作品内容，传达作品的思想内涵和感情倾向，具有一定的感染力。

在选修课程"语言文字应用"中提到：在实践活动中增强口头应用的能力，能根据交际的需要，选择恰当的时机和场合，提出话题，敏捷应对，注意表达效果。参加演讲与辩论，学习主持集会、演出等活动。口语交际的评价，应考查学生参与口语交际实践的态度，能否把握口语交际的基本要求，善于倾听，在交流中捕捉重要的信息，清楚、准确、自信地表达自己的思想和感情。

上述义务教育和高中的口语交际教学目标具有以下特征。

1. 阶段性

口语交际教学在总目标下分设 4 个学段，按九年一贯的思路，整体设计，分段实施，呈现螺旋上升状态。随着年级的上升，各学段对某一内容的教学要求也逐步提升。如听人说话，第一学段要求"能认真听别人讲话，努力了解讲话的主要内容"；第二学段要求，"听人说话能把握主要内容，并能简要转述"；第三学段要求"听他人说话认真耐心，能抓住要点，并能简要转述"；第四学段要求"耐心专注地倾听，能根据对方的话语、表情、手势等，理解对方的观点和意图"。这些目标根据学生年龄年级的特点，在不同阶段有不同的教学侧重点，体现了鲜明的阶段性。按照各阶段的目标可以由浅入深，由易到难地实施教学。

2. 完整性

口语交际教学目标有总目标和各学段目标，有义务教育阶段目标和高中阶段目标，构成了完整的目标体系。同时，这些目标体现了知识和能力、过程和方法、情感态度和价值观三个维度的要求。"具有日常口语交际的基本能力"，这是"知识和能力"的目标；"在各种交际活动中学会倾听、表达和交流"，是"过程和方法"的目标；"初步学会文明地进行人际沟通和社会交流，发展合作精神"，是"情感态度和价值观"的目标。这表明口语交际教学目标不仅考虑学生能力的提高，同时也关注口语交际能力习得的"过程和方法"，以及在这个过程中应当获得的健康的情感、积极的人生态度和正确的价值观。教学目标的三个维度，相互渗透，融为一体，体现了其完整性，充分注重了学生语文素养的整体提高。

3. 可行性

口语交际教学目标符合学生的身心发展规律,也符合学生语文学习的规律,具有较强的可操作性,为教科书选择、编拟和确定口语交际的教学内容提供了依据。如根据"听故事、看音像作品,能复述大意和精彩情节"这一目标,可以在教学中安排"听故事、讲故事","听童话、演童话"之类的教学内容。根据"在交谈中能认真倾听,并能就不理解的地方向人请教,就不同的意见与人商量"的目标,可以设计"向别人请教""学会商量"等教学内容。如此,口语交际教学目标经过细化,明晰具体,切实可行,便于实施。

4. 开放性

口语交际教学目标中要求"具有日常口语交际的基本能力","增强人际交往能力","能根据不同的交际场合和交际目的,恰当地进行表达","课堂内外讨论问题"等,这表明了口语交际教学要求面向社会,面向生活,课内外结合。教学应当深入学生、了解学生,努力选择贴近学生生活的话题,鼓励学生在各科教学活动中,以及日常生活中锻炼口语交际能力,把口语交际教学的外延开放到学生所有的生活领域。如果无视学生实际,不能联系生活,拘泥于教材的教学,就达不到口语交际教学目标。所以,开阔眼界,加大教学的开放度,为学生搭建一个与现实生活相联系的口语交际的舞台,将使口语交际教学达到良好的效果。

口语交际教学目标的以上特征,为开展口语交际教学提供了广阔的视野。提高学生的口语交际能力,不仅是语文教育的一项基本内容,也是现代社会对公民素质的一个基本要求。口语交际能力的培养,不仅有利于提高学生的言语能力,还能起到活跃思维、提高思维敏捷度和应变能力的功效,对促进学生适应社会,培养他们形成良好的人际关系也有积极的作用。因此,语文教育应以新理念对口语交际教学给予更多的关注。

三、口语交际教学与读写教学的关系

　　口语交际与读写同是语文教学中不可分割的一部分,它们有机地统一于语文教学之中。口语交际是通过口头语言进行的,读写是通过书面语言进行的。口头语言是书面语言的基础,它不断丰富和发展着书面语言,离开口头语言,书面语言就会僵化, 从而丧失生命力。书面语言一经形成,便规范、简化和优化着口头语言。口头语言与书面语言密切相关,相互影响。口语交际运用口语,读写运用书面语,因而,口语交际与读写既有区别, 也是互相联系, 互相依存的。

　　人们学习语言,通常是以听、说开始,在口语交际中逐步提高口头语言的理解能力和表达能力;然后学习读写,提高书面语言的理解能力和表达能力。从口语与书面语的关系来看,提高口语交际能力有助于读写能力的发展,读写能力的发展又促进口语交际能力的提高。因此,口语交际教学与读写教学是相互促进,相辅相成的。正确地处理它们之间的关系,可以相得益彰,使口语和书面语和谐一致地得到发展。

(一)口语交际教学与阅读教学的关系

1. 口语交际教学对阅读教学的促进

　　口语交际影响着阅读,有利于阅读能力的提高。其一,口语交际需要一定的材料,其中相当一部分靠阅读获得。搜集信息、吸收营养、探求新知,这些在无形中扩大了阅读面,培养了积极阅读的态度和良好的阅读习惯。其二,口语交际可以培养学生的语感,学生的语感提高了,阅读能力也会得到相应的提高。其三,口语交际教学有助于学生智力的开发和思维能力的提高。说话准确清楚反映了思维的准确性、敏捷性、条理性和逻辑性,而在口语交际中形成的思维能力,以及观察力、想象力、联想力的培养,都能加深对阅读内容的理解,提高阅读能力。其四,口语交际教学可采取不同的方式，如就课文内容进行即兴发言、演讲、交谈、采访、讨论、表演（对白）、辩论等，这不仅可激发学生的兴趣，还可以活跃阅读教学过程，帮助学生正确理解所学内容，体会感情，使阅读教学收到更好的效果。

2. 阅读教学对口语交际教学的促进

阅读可以丰富学生的语言积累，提升其口语交际能力。其一，阅读教学为口语交际提供内容。口语交际得有话题，才能有话可说，课文及其他内容为口语交际提供了材料，使师生之间、学生之间有了共同的交流基础。其二，阅读就是理解原文，进行思考的过程，阅读能力的提高意味着理解能力和思维能力的提高，这一能力能促使说话明晰完整，有条理，有逻辑。其三，阅读课文为口语交际提供了学习语言的范例，课文大都是文质兼美的文章，学生通过学习，可以提高语言的鉴别能力和感受能力，学到富有表现力的语言和遣词造句的技巧，学到运用语言的技巧，使口语交际更准确得体，富有表现力。其四，阅读教学给口语交际提供了大量练习和指导的机会，在阅读教学的各个环节都可以安排口语交际练习，如朗读、复述、口头答问、口头质疑、讨论等，对此进行必要的指导，可以提高其教学效果。

3. 口语交际教学与阅读教学应密切结合，相互促进

不应把口语交际教学看作独立的形式，而应与阅读教学相结合。在阅读教学中进行口语交际训练，教师可通过对范文的朗读、复述、答问、讨论等形式，品味文章蕴含的情感，体味作者遣词造句的妙处，变书面语言为口头语言，从而训练学生的口语交际能力。如在阅读教学中学生理解课文有一定难度，为了帮助学生理解，教师可提出一些问题让学生思考、回答。教师要尽可能在关键地方巧设问题，启发学生积极思考，给学生创造口头表达的机会。教师提出的问题，要使学生感到有话要说，有话可说，使之发言积极，讨论热烈。这实际上就是进行了一次很好的口语交际训练。

同样，口语交际教学也可通过对所学的课文内容进行对话、讨论、辩论、演讲等，使学生加深对阅读课文的理解，形成良好的倾听习惯，学会及时调整表达的内容。

（二）口语交际教学与写作教学的关系

1. 口语交际教学对写作教学的促进

口语交际中的说话是写作的基础，把要说的话写成文字，就是文章。如果话说得通顺明白，有条有理，写作也就通顺有条理，提高口语交际能力对提高写作能力是大有好处的。其一，口语中有取之不尽、用之不竭的语言库存，在口语交际中博采口语，从中吸取养料，可以丰富语言，改变写作中语言干瘪乏味的弊端。其二，减少写作困难。写作前，让学生把要写的内容，有头有尾、有条理地说给大家听，由同学和老师评价，肯定其优点，指出其不足，提出改进的意见。经过自己口说，大家提意见，动笔写作时，心里有谱，写出来的文章质量就会提高。其三，开拓写作思路。写作前让学生进行讨论交流，可以帮助大家明确题意，活跃思维，理清思绪，使学生从中得到启发，提高写好作文的信心。其四，便于指导。口语交际不仅有学生的交流，而且师生互动，这就给教师反馈了信息。教师根据这些信息，可以针对写作的重点、难点和疑点进行指导，也可根据个别学生的问题进行点拨。

2. 写作教学对口语交际教学的促进

写作比说话更严密，为说话提供了凭借，对口语交际起着提高和完美的作用。其一，写作可为口语交际做准备，让学生写些自己喜欢写的东西，轻松愉快地积累口语交际的材料，写得越多，口语交际的素材就越丰富，也就不愁无话可说了。其二，写作可以降低口语交际的难度。有的学生口头表达较差，"口讷讷不能言"，通过对有关内容的写作，整理思想，使口语交际做到心中有数，在此基础上引导学生说出来，让学生怎么写就怎说，将书面表达转换为口头表达，口语交际也就不会感到困难了。其三，写作需要思考，要求写出来的文章明白、完整、有条理，这种思维能力的提高，可以提高口语交际的水平和效果，使说话有条理、连贯和完整。也就是说，写作对口语表述有理清思路，确立观点，明晰层次，突出中心的作用，有对思维周密细致的强化作用。其四，写作的语言一般经过斟酌，用语注重准确生动，这可以影响到口语表述，使其更规范、简练。

3. 口语交际教学与写作教学应密切结合，相互促进

说话与写作在表达目的、内容、构思、词语等方面都是相同的，说是写的基础，写可以看作把说的话写出来，写和说不能割裂开来。口语交际教学与写作教学的结合，可以先说后写，以说促写，如在写作教学中的各个环节都可渗透口语交际训练。在写作前，教师讲授一些写作知识并对学生进行具体指导，学生听取这些指导就是听力训练。写作课上教师组织学生通过讨论确立作文要表现的主题，引导学生谈自己所选择的题材，以及自己对文章的构思，这是锻炼学生的说话能力。经常进行口头作文，如复述情节、口述见闻、看图说话、谈论感想、概述要点、口头描述等，让学生有中心有条理地进行口头表达，学生的思路清晰了，语言丰富了，将口头语言转换为书面语言，就能为写好作文打下基础。此外，也可以是写了再说，以写代说。如教师和学生共同进行习作讲评，教师可选择一些优秀习作和有毛病的文章念给学生听，让他们比较优劣，发现别人文章的优缺点，再由学生口头发表意见，进行评议修改，这就是进行口语交际训练。又如召开辩论会、演讲会，可让学生先写好发言稿再参加。有写得认真，语言准确生动，条理清楚，结构紧凑，这就使"说"有质量，提高了"说"的水平。同时，如果依据写的内容说得不明白，听得不顺耳，那就说明"写"有问题，需要进行修改。

第三节　口语交际训练的途径与方式

　　口语交际教学的主要任务是学习必要的知识，指导学生进行实践，规范学生的口头语言，使学生掌握一定的技能，养成良好的习惯，以及待人处事的交往能力，为此，必须通过实践与训练来实现或完成。口语交际训练是语文教学的一部分，其教学可以按照教材编排的内容，在教师指导下有目的、有计划地进行。如果认为口语交际在日常生活中无处不在，自然而然就能掌握，无须进行专门的指导，显然是片面的，不利于口语交际能力的提高。而如果局限于教材，只依据有限的内容对学生进行训练，这就过于单一，显然远远不够。口语交际训练是多样化的，可以进行分项的、单独的倾听或表达，也可进行综合的、互动的口语交际训练。

一、专门的口语交际训练

　　不同版本的语文教材安排口语交际的内容和次数不尽相同，但都是专门的口语交际训练课的主要参考。在进行教学时，教师首先要全面熟悉教材编排的"口语交际"系列，利用其中的基本理论和练习设计，对学生进行专门的理论指导和系统性的操作训练。其次，根据所教学生的实际情况确定练习的侧重点，增加练习的数量，指导各种训练，以使学生的口语交际能力得到提高。

　　人民教育出版社编辑出版的《初中语文》课本安排的口语交际内容有：说话要态度大方，口齿清楚；说话要清楚简洁；说话要有中心，有条理；说话要连贯、严密；说话要讲究方式；说话要看对象；说话要注意语调和语态；说话要注意语言美；开辩论会，开演讲会。《高中语文》课本安排的口语交际内容有：引导学生和把握口语交际的基本要求，大胆开口，文明得体；培养双向的口语交际能力，倾听、应答，培养双向互动的口语交际能力，劝说、讨论、演讲、辩论。这些内容包括了一个中学生应具备的口语交际能力。教师必须认真备课，讲清要领，做出示范，指导练习，上好专门的口语交际训练课。

专门的口语交际训练要做到：一是与学生生活实际紧密联系，具有广泛的适用性；二是遵循由易到难，由简单到复杂的规律。通过教材中的专题训练，使学生比较系统、快捷地掌握口语交际的有关知识，提高相关技能。

二、结合阅读教学的口语交际训练

（一）复述

这是把书面语体转化为口头语体，既忠实于原材料，又不完全照搬，以训练学生用自己的话来叙述课文内容。教师首先要求学生熟记课文内容，理清各部分的内在联系，讲明各种复述方式的不同特点和要求，按照"详细复述—概要复述—创造性复述"的序列依次布置练习。这种方式主要用于训练学生能够较长时间连贯地、有条理地、完整地说话，由依赖模仿读物到能动创造说话。复述可以使"读"过渡到"说"，也可以提高学生的记忆力、联想力、抽象思维和求异思维的能力。

（二）答问

这是在"读"中练"说"，以"答和问"带动"说话"，训练学生克服不愿说或不敢说的心理障碍的常用方式。教师首先应在课前设计好问题，安排发问的时机，然后在课中引导学生深入钻研课文，于有疑处解疑，无疑处生疑，按照"师问生答—生问生答"或者"一问一答——问多答—连问连答"的序列激励学生说话。这种方式主要训练学生会用讲述语体解答问题或者提出问题，说话有分析、推断有依据的表达能力。教师对学生答问中的内容、表达技能，说话时的仪态习惯等要给予评价，保护和调动学生说话的积极性。

（三）课堂讨论

这是在理解课文的过程中提出某个看法不一致的议题，引起讨论，要求学生在短时间内发表个人意见的训练方式。教师首先应该全面估计，选准有价值的议题，既可以针对课文内容，也可以对课文作引申；既能"牵一发而动全身"，又能激起学生争议的兴趣，让学生有话可说，有话好说，然后在适当的时机引出讨论，按照"同桌讨论—小组讨论—全班讨论"的顺序，由小范围到大范围进行练习，让每一位学生畅所欲言，都有充分发表见解的机会。这种方式训练的方面广，信息流通多而且快，着重于训练学生扣紧议题积极思维，大胆发表个人见解，倾听别人意见并且辨明正确与否，也要求注意发言的言语和仪态。教师要重视讨论过程的指导和控制，及时评点，通过讨论达到训练说话和思维的目的。

三、结合写作教学的口语交际训练

（一）口头作文

这是在命题或提供材料以后，学生按照具体要求经过短时间的构思，用口头语言连贯完整地表述作文的练习方式。教师首先要教给学生构思口头作文的基本方法，从文章的中心、选材、结构等方面定下几个"点"，连"点"成"线"，再扩"线"成"面"。然后从不同的角度交叉选用几种程序进行训练，例如，思维上可以从形象到抽象，看图说话—按所供文字材料口述成文—按题目和要求口头作文；做法上可以由易到难，拟提纲口述构思、凭提纲口述全文、打腹稿出口成章；形式上可以从部分到整体，口述所选材料、口述开头结尾、口述全文；文体上可以按照记叙、说明、抒情、议论的顺序逐渐过渡。这种方式着重训练学生敏捷的思维构思，快速遣词造句并组织成文的能力，对加快书面作文的速度很有帮助，难度较大，功效也较大。有时也采用"先说后写"的做法，把说的训练与写的训练结合起来，质量更高。

（二）例文评析

这种方式的做法是把作文教学过程中用于"指导"环节的范文或者用于"讲评"环节的习作让学生宣读，并结合本次作文的要求让学生评析，发表意见，使学生获得更多的说话机会，把自己的理解或意见表达出来。此举在作文之前，可以使学生加深对本次作文要求的认识；在作文之后，可以发现和小结本次作文的得与失。教师主要做好材料准备和引导点拨的工作，不要越俎代庖。

（三）讲故事，写故事

这种训练方式首先要有故事。故事的来源可以是读过的文学作品、看过的影视戏剧、听别人讲得印象深刻且完整的故事。内容的要求是思想健康、倾向积极、趣味性较浓、艺术性较高。讲故事的学生应事先熟记全部情节和主要人物关系，正确理解主题，控制好语调和语速，有些内容可以做适当的加工创造。这种方式着重于训练学生语言表达的连贯性、生动性和感染力，当然也离不开运用体态语等配合渲染，增强效果。写故事是在听故事基础上的写作。可以把听到的故事用自己的语言记述下来；可以根据故事的材料重新构思，安排情节可以根据现有的故事推测、

124

想象、发展故事；也可依照所讲故事的结构或情节，写一则自己熟悉的新的故事。

四、随机训练

（一）在生活中随机训练

丰富多彩的生活给口语交际教学提供了活水源，教师要用心捕捉现实生活现象，诱导学生广开思路和言语，发展口语交际能力。生态环境、文化景观、社会焦点、时事话题等，都是学生口语交际的载体。教师可以结合实际，与学生一起搜集本地民间传说、饮食文化、民风民情，一起关注国内外重要事件，然后一起讲述倾听，一起争论，擦出思想的火花。例如，利用每天语文课前几分钟观看"三分钟新闻播报"，让学生谈谈自己看到、听到的新鲜事，如父母闹别扭、邻里有纠纷、印度洋海啸、巴以和谈、奥运花絮等，如此还培养了学生的理性情感，关心家事国事天下事，养成学生终身学习的习惯。

（二）在活动中随机训练

学校、班级等经常开展活动，抓住活动的机会进行口语交际训练会取得比较理想的效果，如"怎么过生日""成绩差了怎么办""伤心事对谁说""假如我是班主任"。学生面对的是真实的问题和真实的情境，自然就能敞开心扉，真诚地交流，并在相互接受与倾听中学会平等参与、真诚合作、共同成长。丰富多彩的活动立足于学生的生活和经验。在活动中，学生不是被动接受知识的"容器"，而是具有主动性的知识的构建者。教师则是引导者和促进者，要帮助学生摒弃已有知识对思维的框定，积极探究未知领域，形成个性化的知识。

五、其他方式的口语交际训练

（一）课余会话

会话是两个或两个以上的人在一定的交际情境中进行的交互式口语交际。它要求能够控制话题、融洽感情和随机应变，谈吐得体并注意方法和技巧。课余会话包括日常的一般交谈、电话联系，以及假设情境与角色的模拟对话，要求学生选好话题，控制谈话的中心与时间，不宜扯远，该收则收。这种方式着重训练学生的社交语言，培养大方得体的说话态度，实用价值高，应鼓励学生广泛使用。

（二）采访

采访是一种通过提问获取特定信息的双向交际活动。它有鲜明的交际意图，最终的沟通效果取决于采访者的提问能力和被采访者的答话能力。从形式上看，采访类似于一般的聊天，是人与人之间的沟通，但由于采访者和被采访者之间的交际关系大多是临时建立起来的，而且交谈的话题是固定的，内容也较为严肃、公开，这就使采访具有一定的难度。采访者有可能提问不当，遭到被采访者的拒绝，或者对方转移话题，使采访者得不到自己需要的信息。也有可能采访对象的口才不太好，性格内向或没有情绪，不愿接受采访，不能提供有价值的信息。因此，高明的采访者应该熟练掌握采访用语，确保在愉快、轻松或幽默风趣的交谈中实现采访意图。采访可以很好地锻炼一个人的口语交际能力。采访要尊重采访对象，区分场合，恰当、机智地提问，得体地赞美对方，要善于引导、控制话题和场面。可以说，一个优秀的采访者所具有的口语交际能力，能够保证他在绝大多数交际活动中获得成功。采访和答问一般是针对某一事件或问题进行了解或接受了解。无论是采访的一方还是答问的一方，首先都应明确目的和熟悉对方。采访者应拟出提纲、逐一发问、注重礼貌、灵活引导和适可而止。答问者针对发问的核心回答，态度要明确、观点要鲜明条理要清楚；有些不宜正面回答的可以委婉拒绝。这种方式可以训练学生的思维更加灵敏，语言更加简洁，培养交往能力。

（三）即席讲话

即席讲话是在特定场合，就某个问题发表见解、提出主张，或在特定语境中表达某种感情、某种愿望。它的特点是话题明确、针对性强、态度明朗、直陈己见、有感染力、有说服力、短小精悍和生动活泼。这种方式一般多用于活动现场，尤其是被邀请参加活动的礼仪场合。即席讲话并非不假思索地随便应付几句，而是要在极短的时间内针对面前的场合与对象决定该说什么和要说多少。由于没有事先准备地边想边说，因此，即席讲话思维要快，开口却不能急。即席讲话要做到快速选题、快速取材、快速结构和从容展开；要扣紧现场的某一方面或活动的主题确定说话的基调，开头可以有"引子"，但若能直接切入主题更好。这类场合不可不讲，但不宜多讲，说话应贴近听众，力求简洁生动，富有感情色彩。这种方式可以训练学生克服在众人面前畏惧说话的心理，培养机敏思考、灵活定向和流畅表达的能力。

（四）口头报告

这种方式是围绕某个问题、某件事情和某项活动的前因后果，向听众作比较完整的口头介绍，如读书报告、实验报告、参观活动报告等。报告前要求学生选取力所能及的题目，充分准备和提炼材料，拟好报告提纲。报告要向听众说明目的和背景，声音要响亮，条理要清楚，层次要分明，语言要通俗易懂，尽可能运用视觉性的描述语言，并随时注意根据听众的反应来调整自己的言语和报告内容，提高口头报告的有效性。这种方式主要用在训练学生的说明性语言。

（五）劝说

日常生活中，当同学、朋友或亲人遇到坎坷，碰到烦心事，情绪低落、内心痛苦时，要用话语去安慰、劝说并帮助他们走出低谷。当有人由于缺乏周全的考虑或一时糊涂，做出一些错误的决定和行为时，也需要良言相劝。当在商量、决定一件事情时，也要劝说别人接受自己的观点。可以说，劝说在日常交际中使用非常普遍。劝说是一门艺术。对不同的情况、不同的对象，使用的方法也大不一样。一般来说，在劝说之前，要摸清情况，了解对象的经历、素养、性格、习惯，弄清事情的缘由、责任及结果，然后再开始劝说。劝说要讲策略，掌握劝说的时机、氛围、内容、方法、语言、语气、距离和态度等。有时需要正面劝导，坦率直言，以理服人；有时需要委婉含蓄，直话曲说，借例言理，逐步开导；有时亦可运用"归谬法"，迂回包抄；有时不妨先运用"激将法"，再因势利导。

（六）辩论

辩论，也称论辩，是指持不同立场和观点的双方就某一论题展开针锋相对的论争。它是一种特殊的言语交流形式，以驳倒对方的观点，树立自己的观点为目的。和讨论相比，辩论更激烈、尖锐。辩论不仅可以辩驳谬误，区分是非，发现真理，对辩论者来说，它还可以磨砺思想，锻炼口才，训练思维的敏捷性、灵活性和应变性，增强批判的能力。辩论要努力做到"四善"：进则善攻，能敏锐发现对方立论的漏洞并及时突破；退则善守，当对方反驳时能充实论据巩固自己的论点；变则善转，当形势不利时能有缓解再求改观的办法；终则善收，在辨明真理达到一定效果时果断结束。在口语交际教学中，学生进行辩论训练，可以全面提高他们的听说能力。就听这方面来说，要和别人辩论，就是要驳倒对方，为此必须高度集中注意力听懂对方的意思，判断它的谬误所在。说的方面，辩论者要快速阻止自己的语言，并清楚流利地说出来，说出的话不能是可有可无的闲话，它们必须切中对方的要害。可见，辩论是一种培养训练学生口语交际能力的有效途径。

（七）演讲

演讲，也称演说或讲演，即当着众多人的面讲话，是在特定的时空环境中，以有声语言和辅助性体态语言为手段，公开向听众传递信息、阐明事理、抒发感情，以期达到感召听众的一种交际方式。演讲是一种直接的带有艺术性的社会实践活动。广义地说，凡是以多数人为对象的讲话，都可以称为演讲，如领导人的报告、教师的教学等。狭义的演讲，是指在公共场合，就某一问题或事件发表自己的观点。现代社会中，演讲已成为一种相当普遍的言语交际形式。信息时代，人与人之间、国与国之间交往日益繁多，各种政治、经济、科学、文化活动及社交活动数不胜数。这些活动都需要通过演讲来发表见解、提出主张和释疑解惑，从而达到说服人、感染人、教育人、鼓励人的目的。口语交际教学中的演讲训练，教师应对学生多加指导，演讲内容上要求学生观点新颖、选材精当、构思精巧和语言精彩。形式上要求学生善于运用语音技巧，让每个听众都听得清楚；善于调整语速和运用停顿，制造气氛，突出重要内容；善于配合表情、神态和适当的动作，增强表达的感情色彩。要多为学生提供练习演讲的机会，锻炼学生在大庭广众讲话的胆量，培养学生在公共场合发表意见的能力。

（八）主持

主持是在一定的场合中对某项工作或活动进行过程的掌握或处理。根据内容，主持可以分为会议主持和活动主持。会议有程式性会议和非程式性会议。程式性会议主要强调形式意义的会议，如开学典礼、代表大会的开幕式和闭幕式等。非程式性会议没有严格的程式，只是根据会议的宗旨和议题发言，会议的进行主要靠主持人的随机控制，如研讨会、座谈会、办公会和民主生活会。主持会议要耐心倾听，让人充分发表意见；要注意调动全体与会人员的积极性，集思广益；要注意工作方法，维护全体与会人员的团结。活动主持有讲演、论辩、竞赛、演出、游艺、联欢等文体、艺术、社交活动的主持。活动主持起着组织引导和点染深化的作用，主持人要在一定时间内用语言推进节目的程序，营造气氛，沟通观众与节目之间的关系。

主持言语要求如下。

1. 生活化

言语材料贴近生活，贴近观众和贴近现场，口语化，除必要的朗诵词外，要求温和亲切、平易自然和生动活泼。要避免故弄玄虚、不看对象、文白相间、念字背词。

2. 少而精

言语要尽量简洁，避免喧宾夺主、令人生厌，又要尽量构思精巧、言语精到，避免呆板老套、千篇一律，追求形象性、情感性、哲理性、新颖性，追求风趣幽默。

3. 活泼得体

在保证不喧宾夺主的前提下，言语要适时介入并尽力调动其他对象介入，要用最生动活泼的言语来求取得最佳主持效应。同时，又要注意言语的得体，调侃而不失分寸，风趣而不轻浮，幽默而不令人尴尬，自嘲而不伤己人格。

（九）戏剧表演

戏剧是一种综合的舞台艺术，它集语言、动作、歌唱和舞蹈为一体，反映社会生活的矛盾冲突。人物台词是推动戏剧发展的主要手段，对话和独白既可以展现人物的个性、心理，又直接促使矛盾冲突的发展。戏剧表演就是将戏剧文学剧本和人物动作搬上舞台，进行再创造的表演过程，其中上演的大部分内容，就是来源于日常生活的交际口语。因此，练习戏剧表演，模拟其中的人物对话，对提高实际的口语表达水平大有裨益。许多演员都有一副好口才，这和他们长期从事这门艺术有很大的关系。许多国家的口语交际教学都非常重视戏剧表演的训练。因为戏剧中有各种各样的情境，每一角色的语言都可以作为典范。学生通过多次表演活动，能够体会到在什么情境中说什么话，对什么人说什么话，以及如何得体有效地与他人进行口语交际。而且，学生在戏剧表演中进行的本身就是口语表达活动。无论是学习的内容还是学习的方式，都与口语交际教学目标相契合。利用教材中选编的戏剧或改编某些课文进行表演，既能有效地训练学生口语表达能力，又能加深对课文的理解。

第四节　口语交际教学案例

一、案例一："我的理想"教学过程

（一）示范、引导，创设情境

从问学生"见过采访吗"开始，在师生问答中简介采访及答话要领——最重要的是要听清记者的问话，才能做出回答。语言文明、清楚和态度大方、自然也很重要。教师模仿记者，采访一名学生。

师：请你谈谈长大后想做些什么？

陈：我想当一名教师。

师：长大后为什么要当教师呢？（教师点拨，指导学生把原因讲清楚）

陈：老师教给我们很多知识，还教我们怎样做人。现在甘肃省许多贫困山区的孩子上不了学，他们没有学校，没有教室，更没有老师。我想去那儿当老师，把知识教给他们，让贫困山区的孩子都能上学。

师：我代表贫困山区的孩子谢谢你，你真有爱心，谢谢你接受我的采访。

陈：不用谢。（同学们鼓掌给予鼓励，教师接着连续采访一两名同学）

（二）自我实践，放飞理想的翅膀

同桌进行采访交流活动，四人小组进行交流活动，组与组进行采访活动，学生采访老师。每组选出的优胜者进行采访实践，教师及时评价，给予鼓励。

第六组赵同学，第一组孙同学。

赵：你好！请问你长大后想做什么？

孙：我想当一名生物学家，把沙漠变成绿洲，让沙漠种出庄稼、长出果树，让我们生活的空间更大，让那些濒临灭绝的珍稀动物都能生存下来，有一个美好的家园。

赵：你的理想真伟大！祝你成功！谢谢合作！

第八组李同学，第五组谢同学。

李：你好！（握手）请问你长大后想干什么呢？

谢：我想像我妈妈一样，当一名清洁工。

李：你为什么想当清洁工？

谢：我要像妈妈一样，把我们的城市每天都打扫得干干净净，当一名城市美容师。虽然这项工作挣钱不多、很累，但它同样是我们社会不可缺少的一项工作。我要发明新型的高效能的清扫工具。

李：太好了！你的理想很崇高，谢谢你的合作！

（三）课外延伸

回家后，每位同学画一张关于"我"的20年后的理想图。

简评：上述课例在教学中注意了师生的互动，符合《课程标准》提出的"重在参与"的精神。但从口语交际的角度看，教师选择的话题显然过于宏大。虽然形式上具有"采访"的具体情境，但这种宏大的"谈理想"式采访，从根本上看不具有真实性，学生的回答恐怕有作假之嫌，也可能是临时应对，根本没想到要对自己所说的话负什么责任。像这种导向性的话题，在口语交际教学中不宜提倡。教师应该将所要鼓励的"理想"转化为更贴近学生思想水平的具体话题，以求学生真实、诚恳地表达自己的见解，哪怕有欠"崇高"、并不"伟大"。真实、诚恳是口语交际的第一要义，也是口语交际教学的第一要义。

二、案例二：如何进行电话交流

生：我们在讨论明天爬山的事。

生：我们在议论爬山比赛谁会获得第一名。

师：这到底是怎么一回事？谁能详细地告诉我？

生：周老师告诉我们，明天要搞一次爬山比赛。

生：山上有数学题，看谁找得到，做得对，谁找得多，做得多，谁就是第一名。

师：噢，是这么回事。那谁去放数学题？放在哪儿？

生：今天午饭后周老师就去放数学题，有的放在石头缝里，有的放在树枝上。

师：好。这个活动真有意义。那么，你们现在关心的是什么？

生：我最关心的是明天能不能得第一名，得一等奖。（众笑）

生：我最关心明天的天气。

师：为什么关心明天的天气？

生：因为明天要是刮风下雨，我们的爬山活动就搞不成了。藏在山上的数学题就会淋湿了，刮跑了。

师：那么，你们希望有一个什么样的天气？

生：我希望明天天气晴朗，一丝风都不刮。

师：谁能说得具体一点？

生：我希望明天万里碧空飘着朵朵白云，太阳光照在身上暖洋洋的，我们好高高兴兴地搞爬山活动。（众赞叹）

师：说得好。徐州人民广播电台每天上午十点半预报天气，现在正好时间到了（打开收音机），请仔细地听。（这是根据教学需要，请播音员特别录制的，但学生们信以为真，流露出失望的神情）

师：这是真的吗？

生：阿姨说明天有大雨。

生：阿姨说明天的最低温度是零度。

生：还刮东北风，四到五级，阵风七级。

生：阿姨说明天的最低温度是零度。

师：能不能连起来说？谁连起来说给大家听？

生：电台广播说，今天下午到明天，徐州市和各县阴天、有雨而且雨量大。偏北风，风力四到五级，阵风七级；明天最低温度零度。

师：说得不错。同学们，看来明天的活动不能搞了。（同学们不大高兴，议论纷纷，一学生举起手来）

师：你要说什么？

生：有时天气预报也不准。（众笑）

师：大部分天气预报还是准的，看来你是很想明天按计划搞活动，是不是？（生点头）那好，朱校长也来听课了，我们问问她明天怎么办。（朱校长回答，活动改在星期六举行）

师：哟，周老师在教育局开会，今天不回学校了，活动改期这件事她不知道，怎样告诉她？

生：写信告诉她。

师：写信太慢，来不及了。（众生纷纷举手）

生：打电话告诉她。

师：很好。打电话是个好办法。那么，我们拿起电话，向周老师说什么呢？

生：我们对周老师说，明天天气不好，爬山活动不搞了，星期六再搞。

师：说得还不够清楚，不够全面。想看最要紧的是什么话？谁再来说一说？

生：我们对周老师说，天气预报说明天有雨，爬山活动不搞了，请您今天下午不要到云龙山做数学题了。

师：很好。同学们想不想打电话？

生：（兴高采烈地）想。

师：同桌的同学互相练习一遍。每个人当一次周老师。（学生兴致勃勃地握起拳头当听筒，互练了一遍）

师：正好，我这里有两部玩具电话机，我来当周老师，请同学们给我打电话，谁说得最清楚，谁就代表大家到办公室给周老师打电话。

生：（拿起电话就打）喂（众笑）

师：拿起话筒要拨号码，老师忘记告诉你了，文教局的电话号码是25206，如果记不住，可以查电话号码簿或拨114，问查号台。（该生打电话后，其他同学也争先恐后地举手，要求打电话，老师又找了两个同学表演，说错之处，予以纠正）

师：现在，我找一个同学到办公室给周老师打个电话。（同学们高兴极了，都把手举得高高的，有的还站起来。课堂气氛异常活跃。老师指定一名学生前去）

师：哎呀。还有一件事。二年级其他三个班的同学们还不知道，怎么办？

生：写个通知到广播室广播一下。

师：这个建议好。因为事情紧急，我们在前面加上"紧急"二字。现在练习写一个紧急通知。（交代了通知的格式和内容，然后让同学们写，

老师巡回指导）

　　简评：本堂课没有专门让学生学习如何"打"电话，而是重视如何进行电话交谈，而且在整个教学过程中，学生在教师的指导下始终持续着说话练习，学生能及时发现问题，及时改正。从整体效果看，这节课最大的成功在于它突出了"口语交际"教学的主要目标，教师精心创设了一个逼真的教学情境，该情境与许多课堂情境不一样，它融进学生真实的学习生活中。师生在仿真的情景中自然、流畅地交谈。像这样还学生以生活的真实，就能够最大限度地调动学生参与口语交际活动的积极性，并能有效地提高他们的表达、交际能力。同时，学生在活动中还培养了解决实际问题的能力。教师让学生自己感受在什么情况下需要广播，在什么情况下需要打电话，在什么情况下需要写通知，学生在体验中学得轻松愉快而且扎扎实实。

第六章　文学审美

第一节　美的起源

优秀的文学作品总能启发人和鼓舞人，给人以积极向上的力量。在欣赏文学作品的过程中，读者就是在进行审美感知和审美体验。谈文学不可能离开审美。其实，在美被发现的过程中，人不仅发现了客观世界的美，而且发现了自己能够感觉到美之所以为美。中国文明的历史正是为探索与追求美的实现，永不停息的奋斗历史。本章试图追根溯源，从美学的角度探究文学。

追溯中华民族的历史，会得到这样一个答案：我们是华夏子孙，是龙的传人。"龙"是中华民族的象征。确切地说，我们的祖先在劳动中，在同大自然进行抗争的过程中，产生了龙的观念和形象，并把它神圣化、图腾化和艺术化，顶礼膜拜，把它看作希望、力量和美的化身。历史资料告诉我们：华夏氏族是以蛇和青鸟为主要图腾的氏族联盟，前者发展为对龙的崇拜，后者发展为西王母的传说。这些神话、传说能帮助我们理解与推想远古图腾活动的依稀面目。作为中华民族象征的"龙"的形象，是蛇加上各种动物而形成的。它以蛇身为主体，接受了兽类的四脚、马的毛、鬣的尾、鹿的角、狗的爪、鱼的鳞和须。随着氏族的不断合并，氏族社会组织的扩大，氏族图腾出现了融合的现象。氏族的最大合并与联盟就是龙与凤图腾的结合。《山海经》中所说的"人面鸟身，珥两青蛇，践两赤蛇"就是这种融合的体现；战国的楚帛画中绘有在龙凤之下祈祷着的生灵。这足以说明这两种形象的结合被固定下来，成为华夏子孙一直敬仰的图像。

图腾作为一种意识形象，反映了人作为自然奴隶的地位，表现了人对自然力的崇拜。除大自然的天象地貌外，在靠狩猎谋生的时代，人随时随地都必须准备着同鸟兽蛇虫争斗。为了让"神力"附身，为了在争斗中取胜，他们想象自己能身生两翅，翱翔太空。希望自己能腹生四足，身长千尺，头上长角，可以腾空驾雾，顶破苍穹。他们的想象是如此地丰富，不但让自己的氏族首领执掌神圣的图腾，而且想象着自己的整个民族都是具有神力的图腾的后代，只要高举图腾就足以战胜一切。图腾凝聚着全民族最美好的理想，是"力"的化身，也是"美"的化身。先民忍受着痛苦，让图腾在自己的身上留下印迹，于是出现了文身。图腾成为装饰，不仅留在人身上、器物之上，而且所有的宫殿建筑、住房的屋脊，都留下了具体的或符号化了的龙凤形象。在所有表现神力的殿堂和神庙中，都存有这种带有深沉感情的艺术特征的积淀。

美是不以我们的意志为转移的客观存在。它影响着我们，教育着我们，提高生活的境界和意趣。人类历史文明所反映的是人们为实现"美的世界"进行奋斗，并积极从事美的创造所留下的业绩。那么，什么是美？什么是美感？美又是怎样产生的？这是令许多人感到困惑的问题。美是一种理想的概念，是主客观关系的产物，是真的感性现象，是能引起快感的善。美感是客观的"物"与主观的"情"相互交织、相互作用的结果。有物有情，缘物起情，借物寓情，唤起美感。高山的美，美在巍峨壮观；江河的美，美在气势磅礴；莲花的美，美在庄重高洁。

在探究中国美的观念、美的形式的起源的时候，如果离开龙凤的具体形象，就不可能说清楚中国美学传统从意识到形象，从内容到形式的具体特征。图腾的内容及其具体的形象，一开始就决定了我国民族传统形式的特征。龙蛇的飞舞和凤鸟的盘旋，使中国的艺术形式一开始就讲求"气势"，盘旋蜿蜒的曲线，似乎是无意地接触了美的运动的旋律。我们的祖先借助龙蛇的屈曲和气流的曲线，以及水的漩涡，发现了曲线美、弧度美。这远远早于西方人的发现。那种神龙见首不见尾的含蓄和虚实相生的情韵，也因为原始人丰富的想象而产生。汉墓壁画上的飞天形象，宫殿建筑中的飞檐高琢，流传百世的"曹衣出水、吴带当风"，它们模拟的线条，所表现的飘飞的气势，无不与当初的龙凤飞舞的形象有关。中国艺术所讲究的风力、气力、风神和气韵，也同龙凤图腾相关联。

北宋山水画家范宽所表现的"山从人面起，云傍马头生"的意境，郭熙在《林泉高致集》中总结的传统经验："山欲高，尽出之则不高，烟雾锁其腰则高矣；水欲远，尽出之则不远，掩映断其脉则远矣"，这种若隐若现、若实若虚的手法，正是来源于原始人所赋予龙凤的丰富而美好的想象。龙凤图腾为以后的艺术家提供了原始材料，相沿成习，便逐渐转化为民族的审美习惯与心理需求。

中国最早的文字由形、声到义的衍化过程，往往与神符结合在一起。甲骨卜辞记载的本是祭祀的事实，它与符号化后的图像相去不远。被视为重器的青铜礼器，就是符号化后的图像与原始文字结合在一起的典型作品。大量陶器的纹饰也都是由描写具体生动、多样的动物形象转化形成抽象的、符号的和规范化的几何纹饰。这些几何图案都带有某些氏族图腾的含义。奴隶社会，青铜礼器是杀俘祭祀时的重器，其上吃人的饕餮纹饰，恰好表明新兴奴隶主政权确立时，作为树立权威所需要的图像标记。为了对具体的形象加以必要的提炼，为了把准备加以夸张的意愿融合在有限的符号的器皿上，制作者对线条进行了深入细致的研究。这就为中国独特的表现感情的形象的"线"的艺术奠定了基础。那种简单几笔就勾勒出一个具体图像的要求，其高度的概括性达到了相当高的水准。一旦作为符号标记的图像被固定下来，文字就产生了。正如许慎在《说文解字》中所说："仓颉之初作书，概依类象形，故谓之文。"这正说明了汉字的形成是借线条进行模拟、造型的过程。

中国汉字成为一种独特的艺术，有两个方面的特点：一是由汉字本身的象形性所决定，像龟纹似龙鳞，舒体放尾，长翅短身，借简约的线条表现出种种形体姿态、情感意兴和气势力量。

二是从再现到表现，从写实到象征，从"形"到线的发展过程中，借线条的对称、均衡、连续、间断、重叠、单独、粗细、疏密、反复、交叉、错综和一致。不自觉地创造了一种纯美的形式，一种动的旋律，既表现出自然对象和客观世界的节奏、韵律，又符合变化、统一的形式规律。这些线条常常可以象征着代表主观感情的运动形式。通过它运动的韵律，可以窥及一个人的性灵，可谓"性灵自由表现"的产物，也许"字如其人"就是这个道理。

第二节　美学思辨

老子是我国最早的美学辩证法和主客观统一论者，他的思想是通过《老子》的记载流传的。作为周朝的史官，他从奴隶社会中看到了矛盾，于是弃官而走。他并不认为现实社会是美的。他提出的美学理想是"朴"，即回到自然中去，返璞归真。作为奴隶主阶级的史官，他有可能较其他人更清楚地看到贵族统治者的残暴腐朽，看到他们为了满足私欲以杀人为戏的灭绝人性的残虐。因而向往远古时代的相安，提倡人的复归。他的感情是朴素的，认为自然是最美的，现实的人却是丑的。他具备了"有无相生，难易相成，长短相形，高下相倾，声音相和，前后相随"的朴素的辩证思想，才能进一步认识到"曲则全，枉则直，洼则盈，敝则新，少则得，多则惑"的道理。从有到无，从实到虚，从动到静，然后才能进入美感的至妙至微境界。这里，老子不仅看到美的客观因素，而且注意到美感的主观因素。他提出的事物所具有的"恍惚美"，比所有的美更美，这就是"大象无形"。

孔子肯定物质世界，肯定自然的声色和它的美，并强调声色形象的功能。他肯定人的情感，把伦理和人的心理贯通起来，认为只有伦理的爱，才是一种最自然的"爱"，礼乐表现的即是这种爱，满足人的正是这种爱的愉悦。正常的人应该通过这种爱来陶冶自己美的情性。统治者也应该通过宣扬这种氏族传统的礼乐来教化百姓。孔子所讲的礼乐，是以礼为中心，乐是辅助礼的。孔子所讲的音乐的"兴、观、群、怨"，其社会功能就在于对人们所起的教化作用。乐中有礼，乐中有教，达到道德熏陶的目的。孔子是严格把礼作为主体、作为中心的。

荀子继承和发展了孔子的"礼为中心""乐以致教"的思想。他强调"情"的平衡。荀子在《荀子·乐论》中说："夫乐者，乐也，人情之所必不免也。故人不能无乐。""凡音者，生人心者也。情动于中，故形于声。声音之道，与政通矣。"音乐可以让人娱乐，这是人性情和爱好所不可缺少的。所以，人不能没有音乐。音乐是从人们的内心情感产生出来的。情感在内心萌动，所以才能在音乐上表现。声音的道理，同政治有相通的地方。也就是说，乐中有礼。由此可见，他强调的是以"礼为中心"的健康的合乎伦理的乐。其美学理想是和谐的美以及在和谐基础上的壮美和优美，不同风格的气势或韵味。

孟子发挥了孔子的天道即是人道的思想。"仁"者，人也。在孔子解释"礼"为"仁"的基础上，孟子在《孟子·告子上》中强调了"人皆有不忍人之心"，以及"口之于味也，有同嗜焉；耳之于声也，有同听焉；目之于色也，有同美焉"。他强调人们有共同的美感，强调美的功能主要在于陶冶性灵，追求的是一种依靠内心的涵养培养起来的内在的心灵的"净化"。他认为自然的美不在物而在心，在于"人性"的显现。人道即是天道，尽心即能知性，知性也就能知天。孟子强调的是"性"的和谐。孟子在《孟子·尽心上》中说："存其心，养其性，所以事天也；夭寿不贰，修身以俟之，所以立命也"。其意是说，保持人的本性，培养人的本性，这就是对待天命的方法。短命也好，长寿也好，都不三心二意，只是培养身心，等待天命，这就是安身立命的方法。礼乐的功能在于养性陶情，就在于"反身而成"，近乎老子的"返性归真"。美的实现，关键在于尽心与率性，"率性之谓仁"，只有符合真的人性，并让这人性自由而充分地表露出来，才是"仁"和"人道"之所在，才是"美"之所在。

庄子发挥了老子的"大巧若拙，大辩若讷""大音希声，大象无形"思想，强调想象的联类无穷时美感的作用。他认为，美感的作用主要是通过调动"心象"来调动人的感情。在《大宗师》中说："夫道有情有信，无为无形。可传而不可受，可得而不可见。"他发挥的正是老子所说的"恍惚"的如醉如迷、如梦如痴的境界。他认真地区别了形象与概念、感性与理性对于美感的关系；他认为真正完美的艺术形象及其所显现的境界，是不可能借概念说得清楚的。沉默是最丰富的语言，于无声处听惊雷，不表示却是最完全的表示。美的境界是只能意会不能言传的。言不尽意，庄子看到的是"言"与"意"的矛盾。作为泛神论者，他承认有一个声、色的世界，承认美的世界有一个客观存在的"数"，它可以得之于手，而应之于心，只是口不能言。"可以言论者，物之粗也；可以意致者，物之精也。"要领悟到真正最高的极精至美的境界，就要独与天地精神往来，要天地与我并生，万物与我为一。实际上就是物质世界的"精神"与我的内在世界的"精神"相与为"一"。简言之，想象中的"物性"和"人性"的交融，分不清何者为我，何者为物的美的世界。他强调美的创造要充分发挥浪漫不羁的形象想象。只有大解脱，才能实现内外境界的大交融，才能求得颖悟，达到理想的精神境界。

孟子和庄子都注意到美感中人的内在精神，但两者有很大不同。前者出发点是求实，后者务虚。前者落脚点是归胜，后者相忘。前者强调积极进取的人格理想："富贵不能淫，贫贱不能移，威武不能屈。"后者追求独立人格个性："彷徨乎尘垢之外，逍遥乎无为之业。"同样追求内在的、精神的和实质的美，前者重在主题内容的探讨，后者则更多着眼于艺术的创作规律。两者的思想在中国美学发展史上都产生着极其深远的影响。

　　《诗经》是我国第一部诗歌总集，是审美实践的记录。当人从神的桎梏下开始摆脱出来，当人的理性开始认识到自己的存在，便把歌声舞步从神坛之前移开，转向表达自己对异性的相悦之情。于是，人从禽鸟的歌声中得到启发，从鱼龙的摇摆中模仿求情的舞步，通过文字的形式把倾慕的感情记录下来。

　　记叙我国古人的美好情性的第一首诗就是《诗经》中的开篇《关雎》。"关关雎鸠，在河之洲。窈窕淑女，君子好逑。参差荇菜，左右流之。窈窕淑女，寤寐求之。求之不得，寤寐思服。悠哉悠哉，辗转反侧。参差荇菜，左右采之。窈窕淑女，琴瑟友之。参差荇菜，左右笔之。窈窕淑女，钟鼓乐之。"《关雎》出自《诗经·国风·周南》，作为《诗经》的首篇，它也是我国爱情诗之祖，主要反映一个青年对一位容貌美丽的姑娘的爱慕和追求，及其求而不得的痛苦和想象求而得之的喜悦。它所歌颂的正是符合伦理思想的美好情感。又如《诗经·郑风·风雨》中写道："风雨凄凄，鸡鸣喈喈，既见君子，云胡不夷？风雨潇潇，鸡鸣喈喈，既见君子，云胡不瘳？风雨如晦，鸡鸣不已，既见君子，云胡文学素养教不喜？"又如《诗经·小雅·采薇》："昔我往矣，杨柳依依，今我来思，雨雪霏霏；行道迟迟，载渴载饥，我心伤悲，莫知我哀。"还有《诗经·秦风·蒹葭》："蒹葭苍苍，白露为霜，所谓伊人，在水一方，溯洄从之，道阻且长，溯流从之，宛在水中央……"这里有鸟鸣，有求爱的舞步，有兴奋的节奏，有美妙的声色。

　　所有这些都通过理性化的符号作为定情的标记被固定下来。它符合我们民族伦理的要求，是纯粹的人类的自然感情。其中典型的词语含义深远，例如，"关关"指相爱之声，"雎鸠"指偎依之人；"风雨"是咏难见，"鸡鸣"是叹不眠；"依依"言难舍，"霏霏"哀思长；"苍苍"感茫茫，"流水"哀路遥。这里有物有情，缘物而起情，借物而寓情，比喻形象贴切，感情真挚深沉，语言整齐精练，具有委婉、悠长、醇厚的韵味，唤起了读者的美感。《诗经》中的这些诗篇是对美感的最好诠释，因为美感正是客观的

"物"与主观的"情"相互交织、相互作用的结果。这些诗是人类形象思维的结晶,是自然感情的流露,是审美的杰作。

《诗经》是我国古人表达感情的丰富经验的总结。其中的作品反映了各方面的生活,具有深厚丰富的文化积淀,显示了我国古代诗歌最初的伟大成就。其作为艺术构思的民族特色而存在的赋、比、兴,对两千多年的艺术史产生了深远的影响。朱熹在《诗经集传》中说:"赋者,敷陈其事而直言之也。比者,以彼物比此物也。兴者,先言他物以引起所咏之辞也。"最初,人们只是借一物比一物,渐渐地从草木鸟虫的姿态中体味它们的韵味和感情,并总是把客观的草木鱼虫看作和人一样,既有内容又有形式,二者同样在变化着,这是"比"的基础。有了这一基础,人们才能展开联类的想象,由联类而触发感情,这就是"兴"。"兴"正是艺术的基本特征,所谓美感、兴趣和滋味也就在这"因物起兴"之中。

赋体文学的出现和"赋"的表现手法的探究,成为春秋战国时代的话题。文字作为记事的需要,开始于卜辞、钟鼎铭文和《易经》的某些经文。因为属于纯粹的记事,难以朗读,也唤不起审美感受,只有当记事从以祭神为主转为通过状物来叙人事、抒人情为主时,记事才具有美学意义。古人说:"诗有三义,赋止居一,而比兴居其二。""赋"作为正言直述、质直敷陈的文体,其美学意义在于一个"情"字,在于"事"中的寓情托性或"叙"中的发情、率性。在形式上,则表现为文章的韵律和气势。如孟文的浩荡,庄文的奇诡,荀文的谨严,韩文的峻峭等,体现的都是个人独特的风貌与品格。人的性情和文章的气势是互为表达的,赋之区别于原始的甲骨记事,正是它在记事说理中充满了丰富饱满的情感和想象。赋发端于先秦,并成为后世铺叙人事和描写世情的样本。

真正运用比兴手法,按照美学的原则,自觉创造赋体文学的是屈原,他的代表作《离骚》。王逸在《离骚经序》中对其艺术手法进行了评价:"《离骚》之文,依诗取兴,引类譬喻。故善鸟香草,以配忠贞;恶禽臭物,以比博侯；灵修美人，以媲于君；宓妃侠女，以譬贤臣；虬龙鸾凤，以托君子；飘风云霓，以为小人。其词温而雅，其义皎而朗。"作品一方面借比兴手法，积极展开想象；另一方面言幽怨之情，以明心见性。《离骚》正是屈原全部人格的显现，寄托了一个执着、顽强、忧伤、怨艾、愤世嫉俗、不容于时而又积极追求真理的灵魂。其中的无羁而炽热的浪漫想象，融合着个体性灵本质、情操和素养，构成一个有机整体，开创了中国抒情诗的真正光辉的起点，成为无与伦比的典范。赋体文学的产生，正是由于它广泛地描写草木虫鱼，发挥充分的想象，铺采摛文，又赋之以一定的感情而逐渐成熟起来的。它反映的是一个时代的物质丰富与统治者极尽享乐的形式需要。它们取的是《楚辞》可歌可咏的音乐旋律这一形式而不是取其精神。何谓"文采"之美？楚辞是沿古体，它足以让人看到原始神话的世界；它可以"被之管弦"，可以让人看到代表南方楚文化充满浪漫激情有关图腾巫术的歌舞远古传统；它没有那么多的"诗教"规范，却以自身原始的活力，狂放的意绪，无羁的想象，使后代人为之动容。

在统治者沉湎于安乐和追求登仙羽化的同时，原始歌舞随着适应宫廷娱乐的需要，在底层沿着写实的方向把原始的一种仪式舞蹈发展为武术竞技的角抵戏。角抵戏是六国时所造，秦时得到推广。到了汉代，民间使之更进一步戏剧化了。《西京杂记》曾有记载，神话被人间化了、故事化了。神力转化为人力的生理功能，情节也合理化了。据传夏桀时就有倡优，西周末年就有由贵族豢养的专供他们声色之娱的职业艺人"优"。倡优不仅供人取娱，而且从滑稽调戏转而为世俗人事的讽刺。司马迁在《史记》中所说的"谈言微中，亦可以解纷"，说的就是"优"在此时所发挥的讽喻作用。在汉武帝"罢黜百家，独尊儒术"之后，艺术服务于人事的功利目的，更加强了民间歌舞戏剧"写实"的倾向，角抵戏的讽喻对象也从帝王扩大到官吏。所扮的人物有特殊的扮相，戴假面，在露天表演，多少包含些故事情节。以后发展起来的"参军戏"，其中扮官的被戏弄的对象叫参军，而执行对其戏弄职责的演员叫苍鹘。戏剧发展中的清醒的现实主义传统，正是随着人事的不断复杂而愈益深刻的，它是从另一方面表现秦汉以后社会美的主题的。

汉代，与民间戏剧一起产生并发展起来的，是从赋体文学中分离出来的，以写实记事为主要内容的历史散文。代表性的作品有司马迁的《史记》，班固的《汉书》。司马迁并不把艺术看成是统治者行"德"和被统治者表"敬"的工具，非常强调感情在艺术中的作用。他在《太史公自序》中表露出这样的观点："美"均出于"发愤之作"。他颇有感慨地写道："昔西伯拘羑里，演《周易》；孔子厄陈、蔡，作《春秋》；屈原放逐，著《离骚》；左丘失明，厥有《国语》；孙子膑脚，而论兵法；不韦迁蜀，世传《吕览》；韩非囚秦，著《说难》《孤愤》；《诗三百篇》大抵贤圣发愤之所为作也。"对于屈原的《离骚》，司马迁在《屈原列传》中进行了说明：《离骚》就是被放逐的忧伤。天是人类的原始，父母是人的根本。人在处境穷困的时候，才会追念本源。所以在劳苦困惫时，没有不喊天地的，在疼痛痛苦时，没有不喊爹娘的。

屈原秉持公心德行正直，竭尽忠诚和才智，辅佐他的君王，但进谗言的小人却从中挑拨离间，他的处境可以说是艰苦的。守信义却被君王怀疑，尽忠诚却被小人诽谤，他能没有怨愤吗？屈原写《离骚》，原来是从怨愤中产生的。屈原的文章很简练，措辞很深曲，所反映的志趣高洁、行为不苟，所引用的词汇虽有些琐碎但用意却极远大，所举的虽多为眼前常见的事例，但所体现的道理却很深远。由于他志趣高洁，所以作品中引用芳香的花草；因为他行为不苟，所以他自甘疏远，从污浊如稀泥浊水的社会中解脱出去，出污泥而不染，保持高洁的品德。屈原的这种高洁的志趣，可与日月相争光。

司马迁受儒家思想影响，但他主张艺术是用以表现情性的，他所抒写的就是这些情性的"实"。这正是他的历史散文区别于徒有形式的赋体文学和其他说理散文而具有深刻美学意义之所在。他的历史散文不仅被人视为历史著作，而且看作是一部文学作品。关键在于他早把自己的感情融化在所表达的历史人物对象之中，他笔下的人物一个个都栩栩如生，为后世的传奇、话本和小说树立了典范。班固对司马迁有些片面的评议，指出其不足。而刘向和杨雄在广泛涉猎了各种书籍之后，称司马迁有卓越的史家的才能，钦服他善于叙述事件和道理，雄辩但不浮华，朴素但不平俗。他的文章文理清晰，含意深远。《史记》是真实的记录。这一时期，有人概括为"史官文化"，其特点是写实性、朴实性、宏伟性和飞动性。

两汉美学思想的基本特征主要表现它的社会化内容。通过殷商以来一千多年的奴隶社会，逐渐建立起自己阶级统治的理论。具体完成这一杰作的是董仲舒。他承继《大学》《中庸》《孝经》的思想，吸收汉代的一些黄老学说，把黄老的阴阳五行概念全部改造成为永恒不变的道德规范，即"阳尊阴卑""五德始终"，把黄老的自然的道，从属于儒家意志的仁，为贵族统治阶层建立永恒的等级秩序。这种兼收并蓄被改造后的经学儒家正统思想，也就成为地主阶级统治中国近两千年的思想。其影响之深远难以估计，在美学领域中所起的作用非同小可。

董仲舒从孟子继承"率性之谓仁"的观点，认为美之源应归于"性"。"仁之美者在于天，天，仁也"，"仁者，人也"，天人是合一的。所以说，美是一种性的本然。这种本然的性是有差别的，"圣人的性"是天生的美，"中人的性"通过教化，施之以"仁"，也是可以美的，"斗筲的性"只有施之以"刑"，才能使之"敬""孝"，或能使之近于美。董仲舒的"三性"正是儒家"性"的阶级性，这里包含着"性善情恶"的观念。圣人的性是自然的性，近于天，是至高、至善、至美的；中人的性近于仁，有性也有情，是社会的性，有善有不善；斗筲的性似乎只有情欲，是动物的性，一定要有严格的规范，从圣人之性中获得移植，也就是教化，才可能具有善性。因此，要实行"圣人"的统治。"诗本性情之发"，这"性情"除了自然的性质之外，还具有阶级的社会性质，即要符合封建统治阶级的要求。

所谓的性情，还有内外与自然或社会的区别。"性"是出之于内的，"情"是缘之于外的。同样以真为美，以美为善。西汉经学家们在"性"与"情"各有美丑上表达了他们对"美的本质"的不同观点。例如，司马迁以屈原的"志洁行廉"因怨而作的"发愤之情"为美，班固则以自然之性为美，杨雄、王充和左思等都有各自的主张。无论是重"言志"，还是贵"言情"，都把美看作是性的参与，是自然的人或人化的自然的结果。"言性"是"写"，要的是自然浑成，追求内心的"和谐"，出现优美的境界；"言情"是"抒"，要的是一吐为快，表现壮美的气势。写"性"，要以物观物，近于物我相忘，相当于王国维的"无我之境"，例如，"采菊东篱下，悠然见南山，寒波澹澹起，白鸟悠悠下"。写"情"，要以我观物，相当于王国维的"有我之境"，例如，"泪眼问花花不语，乱红飞过秋千去"。总之，美是自然性与社会性在"性"上的统一，作为人的本质力量的对象化，它使人"欢气发之于内"，给人带来愉悦之情。

第三节　美的发展

一、变革的美学

魏晋南北朝时期，封建统治者在政治上形成了重门第、重身份的豪族门阀制度。门阀士族地主阶级从上到下以皇帝为首，都过着放纵、豪侈和腐朽的生活。在这种环境下，魏晋文人有的崇尚曲隐，有的诗杂仙心，有的归隐田园。在汉代盛极一时的儒家经学，到了魏晋则呈现出衰弱无力的状态，随之发展起来的是老庄思想被改造之后的玄学。美学思想处在这种变革时期，也逐渐摆脱经学的束缚，朝着新的方向发展，这是我国文化历史继战国时期以后的第二个新的争鸣阶段。

"三曹"的才华和思想是保证这种飞跃的最初政治条件。他们不仅才气横溢，文才高蹈，在"建安七子"中名列前茅，而且在当政时接连下《求贤令》《举士令》《求逸才令》，使"美才"之士均能显其才华。魏文在《典论》中甚至把文章看成是"经国的大业，不朽的盛事"，为了鼓励人们从事这种不朽盛事的创造，《典论》写成之后，他还特地刻石立碑立在庙门外。曹氏父子把文艺从儒家经学的"教化"和东汉迷信的樊篱下解放并独立出来，在美学思想上他们强调的是作家气质才性的作用。《典论·论文》中说："文以气为主，气清浊有体，不可力强而致……"这里的"气"是"性"的自然，是"才"的表现。它反映的是人对自身人格的尊重和对人生执着的追求。这种气是慷慨的，是世积乱离的结果，它充满了矛盾，表现的是激越的意绪，发的是"对酒当歌，人生几何"的慨叹。它在矛盾中激荡、探求，迸发着"烈士暮年，壮心不已"的激情，它的美是阳刚的。

在讲究建功立业"慷慨多气"的建安风骨之后，继起的名士也已否定传统观念和礼俗，发出"抚枕不能寐，振衣独长思""何期百炼钢，化为绕指柔"的政治悲愤。他们的理想大多在门阀世族严酷统治的现实中被撞得粉碎。于是他们只好到大自然的怀抱中去找人生的慰藉和哲理的安息。他们的心思、眼界和兴趣，由环境转向内心，由社会转向自然。正如嵇康所写："目送归鸿，手挥五弦；俯仰自得，游心太玄。"这时，"性"的美由"阳刚"引向"静穆"，引向心灵平衡的怡然之乐。与之相应而发展的就是"以无为本""崇本息末"，以玄学为主的美学观。"无为无不为"说的就是在虚静的"玄无"境界中，实现无遮拦的想象、联想，使人的"性"与物的"情"彻里彻外地融合在一起，这样就使人进入一个美的和谐的境界。

玄学家承认"情"是在物欲的基础上，强调"任自然"而达到内心的平衡，即追求心灵"无哀乐"的平静和纵欲之后能不为情欲所累。所以他们中的大多数都服药炼丹，饮酒任气，高谈老庄，自认为满怀哲意。他们通过"玄想"去追求，又通过"玄想"获满足。所谓"得意忘象"的理论就是在这样的基础上创立起来的。"象"的玄想是为了"意"，意即自得，自可忘象。所谓"得意忘象""得意忘形"，正是描写他们放浪形骸之外的极乐境界。但这个境界是靠玄想获得的，它是虚幻的，只是为了心灵的和谐，只能意会而不能言传，所以又是空灵的，离开了教化的目的，一切艺术都需要达到这种心灵和谐的愉悦境界。因而从另一个角度说，他们的探求是从玄学方面触及美学的某些特征，构成了中国美学传统影响极其深远的特征。其发展结果是，诗歌求言外之意，音乐求弦外之音，绘画求象外之趣，都要求虚中见实。"象"为虚，而"意"为实，形有尽而意无穷。在审美欣赏中，讲究的是曲致、隐秀，追求主观的性情在与客观物象的一刹那契合中，悟出人生的真谛。

陶渊明是受玄学影响较深的诗人，他在《五柳先生传》中说："好读书，不求甚解；每有会意，便欣然忘食。"他的《饮酒》一诗是最好的例子："山气日夕佳，飞鸟相与还，此中有真意，欲辩已忘言。"正是想把自己所"悟"到的说出来，又觉得不好说、不必说，于是用"欲辩已忘言"一语带过，让读者自己去体会。陶渊明把美感归于想象，归于"意"的闲适，只有这样才能从吟诵的诗句中看到图画，也可以从图画中听到声音。据说，李白听蜀僧弹琴，联想到万壑古松，杜甫看刘少府画山水幛，仿佛听到山上的猿声。再如，刘方平的"今夜偏知春气暖，虫声新透绿窗纱"，龚自珍的"落红不是无情物，化作春泥更护花"，都是通过联想使物象"人化""情化"了，并在这过程中获得美感的满足。

在中国美学史上，有一个值得关注的现象：许多诗人墨客非常崇尚莲花。他们借莲花抒发胸臆，比附圣洁，赞赏节操。屈原曾向往"集芙蓉以为裳"；曹植形容它为理想中的洛神；李白借它赞美韦应物的诗如"清水出芙蓉，天然去雕饰"；白居易借它创作了富有情调的《采莲曲》；李商隐在《赠荷花》中更是抒发了自己对荷花的赞美之情："世间花叶不相伦，花入金盆叶作尘；唯有绿荷红菡萏，卷舒开合任天真；此花此叶常相映，翠减红衰愁煞人。"大多诗人都把莲花拟人化,借它来赞颂人世间的伦理美。而我国理学的开山祖师周敦颐在《爱莲说》中把这种伦理美的描写推到了一个高峰。

周敦颐在作品中表明了自己的看法:"爱莲之出淤泥而不染,濯清涟而不妖,中通外直,不蔓不枝,香远益清,亭亭净植,可远观而不可亵玩焉。"他赞扬莲花尽管置身于污泥浊水之中,却不同流合污,始终洁身自好,坚持正道。赞扬莲花美,美在庄重、高洁,毫无妖艳献媚之态。赞扬莲花里外如一,外表的美与内在的美是那么一致,她端庄自持,不旁逸斜出,不攀藤附葛,与地不争丰瘠,与人不争功过。由此使人对她怀有崇敬的心情。观赏她会使人流连忘返,但却不动邪念。这样就把一种理想的伦理美展现在世人面前,这是周敦颐的贡献。不过,把莲花之美引入道德领域,并非周敦颐的首创,而是佛学思想的内容。周敦颐的《爱莲说》在很大程度上是受佛学思想影响的结果。

在古代,莲花象征佛教之花。佛学的重要著作《华严经探玄记》中就以莲花为喻,对于自性清净下了四个定义:如世莲花,在泥不染;如莲花自性开发;如莲花为群蜂所采,比真如为圣所用;如莲花有四德,一香、二净、三柔软、四可爱,所谓常乐我净。在此,莲花的美,莲花的芳香、柔软可爱,也被称为德。这样,就把美学引入了伦理道德的领域,甚至被列入道德规范,让其信徒们以此作为修养的目标或道德理想。这是佛学思想家们的一大创造。周敦颐的思想是道教思想和传统儒家思想的结合体,同时又受到佛教思想的影响。《爱莲说》的写作就同佛说有一定的因缘。这一作品是周敦颐卜居庐山、在"廉溪"筑了书堂之后写的,这座书堂命名为"爱莲书堂"。"廉溪"发源于莲花峰下,水中有莲,庐山曾是晋僧慧远与陶渊明等结莲社的地方,是佛教圣地。当时周敦颐虽在虔州任通判,但已有"退居"之意。在这样的地方和这样的思想情绪下,写出这样的作品,不能不让人产生联想。《爱莲说》中的"莲之出淤泥而不染,濯清涟而不妖,中通外直,不蔓不枝,香远益清,亭亭净植"与《华严经探玄记》

如出一辙。"出淤泥而不染"在哲学上是净染问题，是理学家关于性论中的一个重要问题，与佛学有密切联系。其意是说人性本自清净，但人的欲念会使其污染。怎么办呢？只好寡欲。这样，无欲就会变为圣贤，呈露人性的清净，像圣洁而优美的莲花一样。

周敦颐的《爱莲说》和佛学著作《华严经探玄记》把美引入伦理道德领域，实际上提出了伦理美的思想，对美学和伦理学研究很有价值。借莲花提出了伦理美，在某些方面具有普遍意义，它道出了某种人类共同的伦理美的思想。仔细玩味周敦颐所描写的莲花的品格时，眼前就会浮现出许多像鲁迅、周恩来、高尔基、冼星海一样具有莲花品格的人。其实，古今中外许多具有伟大抱负和强烈事业心的人，都具有这种品格。

二、《文赋》的艺术价值

陆机的《文赋》对创作心理进行了专门的描述和探究。在陆机的笔下，形象思维的活动状态被描写得淋漓尽致。他说："遵四时以叹逝，瞻万物而思纷，悲落叶于劲秋，喜柔条于芳春。心懔懔以怀霜，志眇眇而临云……其始也，皆收视反听，耽思傍讯，精骛八极，心游万仞。其致也，情瞳昽而弥鲜，物昭晰而互进，……观古今于须臾，抚四海于一瞬。"其意是说，顺应四季的变化，感叹岁月的流逝，观望万千事物，思绪纷纷。在萧瑟的秋季哀伤黄叶的飘落，在芳香的春天赞赏柔曼的枝条。哆哆嗦嗦像怀里揣冰霜，渺渺茫茫像登临云绵。……在作文开始时，不看不听，专心致志地思考，从侧面问研究，精神追逐到很远的地方，心思游到很高的地方。在写作快结束时，心思逐步开朗，越来越鲜明，事物也以清晰的形状依次呈现出来，……浏览古今三万年只在须臾之间，巡视五湖四海只在一个瞬间。

刘勰在他研究的基础上完成了我国第一部较完整的美学著作《文心雕

龙》。刘勰专题研究了"神思""风骨""情采""隐秀""时序"等创作规律和审美特征，在《原道》中说："日月叠璧，以垂丽天之象山川焕绮以铺理地之形；此盖道之文也。仰观吐曜，俯察含章，高卑定位，故两仪既生矣，实天地之心。"可解释为：日月像重叠的璧玉，来显示附在天上的形象；山河像锦绣，来展示铺在地上的形象；这大概是大自然的文章。向上看到日星的光耀，向下看到山河的色彩，上、下的位置确定，便产生了天地。这里讲的既是天地的形象，又是人的性灵，通过神与物游，而成为人之文。他认为美就是主客观关系的产物。他肯定自然的美和人性的美，强调自然的美，美于文；人性的美，美于质。刘勰把创作的过程看成是"以心求境"的过程。由于受儒家思想的影响，他认为圣人的性是美的，只有具备圣人的"性"，才能"原道心以敷章，研神理而设教"和"洞性灵之奥区，极文章之骨髓"。他的美学观点可以说是集儒、道、佛三家思想之大成。从《文心雕龙》中可以看到我国美学观点的独特体系，它一直影响于后世作家、艺术家的思想和创作。

第四节　文学高峰

隋统一中国后，重新建立起一个统一的多民族国家，经济空前繁荣。由于隋炀帝昏庸暴虐，广大百姓无法忍受沉重的压榨，走投无路，官逼民反，爆发了农民大起义，很快就推翻了隋政权。接着在中国历史上出现了唐王朝，唐朝建立后，吸取了隋亡的教训，对统治者和百姓的关系认识较为深刻：水能载舟，亦能覆舟。为了巩固统治，开国后采取了许多比较开明的措施，积极发展农业生产，经济很快走向繁荣，呈现出富足的景象。这就为文化艺术的发展繁荣奠定了坚实的基础。这一时期，中外交通发达、对外交流的频繁、印刷术的发明和科学的进步等多种因素，使唐朝成为当时世界上一个先进、文明的国度。唐朝统治者还在文化教育方面采取了一些较开明的措施，在学术、宗教上实行了兼收并蓄的政策，因而促进了艺术上的百花齐放，以及各种流派、风格的形成。唐王朝采取科举制度，规定以诗赋取士，于是形成了重诗文的社会风气。对外贸易和文化交流事业发达，唐朝的音乐、舞蹈和绘画等艺术。在西域、中亚和印度的影响下，得到了空前的发展。诗歌与绘画、诗歌与音乐、说唱与舞蹈，都开始趋向融合。美学领域出现了大交流、大融合的局面。

盛唐时代，"诗仙"李白的诗歌写得清新飘逸，能够代表这一代美学风貌。他"好神仙非慕其轻举"，能凭借奇特的想象，在梦幻中进入神仙世界，他的名篇《梦游天姥吟留别》展示了他所追求的没有权贵、没有黑暗现象的无限美好的境界。他一生漫游无数的名山大川，脚步几乎踏遍中国。浪漫主义的精神，再加上大自然的陶冶，使李白具有豪迈、开朗的胸怀。然而，由于怀才不遇，他在诗作中也流露出"人生得意须尽欢，莫使金樽空对月"这种及时行乐的消极思想，但其思想的主流是昂扬向上的。正如他在《宣州谢朓楼饯别校书叔云》中所写的"俱怀逸兴壮思飞，欲上青天揽明月"，表现出乐观向上、积极进取的精神。"清水出芙蓉，天然去雕饰"是对李白美学思想的高度概括，也是这一时期的美学要求。因为李白所处的是一个开放的时代，他能够使自己的思想不受羁绊，毫无顾忌地勇往直前，具有坦荡的胸襟，雄浑的气魄，也正体现出这一时代的精神美。

韩愈反对佛教提倡儒学。为了复兴儒学，他力求创造一种融会古人词汇语法而又适合于反映现实表达思想的文学语言，力求用这种新颖的文学语言创造一种自然流畅、直言散行的新形式。他主张"言贵独创，词必己生"，这与李白的"性真""质直""反对雕琢"的主张一致。韩愈在文体上提出的改革要求适应了当时的时代需要，他的美学理想与这个时代从性情出发、讲究气势的风气是一致的。韩愈不论为文为诗，都以"气势"为特色，这种气势是他所倡导的新散文运动的"美"的力量之所在。

154

唐朝的现实主义受儒学传统的影响，这个时代的士人多数是外儒内佛。他们大都是在抒发自身的遭遇和官场的不得志时，反映了人民的疾苦。《琵琶行》的作者白居易曾提出"文章合为时而著，歌诗合为事而作"的理论主张，但他后来修仙学佛，以醉吟为乐，修香山寺，号香山居士，反映人世与出世的矛盾；柳宗元的山水诗文，正是这一时代文人入世不得而又出世不能的精神写照。其他文人的创作，如刘禹锡的沉郁苍凉、孟郊的冷露峭风、贾岛的清奇古僻和李贺的诡谲凄恻。尽管风格各不相同，但都在不同程度上以他们的作品触及了当时的社会现实，表现了那个时代带有普遍意义的情感意绪。而山水画盛于此时，也是这一缘故。他们中有的身居山林，危坐终日，纵目四顾，以求其趣；有的醺酣大醉，以墨乱泼，挥毫写字，应心随意。

统治者寻求享乐主要是从歌舞演唱中获得。从西域传来的异国曲调与本土清乐的结合，便形成了唐代的大曲。舞多配乐，或文或武，或豪壮或优雅，都表现出那个时代的氛围。为追求这种世俗性的欢乐，从宫廷到市井，从写"性"的诗歌不断发展为表"情"的词曲。从"斜风细雨不须归"到"明日落红应满径"从"春来江水绿如蓝，能不忆江南"到"斜晖脉脉水悠悠，肠断白蘋洲"，从悠闲到感伤、从惜春到断肠，情越写越深，意越写越沉。浑厚、宽大的诗境被纤细、新巧的"词境"所取代。词清丽多彩、深情委婉，词境的转变是曲折尽情，美妙多姿的，既有抑扬顿挫的音律美，又有浓厚的诗情画意。与诗相比，它表达出更浓厚、更细腻的主观感情色彩，是"有我之境"的最好传达。

随着社会的动荡，社会关系和阶级矛盾的复杂化，促使市井艺术以说唱的形式来呈现人世间的悲欢离合。于是出现了唐代的传奇小说。生活的荣辱得失和变幻不定，为小说作者提供了现实的基础；从"志怪小说"中又借鉴了创作的经验，因而在情节、结构、语言和人物塑造等方面都有不同的开辟和创造，呈现出情致婉曲、文采华茂的特色。当时不仅达官显贵嗜爱传奇小说，知识分子也以此作为进身之台阶。由于一些有影响的诗人名士亲自执笔，更加促进了传奇小说从精简逐渐向精美的方向发展。这类作品，有反对包办婚姻、反对门阀等级和表现爱情忠贞的《李娃传》《柳毅传》；有揭露热衷功名、玩弄女性的知识分子《莺莺传》《霍小玉传》；还有通过幻梦实写人生的《南柯太守传》《搜神记》等。这些作品均继承了《史记》以来的现实主义传统，尽管有的充满了"人世沧桑、荣华易尽"的悲凉之感，有的给"风尘侠客"带上一层神秘的色彩，但都是对封建统治阶级荒唐离奇生活的真实揭露，并借"游侠之风"寄托人们对不平世态的愤懑之情。这些故事几乎成为后代小说家、戏剧家汲取题材的宝库，对宋元的杂剧和明清的文言或白话小说产生了一定的影响。

唐末五代美学思想的遗风，在宋初获得进一步发展。统治者接受了唐和五代灭亡的教训，通过加强中央集权，权力达到高度集中在统治者所建立的中央朝廷。统治者把儒家经学吸收佛道后的理学思想作为"道统"加以继承，用它来巩固人事的伦理，强调道学与人学同出一源，使美的哲学成为古文家论道的探讨中心。"性理之学"成为继佛学之后影响于赵宋以后美学思想最深的哲学思潮。柳开是宋代复古运动的首倡者，他推崇孔子、孟子、杨雄和韩愈的文章，因为这些大家都以教化为目的，都以讲求气势为理想。苏轼的议论文以其说理透辟、辩丽恣肆，成为继承韩愈的典范。宋代的话本从俗讲、变文的形式上获得启发，对人物或事件进行细致描写时，用韵文来写景状物，起到了渲染烘托、承上启下的作用，它对戏剧和杂剧的形式产生了一定的影响。长篇的"讲史"借叙述朝代的兴衰，通过细节的渲染，揭露统治阶级的腐朽，痛斥他们屈辱求和的卖国行为，歌颂保卫祖国的英雄，表现对人民苦难的同情，它成为元明以后长篇小说的先导。

苏轼是士人的代表，他想做一个风节凛然、有所作为的儒者。他曾提出革新弊政，最后却成为变法的反对派，曾多次遭贬。曲折的生涯使他酷爱陶渊明，热衷于道教的养生术，追求老庄的隐逸生活。他不仅以禅语入诗，而且以参禅喻诗，强调诗要有禅趣。其实，他一方面对政治未能忘情，另一方面以佛老思想作为逆境中自我排遣的精神支柱。他的词在超然物外的旷达大度中仍能坚持其对人生和对美好事物的执着，表现为"大江东去"的豪放；同时又透露出消极逃避、无可奈何的感伤，"人生如梦，一樽还酹江月"表现的正是这份沉重的情怀。尽管如此，他的词豪放中所透露出的深沉，对封建社会秩序还是具有一定的破坏作用的。他所创立的豪放词风对南宋爱国词人辛弃疾产生了直接的影响。在美学上追求质朴无华、平淡自然的情趣韵味，达到了一定的哲理高度，被以后的诗家所崇尚，同时也影响到了山水画家。

明朝公安派的袁宏道把苏轼奉为"诗神"。有专家学者评论说，苏轼积极追求人生理想而又逃避社会、厌弃世间的生活态度，以及他的美学理想和审美趣味，几乎成为后代感伤主义思潮的先驱。正是在这种感伤主义思潮的影响下，人们因建功立业不得转而寄情于山水，在绘画上找到了情感的归宿。绘画的创作由于统治者的提倡，审美风格与审美理想也由神佛雕刻具体人事、仕女牛马转向山水花鸟、自然美景上来。大部分士大夫在经历了官场变幻不定的失意后，为了迎合皇帝，赢得"高士"的雅号，便执笔挥毫，从山水花鸟中发现可供寄情托性、愉悦陶醉的美的世界。在物质欲望满足的前提下，发现了一个理想化了的牧歌式的生活和自然图景，以此寄托空虚、失望、迷惘、孤寂的情感。这是城市经济兴起之后，他们深知人事的错综复杂矛盾，历经喧闹欢歌之余，转向宁静的自然，找到心灵的栖息地。他们唱的是牧歌短笛之曲调，写的是疏林晚照溪山意，画的是封建乡村的理想图。希望自身能与自然融为一体，以摆脱人事的羁绊，表现了他们对人生认识清醒后的疲倦。他们谈禅而不信佛，离世而不出世，隐逸而又居官，空虚而不死灭。宋代的山水画反映的是世俗居士开始走向没落的情感和意绪。

宋代的诗词深受道学家思想的影响，是禅宗道化、道儒互补的产物。这一时代的诗词表现为"无我之境"，物我浑然一体，分不清何者为物，何者为我，自然和人达到了高度的和谐。柳宗元的"千山鸟飞绝，万径人踪灭。孤舟蓑笠翁，独钓寒江雪"；陶渊明的"采菊东篱下，悠然见南山"；苏轼的"荷尽已无擎雨盖，菊残唯有傲霜枝"这些作品都是既写景又写性的诗词，性在景中，诗人处于忘情的状态，纯为山水所陶醉，竟到了"忘我"的程度。画面有限，诗情无限。有的作品是作为纯客观的描写，表达出自然对象的生命，使自己的性情融合于对象之中而不自觉，进而获得审美的快感。比如，苏轼在《饮湖上初晴后雨》诗中写道："水光潋滟晴方好，山色空蒙雨亦奇。欲把西湖比西子，淡妆浓抹总相宜。"还有《惠崇春江晚景》中写道的："竹外桃花三两枝，春江水暖鸭先知。蒌蒿满地芦芽短，正是河豚欲上时。"有的则与此不同，要求文学创作自觉地去捕捉和创造那难以形容却动人心魄的情感、意趣、心绪和韵味。这种情感和意绪的抒发、表现，只是由于韵味的蕴藉，才使人产生"近而不浮，远而不尽"的感觉。这种写意多于写景，以"象外之象""景外之景"的"韵外之致"来抒发内在的兴趣、情蕴、意象，属于以表现为特征的"无我之境"，其高妙的"自然"比较多地偏于人的"情性"。例如，苏舜钦的《淮中晚泊犊头》中的抒描："春阴垂野草青青，时有幽花一树明。晚泊孤舟古祠下，满川风雨看潮生。"既写性又写情，从"幽""阴""风雨"这些词语中能感受到其孤寂之意。作者能从极有限的场景、对象、体裁和布局中，写出"性"，又抒发了极为含蓄蕴藉的甚至只知其妙而又无法言说其所以为妙的"意趣""心绪"，把人们的审美感受中的想象、情感、理解等因素引向更为确定的方向。这里更多是主观情感、观念的直接表露，由有限到无限，从画面引发诗情。可谓虚实相生，无画处构成妙境，"此时无声胜有声"，这种以少胜多、以虚胜实的手法，表现了中国艺术的一个重要特色。

在民族矛盾和阶级矛盾日益尖锐、封建王朝走向没落的乱世，艺术的境界不可能只是像士大夫那样"自适""写性"，必然要把激荡在心中的情感诉诸笔端，把艺术作为表情达意的工具。长短句以其发自肺腑的情感、讲究的音律、独特的气势而走向高潮，它表现的是以写情为主的"有我之境"。例如，苏轼的"明月几时有？把酒问青天"，"大江东去，浪淘尽，千古风流人物"；陆游的"壮心未与年俱去，死去犹能做鬼雄"，"胡未灭，鬓先秋。泪空流。此生谁料，心在天山，身老沧州"；秦观的"柔情似水，佳期如梦"，"自在飞花轻似梦，无边雨丝细如愁"；李清照的"寻寻觅觅，冷冷清清，凄凄惨惨戚戚"，"莫道不销魂，帘卷西风，人比黄花瘦"。这些作品无论是豪放的还是婉约的，强调和重视的都是意兴和情绪，是"有我之境"的最好表达。

在社会发生急剧变化的时期，在杂居的社会中，人们的内心受到强烈的冲击，彷徨苦闷、抑郁怅惘，胸中激荡之情必然要通过最恰当的方式表现出来。散曲就是继诗词之后来自民间又非民间的一种新的艺术表达形式，它具有地方色彩和民间风格。元杂剧在当时成为直抒胸臆、表露心声的最好形式。时代的氛围，生活的境遇已使这些文人作者不能像前代诗人那样蕴藉典雅，他们多数以哀婉凄怆的笔调，描绘萧瑟、苍茫、荒凉的江山和悲苦、阴暗、失望的世俗，抒写民族压迫和封建社会走向没落时人们胸中的愤懑与不平。例如，马致远的《天净沙·秋思》："枯藤老树昏鸦，小桥流水人家，古道西风瘦马。夕阳西下，断肠人在天涯。"张养浩的《山坡羊·潼关怀古》："峰峦如聚，波涛如怒，山河表里潼关路。望西都，意踌躇，伤心秦汉经行处，宫阙万间都做了土。兴，百姓苦；亡，百姓苦。"这里都流露出作者对人生的怀疑、惆怅和否定的情感，具有消极感伤的浪漫主义色彩。

元代统治者十分爱好戏曲，杂剧成为这一历史时期成就最大的艺术。但蒙古统治者特别轻视文人，把人分为十等，"九儒、十丐"，文人被贬为最低下的地位，并杜绝科举，使读书人失去进身的机会；加之种族的歧视迫害，使很多人悲观失望，有的消极颓废，有的倾向于百姓，投身于杂剧创作，成为下层人民的代言人。创作反映时代。王若虚认为："哀乐之真，发乎性情，此诗之正理也。"只有从肺腑中流露出来的诗篇，才可能臻于浑然天成，才可能出现理想的美的境界。由于这些文人地位低下，在审美观上与广大人民群众相接近，作品中能够反映出被压迫者的思想感情和生活愿望。关汉卿的《窦娥冤》，发出"官吏无心正法，百姓有口难言"的控诉；王实甫的《西厢记》让崔莺莺摆脱封建意识的束缚，从怯弱和顾虑中解放出来；马致远的《汉宫秋》借王昭君的悲剧，表现了汉族受侵略的悲惨命运；白朴的《墙头马上》，借私奔宣扬男女自由结合的合理性。在元杂剧中，最有代表性的是《窦娥冤》，在窦娥被绑赴法场的路上那一段唱词："……为善的受贫穷更短命，造恶的享富贵又寿延。天地也！做得个怕硬欺软，却原来也这般顺水推船！地也，你不分好歹何为地！天也！你错堪贤愚枉做天！哎！只落得两泪涟涟。"窦娥的满腔悲愤其实就是作者关汉卿的心中堡垒，关汉卿借窦娥之口喊出了自己胸中的郁闷之情。此时的作品大都表现的是人间悲剧。在美与丑、善与恶的搏斗中始终贯穿着一种磅礴、昂扬的正义精神，渗透着作者炽烈、深沉的感情，展示的是一种悲剧的壮烈美。这悲剧正是那个时代的真实写照。现实主义和浪漫主义借杂剧这一戏曲形式获得了很好的统一，这时美作为一种理想的概念，已具有极鲜明的民族特性与阶级内容。

元杂剧，以及之后的南戏，作为戏曲综合艺术，是从宋、金以前诸多杂项技艺的混合演出中分化出来所形成的一种歌舞结合、唱白相间的表演艺术。它受到了一些传统艺术的影响，经历了一个兼收并蓄、广征博取的过程。由于受说唱艺术的深刻影响，杂剧和南戏在演出形式、结构方法和表现手法等方面，都具有说唱艺术的特征。它使中国戏剧的传统在时空的处理上极为灵活自由，把说唱艺术中叙述故事的方法演变为一种舞台表演的形式。可借出场人物的依次更换，以显示戏剧环境已多次变迁；可借三言两语，一带而过，以显示时间的发展；可借形体动作或歌舞队形的变化，通过幕启幕落的方式，使有限的舞台空间在瞬息间转化出各种不同的情境。这种在时空处理上的灵活性，在戏剧结构和表演形式上，创造出一系列中国戏剧艺术所独具的美学特色。其中虚实结合的舞台处理手法最为突出。凡是在舞台上不可能、也不必要如实出现的事物，都可通过演员的表演活动来创造一定的舞台气氛，让观众在想象中展开广阔的意境，获得想象的空间和审美的愉悦。虚实结合的手法是中国戏曲传统中最具有独特意义的地方。

元杂剧在接受各种传统艺术表现手段时，总是把它们作为既成的形式加以继承，久而久之便趋于公式化，形成了诸如上场念诗、自报家门等各种各样的较为固定的舞台程式。这些程式的形成，经历了一个由不成熟到逐步成熟的发展过程。杂剧全剧四折，四折中变换四种宫调，这又反映了诸宫调的影响。宋、金以来，北方民歌创作旺盛，既有汉族的，又有其他少数民族的。具有语言生动、形式活泼的特点，对北曲产生深刻的影响。元代后期，南戏在接受北杂剧影响后，又在南戏中形成了南北合套。其特点是一支北曲，一支南曲，依次交替出现，合成一套。戏剧的程式化还具体表现在角色分类、打扮和脸谱等方面。杂剧演员逐渐走向专业化，为后世戏曲各行角色进一步的专业分工孕育了条件。涂面化妆使人物性格更加鲜明。为了观看起来更加美观，表演者需要穿"绘画之服"，戏衣的色彩鲜明，身份不同，所画的戏衣图案也有很大区别。戏衣是从历史和现实生活中采集式样，加工制作而成，上面画的是云龙、云鹤、红花、绿叶等纹饰。中国的戏曲服装不是写实的，具有很强的程式性，同脸谱一样，深受民间说唱艺术的影响。这一时期的杂剧和南戏，奠定了整个戏曲舞台艺术的基本发展道路。由此可见，中华民族特色的戏曲形式美，是通过长期的实践、高度提炼以后的美的精华。它熔传统的说唱、表演、音乐、舞蹈等各类艺术形式的美于一炉。作为一门综合艺术，它把中国文艺的抒情特性和新的艺术的本质，发展到一个空前的境地，富有变化的唱腔，千回百转，令人陶醉；衣带缭绕的姿态，轻盈美妙的步态，形如浮云，体现出线的艺术，把静态形式的美转化为唱、念、做、打的动态美，并把它推到了炉火纯青、无与伦比的典范高度。它从历史中汲取精华，从民间吸收养分，通过地区间不断的交融，继续获得创新，不断向前发展着，因而成为所有艺术中色彩最丰富、民族形式特色最鲜明的中国艺术。

第七章　文学源流

第一节　文学的产生

　　春秋时期各国都有史书，其中以鲁国的《春秋》为代表。春秋末年，还出现了《左传》和《国语》，继承、发扬了《春秋》的现实主义精神和表现手法。《左传》记述史实、刻画形象，以极为高超的表现技巧将中国叙事文推向成熟，成为先秦史传散文的顶峰之作。《国语》以记言辞为主，言辞典雅、精练，通过人物语言描绘情节和人物形象，有较高的文学成就，为后世所推崇。春秋时期，说理散文得到长足发展，出现了《论语》《墨子》和韵散结合的《老子》；《论语》是先秦礼乐德治思想最集中的体现，表达了孔子对现实热切的关怀，它所昭示的儒家思想，成为中国传统文化的基石。其文约旨博，言简意赅，极有韵味。而《墨子》则以小生产者的视角，倡导一种平等、简朴、和平、宗教型的社会生活方式。它发展了文章的逻辑性，文风朴实无华。《老子》针对社会存在的混乱和罪恶，提出了"无为而治"的政治理想，表达了对现实的反省和批判，在中国文化史上产生巨大影响。其文韵散相间，自然变化，不拘一格，很有特色。

　　战国时代是我国历史上的一次重大变革。随着周朝的衰微，礼乐制度预然崩溃，各学派的代表人物，出于对社会的责任感和对人生的关怀，著书立说、阐述政见、互相论辩，形成了"百家争鸣"的局面。各个学派从不同的视角，分别探讨了自然、社会、政治、人生、学理等问题。其中影响较大的是儒家的孟轲与荀卿、道家的庄周、法家的韩非和一些纵横家。他们主张各异，但都具有战国时代特有的文化气质。他们能立足现实，很少提及春秋时流行的"天命"等思想。他们不再盲目认同某种既定的秩序，自觉创作精神大为增强。由于诸子的生活经历、文化教养、政治观点、所处环境等不同，文学观念也不尽相同，文章表现出不同的风貌，文学风格便呈现出"百花齐放"的景象。孟子深切关怀社会现实，救世心切，使命感和道义感使他具有强大的人格力量，因而为人为文都极具气势。《孟子》文风至大至刚，又饶有趣味。《荀子》善于譬喻，长于铺排，文风浑厚。庄子为了表达对社会现实的嘲讽，表达玄妙精微的思想，创造性地运用了寓言等文学手法，使文章充满了奇思逸想。韩非子蔑视传统的礼乐德治思想，对现实政治有深刻的认识，其文峻峭犀利，淋漓酣畅。纵横家是战国时代最活跃的政治力量，他们中的大多数人积极参加诸侯国的政治、军事和外交活动，充分运用排比、夸张、寓言、用韵等各种文学手法，使其语言具有煽动性。《战国策》呈现出奇谲恣肆、姿态万方的特色。除诸子外，屈原更是大放异彩；屈原身遭贬谪，报国无门，满腔悲愤，发为诗赋。屈赋句式参差错落，辞藻奇伟瑰丽，想象丰富奔放，表现了屈原美好的政治理想和高尚的人格情操。总之，战国时期"百家争鸣"的局面促进了文学的繁荣。

秦始皇统一中国，结束了诸侯纷争的局面，使文学进入了一个新的阶段。然而，中央集权国家建立后，实行极端的文化专制政策，并没有给文学的发展带来生机。由于秦朝存在的时间较短，流传下来的文学作品为数不多。由吕不韦的门客集体撰写的《吕氏春秋》这部著作，体系还较完整，反映了战国末年即将实现统一的历史趋势。李斯是秦代唯一有作品流传下来的文人，他的作品《谏逐客书》纵横议论、逻辑性强、铺陈排比，富有文采。秦汉时期的文学具有不同于先秦文学的新特点，主要表现为创作主体处境的变化。战国时游说于各国之间的人士，聚集到皇帝或诸侯王周围，形成了若干作家群体，他们以歌功颂德或讽喻谏言为己任，成为言语侍从之臣。他们也因而成为汉赋这种新兴文体的作者。

　　两汉是中国历史上的昌盛时期。汉代统治者吸取了秦朝灭亡的教训，在文化政策上有较大的调整，采取了一系列有利于文学发展的措施，因此在国力增强、社会进步的时代氛围中，文学出现了蓬勃发展的势头。文坛在经历了秦代和汉初的沉寂之后，到西汉文帝和景帝时期再度形成了作家群，而且人才辈出。汉代的官学和私学都以讲授儒家经典五经为主，其中就有《诗经》这部文学作品。在诵读的过程中，师生自然都会受到文学的熏陶，提高文学素养。而且汉代士人阅读范围很广泛，解读辞赋成为风尚。到东汉时期，人们诵读辞赋的兴趣依然很浓厚。诵读辞赋成为一种高雅的活动，是士人文化素养的标志。有许多人从诵读开始走上了文学创作的道路。解读辞赋的社会风尚培养出一代又一代的作家。

　　汉代文学呈现出多元化的发展趋势。汉代大一统的政治局面，同时影响着汉代文学的创作，汉代文学追求以大为美、铺张扬厉。经济的繁荣、国力的强盛和疆域的扩大，使作家充满了喜悦和豪迈的情怀，在文学创作上视野开阔，运笔洒脱，艺术地再现自己所观照的万事万物。司马迁和司马相如处于不同的创作领域，却有着基本相同的主张，追求恢宏的气势和广大的容量。汉王朝处于历史的上升时期，文人普遍具有朝气蓬勃的进取精神，胸怀强烈的建功立业的愿望，追求人生的不朽。为了实现人生理想，他们可以忍辱负重、赴汤蹈火，甚至牺牲生命。因此，汉代的文学作品中贯穿着积极向上的精神，保持着激扬高昂的格调。西汉王朝是在秦灭亡后，经历短暂的楚汉相争而建立起来的。汉初文学的重要内容就是批判秦朝的暴政、总结其迅速灭亡的教训和对历史进行深刻的反思。例如，贾谊的政论、司马相如的《哀二世赋》、司马迁的《史记》等。从西汉末年起，在文人队伍中追求人格独立的精神开始萌生，杨雄、班固、张衡等都尽力摆脱侍从文人和幕僚文人的依附性，努力按照自己的思想从事创作。汉代文人经历了一段屈从、依附之后，又向个性独立回归。汉代文学从一开始就具有浓郁的浪漫色彩，进入东汉以后，其浪漫色彩逐渐减弱，理性精神日益增强。道教的兴起和佛教的传入，并没有动摇和削弱东汉文学的现实性特点，并且在辞赋创作中出现了许多现实性很强的作品，如班彪的《北征赋》、班昭的《东征赋》等。汉代文学的民间创作和文人创作都呈现出兴旺的景象。但由于受到"罢黜百家，独尊儒术"的政策的影响，汉代文学失去了先秦文学的生动活泼与多姿多彩，形成了凝重呆板的风格。然而，这时的诗歌创作却有了深刻的变化，出现了具有活力的汉代乐府民歌。它开始是在民间流行，继而在文人中显示出不可抗拒的力量。可以说，汉代是中国诗歌史上一个极其重要的时代，因为在这一时代出现了历久不衰的五七言体，使中国诗歌呈现出一种崭新的姿态。

中古时期从魏晋开始，经过南北朝、隋唐五代、宋元，到明朝中叶为止。中国文学各种因素都在这个时期具备并走向成熟：从魏晋开始中国文学进入了自觉时代，并在南北朝完成了这个自觉蜕变的过程；文学语言由深奥转向浅近，发生了划时代的变化；诗、词、曲三种重要的文学体裁，分别在唐、宋、元三朝达到了高峰；文言小说在魏晋南北朝已初具规模，在唐代达到成熟；白话短篇小说在宋元两代已经相当繁荣，白话长篇小说在元末明初已出现了《三国志演义》《水浒传》等作品；文学传媒出现了印刷出版、讲唱、舞台表演等各种新的形式；文学创作的主体和对象包括了宫廷、士林、市井、乡村等各个层面。

第二节　文学的发展

一、魏晋至唐中叶的文学

这一阶段是五七言古体诗的繁荣、发展兴盛并达到鼎盛的阶段，也是五七言近体诗兴起、定型并达到鼎盛的阶段。诗占据着文坛的主导地位。文向诗靠拢，出现了诗化的骈文；赋向诗靠拢，出现了骈赋。诗歌的创作从"三曹""七子"开始，中间有陶渊明、谢灵运、庾信、"四杰"、陈子昂，然后到王维、孟浩然、高适、岑参、李白、杜甫，诗歌创作呈现出一个清晰而完整的轮廓。"建安风骨"和"盛唐气象"这两个诗歌的范式，先后在这个阶段的开始和结尾确立起来。这是一个文学创作趋于个性化的阶段，作家独特的人格与风格得以充分展现。陶渊明、李白、杜甫等均取得了出色的艺术成就，而且都带有鲜明的个性。宫廷在这个阶段的文学创作中起着核心的作用。以宫廷为中心形成若干文学集团，集团内部成员之间相互切磋，提高了文学的技巧。在这个阶段，玄学和佛学渗入文学，使文学呈现出多姿多彩的新面貌。在儒家提倡的文学的教化作用之外，玄学家还提倡真和自然，已成为作家的美学追求。佛教的关于真与空、心性、境界等观念，也促进了文学观念的多样化。

魏晋南北朝文学是从汉末建安开始的。这时的汉朝已名存实亡，政权掌握在曹操手中。在这期间，文学发生了重要变化，出现了许多影响后代的新因素。建安文学包括建安年间和魏朝前期的文学，这时，居于文坛中心地位的是曹氏父子，周围聚集了一大批文学家。他们具有政治理想、政治抱负、务实的精神，还具有通脱的态度、应变的能力，不拘守于儒学，在创作上表现出鲜明的个性，高扬政治理想、反映动乱年代、哀叹人生短暂、悲剧色彩浓郁，形成"建安风骨"的风格。

魏晋易代之时，司马氏掌握了大权，屠杀异己形成恐怖局面。此时是魏晋玄学的开创期，文学的主要代表是两位玄学家：嵇康和阮籍。他们崇尚自然，作品揭露礼教的虚伪，表现出政治高压下的苦闷和抗争。西晋武帝太康前后，即 280 至 289 年，文坛呈现出繁荣的局面。在诗歌创作方面，太康诗风虽然丧失了建安诗歌的风力，但在语言的运用上做了许多有益的探索。西晋灭亡后，在南方经历了五个朝代：东晋、宋、齐、梁、陈；在北方经历了十六国和北朝许多的变动，北周平北齐，隋取代北周并平定了南方的陈，最后统一全国，结束了 272 年的分裂局面。东晋南北朝文学就是在这样一个战乱频仍、南北分裂、朝代更迭的大背景下发展的。西晋末年，在士族谈论玄言的风气下产生了玄言诗。到东晋，玄佛合流，更助长了玄言诗的发展，它活跃在东晋诗坛上长达百年。

宋初由玄言诗转向山水诗，谢灵运是第一个大力写山水诗的诗人。山水诗扩大了诗歌的创作题材，丰富了诗歌的表现技巧，是中国诗歌史上的一大进步。在晋宋易代之际，出现了陶渊明这位伟大的诗人。他能在日常生活中发掘出诗意，开创了田园诗派，并将汉魏古朴的诗风带入更纯熟的境地，将自然提升为美的至境。陶渊明的诗歌创作对后来文学的发展产生了巨大的影响。晋宋之间的文学，更追求艺术形式的华美。宋代的鲍照在七言乐府上有所突破，南北朝民歌给诗坛带来了清新的气息。齐梁两代，诗体发生了重大变革，周科发现汉语的四声，沈约将四声运用到诗歌的声律上，与谢朓、王融共同创立了"永明体"，力图建立比较严格的、声调和谐的诗歌格律，同时在用事、辞藻、对偶等方面，也做了许多有益的探索，为唐朝近体诗的形成做了必要的准备。"永明体"成为古体诗向近体诗过渡的一种重要形式。梁陈两代，皇帝和太子周围聚集了一批文人，形成了文学集团，从而使文学在一段时间内呈现出一种群体性的风格创作活动的群体参与，一方面导致取材和风格的趋同性，另一方面在相互切磋中可以提高技艺。浮靡轻艳的宫体诗成为这时诗歌创作的主流。南北对峙和文化发展的不平衡，导致南北文风的差异：南方清绮，北方质朴。这一特点在南北朝民歌中有突出的表现。隋统一中国后，南北文化的交流扩大并深入，到盛唐时出现了一个新高峰。

二、唐中叶至南宋末的文学

第二阶段是从唐朝中叶开始的。以天宝末年"安史之乱"的爆发为起点，到南宋灭亡为止。这一阶段文学发生了很大变化。韩愈、柳宗元提倡的古文引起了文学语言和文体的改革；宋代的欧阳修等人承接着韩、柳的主张，完成了这次改革。由"唐宋八大家"共同实现的改革，确定了以后文学模式，在中国文学史上影响相当深远。在经历了盛唐之后，诗歌创作面临着"盛极难继"的局面，诗人在不断地探索，寻找新的创作视角。经过中晚唐诗人白居易、韩愈、李贺、李商隐等的努力，到宋代终于有所突破。中晚唐诗人注重日常生活的描写，诗歌创作中与日常生活相关的人文意象明显增多，这到宋代已成为普遍的风气。杜甫、白居易开创的反映民生疾苦、积极参与政治的传统和深沉的忧患意识，在晚唐曾一度减弱，到了宋代又普遍得到加强。宋代文学出现了新趋势：诗人与学者身份合一，议论成分增加，化俗为雅的美学追求明显。在诗歌创作上，黄庭坚与江西诗派很有代表性。苏轼、杨万里、范成大和陆游等也有各自的特色。唐中叶以后，曲子词迅速兴盛起来，经过五代词人温庭筠、李煜等人，到宋代出现了壮观的景象，并成为宋代文学的代表。当时涌现出许多著名词家，例如，柳永、苏轼、周邦彦、李清照、辛弃疾、姜夔等。唐中叶以后，传奇开始兴盛，它标志着中国小说进入了成熟阶段。在城市文化的大背景下，唐代"市人小说"的兴起和宋代"说话"的兴盛，是这个阶段文学的新发展。

　　唐朝文学的繁荣，与当时的社会发展存在着密切关系。唐朝强大的国势延续一百多年，直至唐玄宗开元、天宝年间而达到高峰。唐朝建立不久，经济就得以恢复，并迅速发展。国力的强大为文化发展创造了极为有利的环境。而且，唐初统治者对外来文化采取兼容的政策。中外文化的交融在社会上形成一种开放的风气，这对文学的创作具有非常重要的意义。唐代士人对人生普遍持有一种积极进取的态度，国力的日渐强大，为士人展开了宽广的人生之路。除科举之外，还有多种入仕的途径，为寒门士人提供了更多的机会。一批寒门士人进入文坛，使文学走向市井，走向边塞，这对文学的发展具有重大的意义。唐代士人有着恢宏的胸襟和抱负，具有高昂的进取精神。其中不少人往往是自信与狂傲集于一身，例如，李白、杜甫、王翰、高适、岑参、王昌龄、陈子昂等。唐代士人具有非常强的功名心，到晚唐才有所减弱，"安史之乱"之后虽然有所变化，但总趋势并没有改变。这种积极进取的精神，在文学创作中的表现则是昂扬的情调。

宋代文学基本上是沿着中唐以来的方向发展的。韩愈等人发动的古文运动，在唐末五代一度沉寂之后，到宋代得到了作家的积极响应。在创作中，他们将道统与文统结合起来，使宋代的古文成为具有很强的政治功能并且又具有实用性的文体。诗歌创作注重反映社会现实，题材、风格趋于通俗化，最终形成与唐诗迥异的宋诗。词作为一种新诗体出现了，在宋代，词达到了创作的巅峰。戏弄、说话等通俗文艺也得到迅速发展，逐渐形成了以话本、诸宫调、杂剧、南戏等戏剧样式为代表的通俗叙事文学。从此改变了以往轻视通俗文学的局面，为元明清小说和戏曲的发展奠定了基础。

北宋建立后，对佛教采取了保护、鼓励的措施。在晚唐五代曾经受到打击的各种佛教宗派也重新兴盛起来。由于宋代儒、释、道三种思想都注重从外部事功向注重内心修养转变，因而更有利于在思想的层面上达到有机的融合。北宋中叶，三教合一已成为一种思潮。这种思潮使宋代士大夫的性格显得很独特。宋代士人都有参政的热情，经科举考试而入仕是多数人的人生追求。他们勇于承担社会责任和追求个性自由，而且已把自我人格修养的完善看成是人生的最高目标，一切事功只不过是人格修养的外部表现。他们更多的是向内心寻求个体生命的意义，去追求道德自律的自由。他们还具有很强的传统观念和集体意识，人生态度倾向于理智、平和与淡泊，他们处世更加冷静、理性和脚踏实地。宋代的诗文以平淡美为艺术的极境。宋代文人的审美情趣发生了很大变化。审美情趣的转变，促成了宋代文学从严于雅俗之辨转为以俗为雅。这在诗歌创作中表现得最明显。苏轼、黄庭坚、梅尧臣等都主张"以俗为雅"，这更扩大了诗歌的题材范围，增强了诗歌的表现手段，使得审美视野变得更加广阔。

宋代文学取得了辉煌的成就,在中国文学史上占有重要的地位。宋代作家吸取了唐代古文的经验和教训,使古文更加健康地发展。宋代散文文体也出现了多样化的趋势。在宋代散文中,叙事、议论和抒情功能更加完善,而且融为一体,使散文的使用价值和审美价值更好地结合起来。王安石、曾巩、欧阳修、苏轼等在这方面做得非常出色,出现了《秋声赋》《赤壁赋》等散文名篇。宋代散文的风格丰富多彩,大家们各具独特的风格。从总体上看,简洁明快,呈现出新的艺术境界。宋诗的发展是以唐诗为参照的,宋诗是宋人对生活的深沉思考的文学表现,显得温和、平淡,对后代诗歌也产生了深远的影响。宋词流派众多,名家辈出。这时,词的艺术手段日益成熟;在题材内容和风格方面,开拓了广阔领域。有咏物词、咏史词、田园词和送别词等。无论题材还是风格,后代词人都难以超越。在宋代以后,词并没有完全衰退,直到清代,还呈现出中兴的态势。在两宋时期的北方中国,文学也取得了较高的成就。

三、元初至明中叶的文学

第三阶段从元代开始,延续到明代中叶。元朝是我国历史上第一个由少数民族的统治者建立的统一政权。对汉族地区的占据和统治,具有民族掠夺性质。在政治上,元朝统治者始终奉行民族压迫政策,把国民分为蒙古、色目、汉人和南人四个等级。政府中的军政大权,由蒙古人独揽。由于存在民族对立情绪,阶级压迫深重、官吏的腐败,导致社会动荡不安。元杂剧中的不少作品,都描写贪官污吏对人民的压迫,透露出愤激昂扬的情绪。

元代的历史虽比较短暂,但在中国文学的发展过程中,元代文学却具有划时代的意义。从元代开始,叙事文学第一次占据了文坛的主导地位。作家同下层人民关系更加密切,文学创作赢得了更多的观众和读者,在当时的社会上产生了更加广泛的影响。元代文学以戏曲和散曲为代表，以大都为中心的杂剧和以温州为中心的南戏，共同创造了元代文学的辉煌。这一时期，文学的对象更多地从案头的读者转向勾栏瓦舍里的观众。儒生社会地位的降低，使他们走向社会下层，从事通俗文学的创作，于是出现了关汉卿、王实甫、马致远等一大批不同于正统文人的作家。元代文坛无论是叙事性还是抒情性的文学创作，都体现出自然酣畅之美。

明代文学的发展有曲折、有突进，呈现出一种波浪形的态势。元明之际，社会的动荡，导致人心思治、崇拜英雄的思潮的出现。与此同时，涌现出一批精神上比较解放并富有时代使命的文人。文学作品中蕴含着崇尚雄健的阳刚之美，浸透着作家深沉的忧患意识。在文学创作领域，呈现出一时的繁华景象：《三国演义》和《水浒传》的编著，南戏的中兴，出现了宋濂、刘基、高启等诗文作家。但这种势头很快就遭到阻遏。明初经济的复苏，生活得相对安定，消除了士人的忧患意识；思想文化上的专制主义和特务统治，增添了创作上的不安全感。这时的知识分子欣赏的是一种平稳和谐、雍容典雅的美，于是，"台阁体"诗歌和讴歌富贵、神仙和道德的戏剧开始出现，文学创作走向御用化、贵族化。明代中叶，随着城市商业经济的繁荣，市民阶层开始壮大，统治集团的日益腐朽，思想控制的松动等，这些因素使文学逐渐走出了沉寂枯滞的局面。

明代流行的传奇，是对元曲的继承和发展。元末明初，出现了两部长篇白话小说：《三国演义》和《水浒传》，它们的出现，预示着一个长篇小说创作的时代的到来。《三国演义》是我国第一部长篇章回小说，也是历史演义小说的开山之作。"历史演义"顾名思义：就是用通俗的语言，将以争战兴废和朝代更替为基础的历史题材，组织编写成为完整的故事，以此表明作者的政治思想、道德观念和审美价值取向。这种独特的文学样式受到读者的喜爱。中国历史上的"三国"，是一个风起云涌的时代。陈寿的《三国志》和裴松之的《注》，都包含着无数生动的故事，这为文学家的艺术创造提供了丰富的素材；民间也不断地流传和丰富着三国的故事。在隋代，文艺表演中就已经有"三国"的节目了，到了晚唐，儿童都熟悉三国的故事。在宋代的"说话"中，出现了"说三分"的科目和专业艺人。宋代的话本没有流传下来，从现存早期的三国讲史话本中可以看出，其故事已具有《三国演义》的轮廓，突出蜀汉一条主线，有大量的民间传说。结构宏伟，故事性强。金元时期，戏剧舞台上演出了大量的三国戏，剧目多以蜀汉人物为中心，具有拥刘反曹的倾向。在情节结构和语言风格等方面，具有浓厚的民间色彩。

罗贯中在长期的众多的群众传说和民间艺人创作的基础上，创作了《三国演义》这部典范作品。《三国演义》用历史演义的独特文学样式，描写了自黄巾起义到西晋统一近百年的历史，塑造了四百多个人物形象。它以儒家的政治道德观念为核心，融合了千百年来广大民众的心理，表现了对于导致天下大乱的昏君贼臣的痛恨和对于创造清平世界的明君良臣的渴慕，把刘备、诸葛亮等人作为美好理想的寄托，把曹操等作为暴政、奸诈的代表，具有明显的拥刘反曹的倾向，在民间流传的故事中同样具有这种倾向。在宋元以来民族矛盾尖锐的时候恢复汉室正是当时汉族人民共同的心愿，作为"汉室宗亲"的仁君刘备被奉为正统，是最能迎合广大民众的善良愿望的。但故事发展的结局却是暴政战胜了仁政，奸邪压倒了忠义。总体上看这是一部悲剧，是一部呼唤民众传统文化精神的杰作。

《水浒传》被称为英雄传奇。在这部作品中所写的宋江起义的故事源于历史的事实。从南宋开始，宋江的故事就在民间广泛流传。元代出现了大批"水浒戏"，对宋江、李逵等人物的刻画比较集中，但没有共同的主题。宋元以来的戏曲作家从中汲取创作的素材，《水浒传》正是在这个基础上产生的。《水浒传》最早叫《忠义水浒传》，小说描写了一批忠义之人，因不能杀尽贪官酷吏忠心报国，被奸臣贪官逼上梁山，而沦为盗寇。在接受招安之后，又被昏君佞臣逼上了绝路的故事。这是作者深感现实不平，发愤谱写的忠义的悲歌。它是一部悲壮的农民起义史诗。宋江是小说中的主角，他是忠义的化身。他的性格是在忠和义的主导下曲折地发展。贪官污吏对他的残酷迫害，逼着他向梁山一步步靠近。上梁山后，他在"替天行道"和"忠义双全"的旗帜下，带领众兄弟救困扶危，惩恶除暴。在接受招安后平定了方腊。在饮了朝廷的毒酒后，还忠心对朝廷。这是一个悲剧，忠义之人反被不忠义的社会所吞噬。小说在歌颂宋江等梁山英雄忠义的同时，深刻揭露了朝廷、贪官酷吏和恶霸豪绅的不忠义。他倚势逞强，无恶不作，小说就是以这个人物为开端展开叙写的。

《水浒传》深刻地揭露了封建社会的黑暗，揭示了官逼民反的道理，具有深刻的意义。明代中期，随着城市商业经济的繁荣、市民阶层的壮大、统治集团的日趋腐朽、思想控制的松动、王阳明心学的流行，文学逐步打破了沉寂枯滞的局面。特别是明嘉靖以后，文学由复苏而大踏步地向前迈进，文学本身发生了划时代的变化。主要表现为三个方面：一是随着商业经济的繁荣，市民阶层的壮大以及印刷术的普及，文人的市民化和文学创作的商品化成为一种新的趋势；为适应市民这一新的接受群体的需要，文学作品的内容、题材和趣味，都发生了一系列的变化。除表现正统思想的士大夫文学外，反映市民生活和趣味的文学占据重要地位。

《金瓶梅》的出现就是这种种现象的综合反映。二是在王学左派的影响下，创作主体张扬的个性也通过作品以更加鲜明的色彩表现出来；在文学作品中对人的情欲有了更多肯定的描述；对理学禁欲主义进行了强烈的冲击，为禁锢的人生打开了一扇窗户。汤显祖的《牡丹亭》所写的"生者可以死，死可以生"的爱情，就是一种新的呼声。晚明诗文中所表现出来的重视个人性情、模仿市井俗调、追求生活趣味的倾向，也透露出一种新的气息。三是诗文等传统的文体虽然仍有发展，但已没有新因素的出现。而通俗的文体显示出勃勃的生机，其中的小说最富有生命力。这些通俗文学借助印刷出版这个媒体，渗入到社会的各个阶层，产生了非常广泛的影响。

四、明嘉靖初至鸦片战争的文学

从明嘉靖初到鸦片战争是近古期的第一段。明清时代是一个巨大的变化，对汉族士人的影响极其强烈。清代初期和中期的文学创作基本上沿袭着明代中叶以来的趋势。明嘉靖以后，文学创作随着接受对象的市民化、下层化则更加面向现实，创作主体的精神更加高扬，作品突出了个性和人欲的表露。叙事文学的全面成熟，文学语言的通俗化，以及流派意识的自觉，都充分显示了文学正在有力地向着近代化变革。变革的主要标志是：《三国志演义》和《水浒传》的刊刻和风行，《西游记》和《金瓶梅词话》的陆续写定和问世，编著章回体通俗小说热潮的兴起，戏曲方面三大传奇《宝剑记》《浣纱记》《鸣凤记》的问世，传奇体制的定型，昆腔的改革，汤显祖写就的"临川四梦"，戏剧创作被推向了另一高峰。诗文方面，唐宋派、后七子、公安派、竟陵派等都为文学的变革做出了努力。以"三言""二拍"为代表的白话短篇小说的繁荣，以及民间文学的流行和整理，都明显地体现了新时代的特征。

在这一阶段，涌现出文学集团和派别，并产生了争论的局面：在诗文方面有公安派、竟陵派、桐城派、性灵派等的主张和创作；在词的研究上，有浙西词派、阳羡词派、常州词派的主张和创作；在戏曲方面，有吴江派和临川派这两大群体。在不同流派的相互激荡中，涌现出许多杰出的作家，在诗、词方面取得了不可忽视的成就。在戏曲和小说方面，更是收获颇丰，代表性的作品有汤显祖的《牡丹亭》、孔尚任的《桃花扇》、洪昇的《长生殿》。白话长篇小说出现了巅峰之作，例如，吴承恩的《西游记》、吴敬梓的《儒林外史》、兰陵笑笑生的《金瓶梅》、曹雪芹的《红楼梦》。蒲松龄的《聊斋志异》将中国文言小说的创作推向了高峰。

《西游记》的成书经历了一个长期积累和演化的过程。它的演化过程是将历史的真实性不断地神化和幻化，最终是以"幻"的形态定型的。玄奘取经是唐代的一个真实的历史事件。贞观三年，为追求佛家真义，他历尽艰辛，花费十七年时间，前往天竺取回梵文经书六百多部。回国后，奉诏口述所见所闻，他的门徒录成《大唐西域记》一书。从宗教的视角描绘种种传说故事、自然现象，难免会带有神秘的色彩。后来，由其弟子撰写的《大唐大慈恩寺三藏法师传》，在赞颂师父、弘扬佛法的过程中，也用了夸张神化的笔调，穿插进一些离奇的故事。于是，玄奘取经的故事在社会上广泛流传，唐朝末年的一些笔记，就记录了玄奘取经的神奇故事。作为一部神魔小说，《西游记》想通过孙悟空的形象，宣扬"三教合一"的心学。心学的基本思想是"求放心""致良知"，指的是受外物迷惑而不放纵的心，回归到良知的自觉境界。作者是把孙悟空当作人心的幻相来刻画的。孙悟空大闹天宫、被压于五行山下、西行取经成正果的三个阶段，分别隐喻了放心、定心和修心的全过程。《西游记》以主要的篇幅描写了孙悟空跟随唐僧师徒历经八十一难，去西天取经。在取经的过程中，孙悟空仍然保持着桀骜不驯的鲜明个性。作品通过刻画一个恣意"放心"的"大圣"，不自觉地赞颂了一种与明代文化思潮相合拍的追求个性和自由的精神。《西游记》在艺术上的最大特色就是以诡异的想象、极度的夸张，突破时空和生死的界限，突破了神、人、物的界限，创造了一个光怪陆离、奇幻无比的境界。

《金瓶梅》是中国文人独立创作的白话长篇小说，这部作品没有经过一个世代积累的过程，被看作是世情小说的开山之作。小说的主人公西门庆，是一个小商人，发迹有钱后，勾结衙门，拼命敛财，财产越来越多。他又凭借金钱贿赂官场，打通关节，官位越攀越高。在官商勾结、钱权交易的世界里，他贪赃枉法、肆无忌惮、杀人害命、无恶不作，称霸一方。但最后，西门庆因恣意纵欲，断送了自己的性命。他的贪财好色完全建立在摧残他人人性和残害自己生命的基础上，其结果必然导致人性的扭曲和人生的毁灭。小说中的金、瓶、梅等女性的命运也是如此。《金瓶梅》是一部悲剧，它反映出当时统治集团的腐朽和新兴商人势力的强大，腐朽的必然要死亡，新兴的前途依然渺茫。这一作品令人感到悲哀。

明末天启、崇祯年间，因国事多艰，一部分作家开始告别张扬的个性，而向理性回归，重新强调文学的社会功能，开启了清代文学思潮的转变。总之，明代中期以后，文学向个性化、世俗化和趣味化方向流动，无论内在精神还是审美形式都体现出这种特色。

明末崇祯十七年，李自成率农民起义军攻陷北京，明朝灭亡。此时，清朝统治集团趁机率军攻入山海关，定都北京。清朝自定都北京开始，经过 40 年的征服战争，最后统一了中国。为了巩固政权，采取了安定社会、恢复生产的措施，使国势一度增强，社会走向繁荣，出现了盛世的局面。之后随着社会的发展，统治阶级的腐朽，社会矛盾不断加深，又走向了衰落。

清代是中国最后的一代封建王朝，清代文学呈现出一种集中国古代文学之大成的景观。各类文体大都拥有众多的作者，写出了大量的作品，数量之多超过了以往各代。相当多的作者写出了优秀的堪称杰出的传世之作，例如，吴伟业的歌行诗，王士祯的神韵诗，陈维松的登临怀古词，纳兰性德的出塞悼亡词，汪中的骈文《哀盐船文》，戏曲有洪昇的《长生殿》和孔尚任的《桃花扇》，文言小说蒲松龄的《聊斋志异》，白话章回小说吴敬梓的《儒林外史》和曹雪芹的《红楼梦》。

在明清易代的社会动乱之际，诗歌创作转向伤时忧世。移民诗人悲愤、励志，其他诗人徘徊、观望。清初的诗，总体上看，它继承和发扬了贯穿中国诗史中的缘事而发、有美刺之功、行"兴、观、群、怨"之用的传统精神，同时也继承和发扬了传统审美艺术的特征。例如吴伟业的歌行诗《圆圆曲》《鸳湖曲》，叙事活脱、情韵悠然、辞藻华美，开拓出叙事诗的新境界。王士祯的神韵诗，将中国诗歌崇尚含蓄蕴藉的特征推向了极致，为中国诗歌的发展做出了贡献。词在这时也发生了转机，走出了俚俗，归于雅道，成为彷徨苦闷中的文人委婉曲折地抒写心曲的方式。清初文人以骈文为寄托才情的手段，从而揭开了骈文复兴的序幕。戏曲方面，传奇、杂剧都沿着晚明的趋势，创作更加活跃。清初的小说也顺从明末小说的趋势，从总体上看，小说创作进入独创时期。在众多作者的创作中，终于有人从中感受到了时代的脉搏，领悟到了小说的文学特征，面对现实人生，将平凡的生活变成真实而具有审美意蕴的小说世界。

总体上看，清代前期文学关注国运民生，具有炽烈的责任感和深沉的历史意识，传统文体和已经雅化了的戏曲取得了很高的成就，影响也很深远。清中期，传统文体虽然也很活跃，诗说文论竞相争鸣，但成就和影响远不如小说。

五、鸦片战争至五四运动的文学

近古时期的第二段是从鸦片战争开始的。19 世纪中叶的道光年间，中国受到外国列强的侵略。鸦片战争的炮声震撼了当时的华夏大地。从此，中国沦为半殖民地半封建社会，中国历史进入了近代。在这一阶段，中国社会的性质和结构发生了变化，逐渐形成了新的经济成分和阶级成分，在后期出现了资产阶级的政治斗争。西方文化以强劲的势头开始涌入中国，形成对中国固有的传统文化观念的冲击。在中国这片古老的土地上，许多有识之士在向西方寻求新的富国强兵之路的同时，也寻求到了新的文学灵感，成为一代新的作家，龚自珍、黄遵宪、梁启超就是其中的代表。与社会的变化相适应，文学观念和文学创作也发生了变化。救亡图存的意识和求新变于异邦的观念，成为文学的基调。文学被视为社会改良的工具，小说的地位得到充分的肯定。外国翻译作品也逐渐增多，文学的叙事技巧有所更新出现了报刊这种新的媒体。一批作家以报刊传播其作品，写作方法因适应报刊这种形式的需要而有所改变。

文学是社会生活的反映，社会发生了变化，文学创作和文学观念也会发生变化。文学被视为社会改良的工具。救亡图存的意识和求新变异的观念，成为当时文学创作的基调。翻译文学的启示，促进了文学观念的变化。

小说的地位在国民中得到了充分肯定，产生了很大的影响。虽然从明清以来已有重视小说戏曲等通俗文学的言论，但把诗词文看作是文学正统的观念并没有根本动摇。维新派从西方国家的历史中看到小说在思想启蒙和社会变革中的作用，把小说从社会文学结构的边缘推到中心地位，提出改良小说和小说界革命的口号，使小说创作更加自觉地为政治服务。这时，西方文学中的悲剧观念也被吸收进来，王国维的《红楼梦评论》就是以悲剧观念对《红楼梦》进行新的诠释的，高扬悲剧文学作品的价值。翻译文学还带来了一些新的文学类型，在小说方面有侦探小说、言情小说、科学小说、政治小说等。19世纪末20世纪初，中国也陆续出现了这类小说。例如，梁启超的《新中国未来记》、吕侠的《中国女侦探》、徐念慈的《新法螺先生谈》等。随着翻译的外国文学作品的不断增多，文学的叙事技巧也有很大的变化。中国传统小说的叙事模式大体是以第三人称的视角讲故事，情节是顺时性发展的，人物刻画以言语行动为主，对环境和心理描写较少。同时翻译文学输入了许多不同的描写手段，例如，逆时性的倒叙、第一人称的叙事、环境与心理的描写、人物肖像的具体刻画等。这为中国小说提供了借鉴，不同程度地为中国作家所吸取。

生产技术的发展，也促成了近代文化传媒的进步。具有快速、广泛、高效之称的新型传媒工具的报刊日益发达起来，作家凭借这种新的媒体传播其作品。辛亥革命后，报刊发展迅猛；为适应报刊这种形式的需要，写作方法也有所变化。在古文领域，出现了通俗化的报刊文体。在诗歌领域，提出了"我手写我口"的主张。19世纪与20世纪之交，出现了许多专门的文艺性报刊。文艺报刊开辟了文艺作品发表的园地，促进了创作的繁荣。

近古期的终结划定为五四运动爆发的1919年。五四运动作为一次新文化运动，成为划时代的标志，它在文学史上开启了一个新的时期。在五四运动之前，尽管出现了一些带有新思想、新风格的作家，但他们的创作仍然属于古典文学的范畴。只有在五四运动中涌现出来的作家，他们的创作才有了质的变化，成为中国现代文学的先声。五四运动宣告了中国古典文学的终结和现代文学的发端。

中国文学的演进和整个中国文化的演进息息相关。古代的文学家往往兼而为史学家、哲学家、画家，他们的作品里往往渗透着深刻的文化内涵。广阔的文化学视角会带来全新的审美感受。中国文学的演进受到内、外两种因素的影响。推动中国文学演进的外在因素，主要指社会政治、经济和文化的影响，民族矛盾的影响，地理环境的影响等。推动中国文学演进的内在因素是一个很复杂的问题。要考虑到文学发展的不平衡，还要注意到文学演进过程中，一些因素间相辅相成的互动作用。在此，主要介绍影响文学演进的内在因素。

第三节　文学的演进

一、文学发展的不平衡

（一）朝代的不平衡

各个朝代文学所取得的总体成就是不同的，有的朝代相对繁荣些，有的朝代相对平庸些。而各个朝代都有其相对发达的文体，并且具有代表性。比如，汉代的赋、唐代的诗、宋代的词、元代的曲、明清两代的小说。其实，在一个朝代内文学的发展也是不平衡的。像汉、唐、宋、明这些年代较长的朝代，初期的文学比较平庸，经过两代或三代人的努力才达到高潮。有些小朝代倒有可能在某种文体上独树一帜，比如梁、陈两代的诗，南唐和西蜀的词。

（二）地域的不平衡

所谓地域的不平衡，包含两层含义。一是在不同的朝代，各地文学的发展呈现出盛衰的变化。例如，河南、山西两地在唐朝涌现的诗人比较多，而明清两朝则比较少；江西在宋朝涌现的诗人特别多，此前和此后都比较少。二是不同的地域有不同的文体孕育生长，一些文体带有地方特色。例如，《楚辞》带有明显的楚地特色，杂剧带有强烈的北方特色，南戏带有突出的南方特色。中国文学所表现出来的地域性特别突出。

（三）文体发展的不平衡

任何一种文体都有一个从萌生、形成到成熟的过程。文体发展的不平衡，一方面是指各种文体形成和成熟的时代不同，有先有后。诗歌和散文是最早形成的两种文体；大概轮廓是早在商周时代就有了用文字记载的诗文，到了魏晋南北朝才有了初具规模的小说，唐代中期才有了成熟的小说，到宋金两代，出现了宋杂剧和金院本，标志着中国戏曲的形成。如果细分，骈文是在魏晋以后形成的，词到唐代中叶才形成，白话短篇小说到宋代才形成，白话长篇小说到宋元之际才形成，散曲到元代才形成。中国文学的各种文体裁形成的时间相差数百年甚至一两千年。另一方面，各种文体从萌生、形成再到成熟，其过程的长短也不同。比如，赋的形成过程较短，而小说的形成则经历了一个极其漫长的过程。

二、雅与俗的相互影响

在雅与俗之间，主要是俗对雅的影响和推动，以及由俗到雅的转变。俗雅之间的互动，也推动文学不断向前发展。例如，《诗经》中的"国风"本是民歌，经过孔子的整理，到汉代被儒家奉为经典，加以解释后就变得雅了。产生于长江中下游市井之间的南朝民歌，本是俗文学，却引起了梁陈宫廷文人的兴趣，这样便促成了梁陈宫体诗。词在唐代本是民间通俗的曲子词，在其发展的过程中逐渐变得雅了起来。宋元时期，戏曲开始在市井的勾栏瓦舍中演唱，是适应市民口味的俗文学；后来的文人对这种文学形式加以提高，于是创作出《牡丹亭》《长生殿》《桃花扇》这些高雅的作品。

三、复古与革新的碰撞

复古与革新的互动也是中国文学演进的一条重要途径。复古与革新的碰撞交替，是文学体裁内部的运动，主要表现在诗文领域里。魏晋以后，文学走上了自觉的道路，文学创作不断地进行着自觉或半自觉的革新。刘勰在《文心雕龙·通变》中的论述就涉及复古与革新的问题。由于齐梁以来的诗歌过分追求声色，出现一些弊病，遭到批评。初唐诗人陈子昂大声疾呼恢复汉魏风骨，成为中国文学史上第一次有影响力的复古呼声。它的复古实际上是革新，因为他促成了声色与性情的统一，是盛唐诗歌达到高峰的因素之一。唐代中叶，韩愈、柳宗元又在文的领域内举起复古的旗帜，反对六朝以来盛行的骈文，提倡三代两汉的古文。这次复古实际上也是革新，是在三代两汉古文的基础上建立的一种与"道"合一的新的文学语言和文体。韩、柳之后，古文一度衰落，骈文重新兴起。到宋代，欧阳修、苏轼等人再度提倡写作古文，才确立了古文不可动摇的地位。

四、文与道的离合

文与道的离合，主要指文学与儒家伦理道德、儒家政治理想的关系。在文与道或离或合的过程中，中国文学得以演进。从汉代确立了儒家思想的统治地位以后，文学与儒家思想的关系就一直制约着文学本身的演进。文学或与道离，或与道合，而离合的程度又有所不同。道家思想、佛学思想以及反映市民要求的思想，也先后不同程度地渗透进来，制约、影响着文学的发展。但与儒家思想相契合，出现过许多优秀的作家，如杜甫、韩愈、白居易、陆游等；与儒家思想相脱离，同时也出现过许多优秀作家，如陶渊明、李白、苏轼、曹雪芹等。唐代以后出现过不少围绕着以"明道""贯道""载道"的论述，这些论点与强调独抒性灵、审美娱乐的要求，相互碰撞、相互补充。当市民阶层出现以后，反抗封建伦理道德的思想兴起，在情与理的对立中发出一种新的呼声，这种呼声可以在戏曲和小说中听到。

五、文体的相互渗透

各种文体都有其独特的体制和功能，这便构成了文体之间的界限。一种文体与其他文体相互渗透与交融，吸取其他文体的艺术特点以求得新变，是中国文学演进的一条重要途径。例如，诗和词体制不同，早期的词和诗的功能、风格也不相同。词本是配合音乐以演唱娱人的，词发泄的是诗里不能也不便容纳的感情；诗表达的是政治教化、出处穷达的大题目，两者的界限本是清楚的。可是从苏轼这里开始，以诗为词，赋予词以诗的功能，在相当大的程度上模糊了诗和词的界限。辛弃疾以文为词，使词和文的距离在一定程度上缩小了。而周邦彦以赋为词，在词所限定的篇幅内极尽铺张之能事，在一定程度上也突破了词和赋的疆域。宋元以后的白话小说，和诗词也有密切的关系。宋代说话一般都有说有唱，那唱词就是诗。有的小说就叫"诗话"或"词话"。中国戏曲里的唱词就是一种诗，唱词是戏曲的一个重要的组成部分。

第八章　文学素养的由来

第一节　文学的含义

文学这一个词语最初的含义，指的是文章和博学，依据现存的文献资料，"文学"这一个词语最早是出现在孔子的《论语》当中，直接指的就是文章和博，被划归到孔门四科当中："文学子游、子夏。"到后来的《魏书·郑义传》这样写到。

"而羲第六，文学为优。"在这里，文学指的是有一定文采的语言作品，这也是今天意义上的文学；与此同时，文学指的也是人的博学，这就是今天意义上的学时和学术，比方说哲学、历史和语言等。在这里可以看到，文学这一个词汇在中国出现，初始就凸显了"文采"含义。与此同时，文学起初应用的时候就具备了学时的含义，依据这一个观点，但凡是富有文采的作品和显示自身渊博学识的作品，都可以被称为文学。

自从魏晋时代开始，文学就逐渐开始将"博学"这一层含义剔除出去，专注的是用富有文采的语言将自身的情感表达出来。因此也就形成了一种比较狭窄的含义：文学指的是有文采的缘情性作品。在魏晋时代当中，具体一点来说就是在公元五世纪当中.南朝宋文帝构建"四学"，其中包含的是"儒学""玄学""史学"和"文学"，这是一个较为重要的标志性事件："文学"自此从广义文学大家庭当中分离了出去，并将非文学形态甩开而独立得到发展，将自身的特殊性确定了下来。这种特殊性大致上和今天的

"语言性艺术"含义是一样的，虽然说当时没有使用到"艺术"这样的字眼。这也就是说。文学实际上被当成是具备语言性的艺术性质。以此为基础可以了解到文学的另外一个含义是单一含义：文学指的是那些将表达情感作为主要内容并且具备一定文采的语言作品。

我国古代，文学这个词语的含义并不是固定不变的，一般都和学时，甚至是全部语言性作品之间有着较为复杂的关系，其最初展现出来的"博学"含义并没有随着"缘情"特征而凸显出来抑或是消失，在社会文化语境和特殊需求提出的情况之下也会复活，甚至在某些情况之下会占据主导地位。

自从两汉时期开始，文学领域当中"有文采的语言作品"和"博学"双重含义就开始被分解开来，人们逐渐将"文"和"学""文章"和"文学"区别开来，将今天意义上的文学当成是"文学"或者"文章"，将学术著作当成是"学"或者"文学"。与之相对应，在魏晋六朝时代当中，人们也提出了"文"和"笔"之间的差别。等到了唐宋时代之后，"文"和"学"之间的界限变得不是十分明显，"文以载道"或者"文以明道"的思想之间开始传播。广义层面上的文学观也因此具现化，韩愈倡导的文学传播的是"道"抑或是"古道"："愈之志在古道，又甚好其言辞。"他反对过去那种一味重视"言辞"（大致上相当于今天的"文采"）这种时风流弊，强调文学会传达的实际上是儒家的"古道"。"读书以为学，堪言以为文，非以夸多而斗靡也。盖学所以为道，文所以为理耳。"假如说"学"（学术）的目的是将儒家之道表达出来的话，那么与之相同，"文"（文学）的目的就是为了能够传达"理"——儒家之道的具体化形态。"文"和"学"就是在"道"这个基准点柳宗元更是直接地强调"文以明道"："始吾幼且少，为文章，乃知文者以明道，是固不苟为炳炳娘娘，务采色、夸声音而以为皆自谓近道，而不知道之果近乎，远乎？吾子好道而可吾文，或"他反思自己年轻的时候片面地将文辞，以及文采放置在较为重要的地位之上，随着年龄的增长，逐渐认识到了"文以明道"才是文学写作当中最为重要的一件事情。他指出："余惧世之学者溺其文采而沦于是非，不得由中庸以人尧舜之道。"他坚持认为如果沉溺于"文采"就会阻碍通向"尧舜之道"。这样，从唐代起，文学中"言辞"及"文采"受到抑制而"明道"成为最高目标，这就为消除文学与非文学之间的分野铺平了"道"。正由于"道"的主宰作用，"文"与"学"在"道"的基点上重新消除了差异，"文章"与"博学"两义再度形成统合，从而"文学"又在新的语境中重新复活了先秦时代的原初含义。从此时起到清代，这种学术意义上的文学概念一直被沿用。

清末民初学者章炳麟的观点，可以说代表了这种广义的文学观的一种极致。他坚持认为："文学者，以有文字著于竹帛，故谓之文；论其法式，谓之文学。"在他看来，"文学"这个词汇应当具备这些含义：但凡是以文字形式呈现在竹帛之上，就叫做"文"；而讨论"文"的规则和法律，就叫做"文学"。在这里不单单较为明确地将文章和学术含义呈现在人们的眼前，并且也将其无限地放大到了凡"著于竹帛"的所有文字形态。这也就意味着，人类创造出来的所有文字记载的语言性符号都可以叫做文学，以此为基础让文学成为包含文章和学术在内的所有文字作品的统称。但凡是用语言制作出来的作品都可以叫做文学。其中基本上包含了人类创造出来的所有语言性符号：口头语言、文字以及衍生出来的诗歌、散文以及小说等历史作品。文学既可以指富有表情的语言性作品，也就是今天的文学，也可以指传递小弟的日常言谈、记载事物的史书、说理论事的学术著作等等，并不是今天狭义上的文学。这种涵盖全部的广义层面上的文学含义，和现代西方语言学以及符号学当中的"语言性符号"这个词汇含义大致相同。这样，文学这个词汇指的是人创造出来的全部语言性符号行为及其作品的代名词。因此文学在广义层面泛指的是人类创造出来的所有语言性符号，其中包含今天的文学和非文学。

自从进入到晚清之后，西方学术分类机制进入到我国当中，在我国范围之内逐渐形成了现代文学术语：文学是一种语言性艺术。这一个现代含义的来源是现代西方狭义文学观念和中国古代狭义文学观念在现代社会交汇之后得到的产物。也可以这么说，西方文学观念为文学提供了现代学术分类机制，但是中国古代狭义文学观念为他设置出来了传统依据。在西方美的艺术这种观念传入到中国之后，中国魏晋之后具备文采的缘情性文学观念就逐渐被激活了，在此基础之上衍生出来一种崭新的现代性文学观念。这个汇合点在两个层面上：第一，西方的"美的艺术"当中的形式美内含和中国"文采"之间的适应性比较强；第二，西方"美的艺术"当中表情性内含和中国"缘情"性内含之间是相通的。也就是说，来源于西方的形式美和表现美观念和中国固有的文采及缘情性传统观念之间实现了现代跨文化的汇通。所以，假如说仅仅看到西方的影响，但是却将中国古代自身的狭义文学观念忽视掉的话，那么想要对现代文学的含义，以及由来形成明确的了解，其实是一件较为困难的事情。以此为基础得到的文学的现代含义是：文学是一种语言性艺术，是在对富有文采的语言加以一定的应用的基础上去表情达意的艺术形式。

第二节　文学素养的含义

文学素养是一种内在层面上的修养，是人类长期积累的过程中得到的，在文字表达形式、写作技巧，以及艺术创作等领域当中的学习和涵养。文学素养是认为素养当中的一份子。实际上，人们日常生产生活当中提及到的"人文素养"，大致上可以划分为文、史、哲三个基本方向。文，就是文学素养；史，就是史学涵养；哲，就是一个人在哲学领域当中的见识和修养。在此基础之上，文学素养是人文素养领域当中不可或缺的构成成分，是一个人文学领域当中的底蕴和修养。

也可以说，文学素养实际上是一种可以对个人内在心境和外在行为造成影响的感受认知能力，针对这个问题，龙应台曾经做出过一段叙述，他说："假如说，文学有一百种功能的话，需要在其中找寻出来最为重要的一种，我的大难是：德文有一个非常精准的回答，Macntsiehtbar，意思就是使看不见的东西被看见。"

怎样才可以正确地理解"使看不见的东西被看见"呢？比方说曹雪芹通过描述贾、史、薛、王四大家族的兴衰和宝黛之恋。向读者阐述了封建制度的腐朽，以及封建社会当中各个阶层的人民对自由爱情的追寻。罗贯中《水浒传》通过阐述各个枭雄之间的"恶斗"，让读者可以逐渐对人性的惨烈形成较为深入的认识；雨果在《巴黎圣母院》当中通过描述善良美丽少女爱斯美拉达、残忍虚伪的圣母院副主教克洛德·弗罗洛，以及外表丑陋、内心崇高的敲钟人卡西莫多三个主要人物的悲剧，将封建王权和教会势力对善良且无辜人员的残害呈现在人们的眼前。艾米丽·勃朗特著述的《呼啸山庄》通过将弃儿希斯克利夫对庄园小姐凯瑟琳真实的"爱慕"和"扭曲了的报复"进行描述，将人性的反复无常充分的呈现在人们的眼前。但是，这些"东西"并不是所有人在读书之后就可以看见，而是需要使用到一定的理解能力、感悟能力和洞察能力，也就是需要在深刻的感受之后才可以拥有看见这些东西的能力，这也是在培养文学素养的过程中需要使用到的较为重要的一项内容。

我国学者，如朱光潜、何其芳对文学的含义也有着独到的理解，站在他们的视角上，有关于"文学素养"的论述，是需要将读者已经认识到什么是文学或者什么是文学作品充当前提条件的。以此为基础，二者重视"读者对文学的态度"，以及"阅读鉴赏能力"这两个领域当中的内容。具体一些来说，他们认为，"文学素养"当中包含四个方面的内容：第一，可以明白什么才是作品；第二，了解到对文学的态度；第三，阅读数量众多的作品的基础上形成一定的鉴赏能力；第四，经常阅读作品的情况之下对人的人性、人情，以及人道形成一定的了解形成一定的感悟。

综上所述，可以得出的结论是，文学素养其实就是人们在长期阅读和学习文学作品这种文学实践活动的过程当中，培养并发展起来的文学领域当中的一种学识性修养和综合能力,它将具备一定的文学能力作为前提条件。将"文学感受"和"文学情趣"放置在核心地位之上,与此同时也包含对作品、文学史,以及文学理论等领域中的知识沉淀,最终的反应是对人的人性、人情和人道得到的直观感受。简单一点来说,文学素养主要包含四个层面上的基本内容:文字能力、文学感觉、文学情趣和文学熏陶。

"文字能力",具体一些来说,就是对文字文义可以做到准确地掌握和应用,它要求相关的人员应当具备一定的语言表达能力,以及对其他人话语准确的理解能力。假如说想要得到比较准确的意思表达,以及词语理解能力的话,那么一定需要对最为基本的语法知识和文字表达能力形成一定的认识。一般情况下,基础的语法知识,基础语法知识都是蕴含在文字处理能力当中。我国古代,文人墨客们创作文庄的过程中重视的是"炼"这一个字,经常是会为了选择一个字而苦思冥想。从而才可以诞生"语不惊人死不休"这样一种说法。上文中提及到的这种"炼"字,培养出来的也就是一个人的文字表达能力。

应当这么说,掌握最为基本的语法知识,是提升文字表达能力的重要前提条件和基础之一。文学语言本身具备一定的多义性和暗喻性。同一种语言符号当中有可能包含各种类型的意境。在文学作品领域当中,一个单词或者一部作品的意义不单单指的是它们的形式,指的是它们的含义或者意味。巴金的《灯》当中"灯"这一个词语的意义,不单单指的是我国通常情况之下理解的"灯"这个物品,也有"光"的象征性意味。所以想要对作品形成较为深入的认识,并使自身的文学素养得到一定的提升,并不单单对文字文义形成较为准确的认识,也应当将个人的"文学想象力"充分的发挥出来。在这里所说的"文学想象力",可以将其划分为读者的想象力和作者的想象力。读者的想象力,就是读者阅读作品的过程中对作品本身蕴含的语言拓展性的理解能力,读者通过作者的语言表达,在对作品的各个细节和作品本身展现出来的独特世界形成一定理解的能力。而作者的文学想象力，是作者对作品当中蕴含着的一个个细节的展现能力，以及表达能力。在这里需要注意到的问题是，文学创作者的想象力应当被放置在一个较为重要的地位之上，不单单是比较谁更能编制和更能创造，谁可以创造的过程中构建出来一个光怪陆离的世界等，在此突出的是作品应用个性化的语言将作品的每一个细节展现出来的文字驾驭能力。实际上，不管是读者的文学想象力还是作者的文学想象力，都是在对语言加以一定的应用的基础上，将文学细节展现在人们的眼前，并完成一系列复杂创作的过程。针对这个问题来说，培养文学想象力是提升文字表达能力的过程中使用到的一种有效性比较强的措施。

文学感觉其实也就是审美素养。并将文学和哲学、历史和宗教等学科区分开来的一种重要因素，文学本身具备一定的审美意义，隶属于"美"的活动包含的范围之内，感受美、创造美，其本身具备的最为重要的社会功能就是让人们的审美需求得到满足，甚至在某些情况之下会被称为社会的审美意识形态，在这里所说的"文学的审美意识形态"这样一种属性，指的是文学的审美表现过程和意识形态彼此渗透的一个过程。一个层面上，审美当中是浸透了意识形态；另外一个层面上，意识形态可以通过审美表达出来。上文中所说的相互浸染和相互渗透的过程中就是"文学馆按觉"，就好像是何其芳所说的"对文学意识的敏感"，朱光潜所说的"诗的境界是用直觉见出来的"，也是龙应台所说的"让看不见的东西被看见"。因此。文学感觉也就是对文学语言形式的关注，也是一种对文学意境形象和意味的直观层面上的把握能力，是对文学作品当中蕴含的生命的意味或者艺术性这种审美表现出来的"直观把握"或者"洞察能力和感悟能力"。

文学的美当中包含的是：形象美、社会美和朦胧美。它是人与世界的情感的沟通和交流，是具备完整性的、美的内在意蕴和在外形态上的融会贯通。在文学作品当中，语言符号，不可以被当成是过路的过程中使用到的大桥，而应当被当成是文学的本体。文学感觉的标志和内容，是对文学意识表现形式的一种直观感知，是对作品内涵的一种直观把握，在作品真善美三个层次当中，它的作用对象实际上是"美"，而不是真和善。作为一种审美领域当中的意识形态，文学最为基本的功能就是审美作用。这种审美功能的具象化表现是文学作品的艺术感染力。文学作品通过对对象进行艺术描写，构建出来完美的艺术形象，以便于可以将作者较为丰富的感情和深邃的思想呈现出来，在此基础之上，来为读者构建出来一种完美的审美感受。我国古代时期就有很多作家对这个问题形成了较为深入的认识。比方说在"与元九书"当中，白居易就曾经提及到过"感人心者，莫先乎情、莫始于言，莫切乎声，莫深乎义"，体现出来的是诗的作用在于首先将人心感动。绿天馆主人在《古今小说序》当中提出了小说的作用其实是"捷且深"，这就是小说的艺术感染力引发的审美活动的结果，也是荀子在《乐论》当中所说的"夫声乐之人人也深，其化人也速"这个道理。近代大儒梁启超在谈论小说为什么可以产生各种类型的作用，指出来小说具备熏、浸、刺，以及提四种力量，其实介绍的就是小说的艺术感染力，西方学者，比方说马克思曾经提及到过，"艺术对象创造出懂得艺术并且能够欣赏美的大众"，也说到过，"假如说你想要得到艺术的享受，那么本身一定需要是一个具备艺术修养的人"，较为明确地指出文学艺术可以培养人们的审美能力，并给予一定的艺术享受。文学的审美功能，是其他意识形态不具备的。

情趣这一个词语的含义是"性趣智取、情调趣味"，也就是人们日常生活当中经常提及到的"趣味"，它的含义是"让人愉快、让人感觉到比较有意思，有吸引力的特征"。"文学情趣"指的其实就是对文学作品的爱好。这是一种极为强烈的阅读兴趣和阅读渴望。在阅读的过程中表现出来的是高度的专注力和痴迷性，甚至在某些情况之下呈现出来一种手不释卷的态势。彼得·威德森曾经说过一段非常有意思的话语。"文学提供愉悦：人们仅是喜欢读它而已，从中可以举出来无数的理由，失眠、好奇心、以及打发时间等，指导发生的事情、欣赏文辞本身的优美，逐步进入到未曾预见到的经验领域中去，猜测书中遇到的任务和自身的相似之处。或者根本没有任何可以举出来的理由，单单是喜欢而已。有理由认为，文学工作者会承认在所有科学、理论，以及文学研究实践之后，一个偶然的'喜欢'是非理性前提条件之一"。

这种对文学的喜好，仅仅就是一种喜欢而已，并不会在乎什么利益。这种十分强烈的爱好肯定不会是凭空出现在人们的眼前，使读者可以在阅读的过程当中感受到较为强烈的审美愉悦感。众所周知，在较为优秀的文学作品当中，读者在阅读的过程中是会在心理层面上产生一种愉悦的感受，也可以得到"那种器官但是却又令人感觉到震撼……你在这里并不是被打动了，而是经历了一种镇静、威慑，以及快感"。文学情趣除去是文学素养领域当中包含的较为重要的一项内容之外，也是文学素养不断得到发展的原动力。只有一个热爱文学的人，才会使用到数量众多的时间、精力和专注力来完成文学作品创作，并在这个过程当中感受到一定的乐趣，在潜移默化当中，不断的来让自身的文学素养水平提升。从另外一个层面上对问题进行分析，"温煦情趣"其实也是一种对文学艺术价值水平高低的判断力、鉴别力，经常是会表现为一个人对某种文学体裁以及风格的爱好。

文学素养是可以表现为人之为人的人性、人情、人道的感受和感悟，文学意识的创造其实是文学艺术家的精神活动，作者本身可以在自由的心境当中，较为充分地将艺术想象力发挥出来，并构建出来虚构的艺术世界，将自身对人生和世界的理解和憧憬表达出来，逐步找寻出来可以寄托心灵的精神家园。优秀的文学作品，一般可以让真正懂得文学艺术的读者在阅读的过程中产生一定精神层面上的共鸣，并让读者思考，潜移默化地将真善美等思想传输给读者。小说《钢铁是怎样炼成的》中的主人公保尔·柯察金不畏艰苦、勇往直前等大无畏精神，激励一代又一代的有志青年去将自身的理想实现。老舍先生创作出来的"骆驼祥子"，通过阐述一个洋车夫的艰苦历程，描绘出来了旧社会是怎样将一个自食其力的好青年由表及里地摧毁的过程。文章痛斥压迫人民的无德之人，并将黑暗的旧社会对淳朴善良的劳动者造成的剥削和压迫呈现在人们的眼前，声泪俱下地控诉了旧社会是怎样将一个人变成鬼的过程，从而也就可以激发我国社会各个领域中的相关人士对劳动人民的深切关怀，将麻木的国人推翻旧社会的意识激发出来。在提升文学素养的基础上，可以使我国社会各个领域中的相关人士逐渐对人道、人性等领域中的问题形成更为深入的认识，从而也就可以让我国人民对各种类型事件的认识水平得到一定的提升。

第三节　文学素养培养的含义

近些年以来，围绕着培养高素质复合型国际化外语专业人才的目标，教学领域中的研究人员在大纲修订、课程设置，以及教材编写等领域当中开展了较为深入的研究。但是会对人才培养水平造成影响的因素，除去上文中提及到的这些因素之外，最不可以忽视的是教师的专业素养，就好像是吕叔湘先生提及到的一样，说一千道一万，教师素质的提升才是关键性问题。英语专业教师是学科建设工作进行的过程中使用到的主力军，教师在实际工作的过程中扮演的角色不单单是语言知识及技能的传播者，与此同时也是外国文化和文性的传播人员，其本身的知识具体构成结构，以及文学素养是教学改革深化程度提升的过程中使用到的重要措施之一。英语专业中的教师应当可以满足我国时代发展进程向前推进的过程中提出的客观要求，逐步对工具性和人文性相结合的教学模式形成深入的认识，致力于将自身的文学素养水平提升，逐渐将语言的文学性和审美性放置到教学领域中去，从而才可以让学生个性化和多样化的知识需求的满足，更好地为素质教育来提供一定的服务。

一、提升英语专业教师文学素养的重要性分析

文学是语言领域当中的一项艺术，一个民族的文学代表着的是这个民族语言的精髓；语言反过来就是文学的媒介，语言的实用性和审美性在文学作品当中巧妙的文学剥离出来再去学习语言的话，就好像是无本之木无源之水一样，孔子提到的"言之无文，行而不远"指的其实就是这个道理，伍铁平曾经提及到过："在传统的伙伴当中，和语言之间的关系最为密切的就是文学，文学是语言的艺术，文学作品需要使用语言创作出来，通过语言对文学作品进行鉴定和评论的过程中也会涉及它的语言，因此针对一个民族的文学进行研究的过程中，一定需要这个民族的语言形成较为深入的认识。一种语言最为精彩和丰富的作用也在文学作品当中有所体现。文学是语言使用当中的典范，在语言学习的过程中提供了最好的榜样，也可以在语言研究工作进行的过程中提供信息支持。"

在培养语言能力的英语教材当中，文学性应当是各种类型的教学材料应当具备的普遍属性之一，不管是针对其中的文学性语言，还是语言当中普遍蕴含着的文学性来说，文学在英语教学领域当中其实都是一个没有办法规避的问题，作为一个英语专业中的教师。当针对词汇、语法和句子等内容进行简述的时候，应当有意识地指导学生对教学材料当中蕴含的文学性形成一定的了解，也应当在作品较为真实的语境当中构建出来各种类型和主题有一定相互关系的教学情境和语言交际活动，逐渐对作者表达出来的主题思想，以及写作意图形成较为深入的认识，站在整体的层面上对作者的叙事手法进行分析，感悟出来每一篇文章当中遣词用句，以及修辞模式的特征，引导学生逐渐在不知不觉的情况之下提升自身的词汇量水平，并逐渐对英语领域当中常用的表达方式形成一定的了解，以便于可以让学生的语感能力得到一定的提升，逐步培养学生对英美文化的认识意识，在正规的语境之下正确地将自身的想法表达出来，以便于可以让学生的语言

水平，以及跨文化交际能力得到一定的提升。

　　除去可以在语言学习的过程中起到一定的促进性作用之外，文学也可以在人文素质教育目标实现的过程中发挥出来一定的促进性作用。高尔基曾经提到过："文学是人学，是通过描写出来一个人，来对人进行影响，并对人进行教育。"教师应当让文学的育人功能得到充分的应用，使用资料当中的对话和交流，逐步引导学生融合自身生活体验和人生感悟的基础上来对文本形成更为深入的认识，以便于可以在学生的心理和文章当中人物形象之间构建出来一座情感桥梁，一起去和主人公体会喜怒哀乐，应用文学的养分来让学生的文化素养、人生阅历，以及精神内涵变得更加充实。就好像是 Gillian Lazar 所说的一样"文学作品可以将读者的情感反应激发出来，以便于可以让读者对作品的伦理和道德主题形成感性和理性的认识，从而也就会对学生的道德发展造成一定的影响。"除此之外，文学与生俱来的美学价值和愉悦功能可以在枯燥的学习过程当中带来一定的生机和乐趣，将学生自主学习的热情激发出来，在此基础之上就可以发挥出来一定"润物细无声"的作用。

　　文学在学生语言学习，以及素质培养的过程中可以发挥出来一定的促进性作用，文学的这种作用得到了教育界较为广泛的认可，在英语教学当中体现出来的文学性也对教师的文学素养提出了一些更高的要求。文学素养指的是一个人在文学创造、交流，以及传播等行为领域当中的实际水平，它的培养和提升也是文学知识的积累和审美情趣的提升过程，具备一定的渗透性、感染性和多元性。在英语课堂当中，精准简练的语言艺术是教师文学素养的外在表现，也是取得良好教学效果的前提条件之一。学生对于一门课程的学习兴趣是将教师的语言引导作为出发点，一个可以旁征博引并使用语言意识感染学生的教师可以将学生的求知欲望培养出来；另外一个词不达意的教师想要在课堂上得到学生的尊敬和信任是一件较为困难的事情，从而也就会对学生的学习积极性造成一定的影响。教师本身的文学素养水平除去会在课堂教学效果上有所体现之外，也和学科整体人才培养质量之间有一定相互关系。就好像是方智范先生提及到的一样："我认为学生使用语言文字这种工具，最好的学习过程也就是人文精神熏陶过程。……针对人的各种类型的素质来说，和情感态度价值观，以及真善美之间的相互关系是怎样的呢？是文学素养。在人文素养领域当中占据核心地位。21 世纪，需要使用到崭新的人才观。需要站在人才全面发展、终身发展的角度上考虑相关的问题，文学素养是一个全面发展的现代人必备的素质之一。"

以往的一段时间当中，英语课堂教学相关工作一般情况之下是将词汇语法和句式结构作为中心开展的，施行数量众多机械化的教学措施，来培养学生的英语交际能力，从整体的层面上进行分析，呈现出来一种重视讲授、轻视引导的态势，重视技能，但是却将人文放置在一个不是十分重要的地位之上。在一堂课学习完之后，学生仅停留在只看见树木，难以看到森林这个层面上，因此，也就难以对课文内容形成较为深入的认识，也难以对作品的主题和人物形象，以及艺术技巧等知识形成较为深入的了解。在这种教学模式的影响之下，会让学生在使用"工具语言"英语的过程中显得得心应手，但是在涉及文学、政治，以及历史等内容的时候，就会进入到无话可说的局面，并呈现出来典型性比较强的"文化贫血"态势。

胡壮麟对这种现象十分不满："英语专业的专业性不应当是模糊的，一个完整的英语专业培养计划不应当转变为语言技能培养。"从本质的层面上进行分析，以往一段时间当中我国高校英语教学类英语当中存在的问题是，英语专业教师文学素养水平较为低下，没有办法在人文素质教育领域当中扮演启发者、引导者和阐述者的角色，张祥云先生曾经提及到过："人文精神本质上实际上是一种智慧，智慧也就是创造……作为教育者只有拥有人文智慧才可以去启迪教育对象，只有智慧才可以在启迪智慧的过程中发挥出来一定的作用。"假如说教师本身的心灵世界就显得十分荒芜的话，那么想要让学生的心灵成为绿洲也不是一件现实的事情。如果现阶段我国范围之内各个高校实际运行的过程中想要培养出来具备专业素质和人文精神的复合型英语人才的话，应当构建出来一支知识具体构成结构合理并具备较高文学素养的教师队伍。

二、提升高校英语教师文学素养的措施

树立起来终身学习观念，依据现阶段我国实际教育情况，某些教师在走上了工作岗位之后，就丧失掉了鉴赏文学作品、关心文学发展的热情，以及探寻未知领域的动力，单单依据毕业之前累积下来的文学知识和理论去教授学生，缺乏应有的学科意趣和职业使命感。在上文中所说的这种固步自封和僵化的教学理念的影响之下，让英语教学这个本应当具备人文气息和思想碰撞过程的教学模式转变为了机械化的知识灌输机制，另外一些教师在课堂教学的过程中会针对自己喜爱的作家和作品详尽地阐述，但是对于自身不熟悉的文学作品内容却呈现出来一种蜻蜓点水和一笔带过的态势。这种教师喜好决定的教学模式会对学生日后的全面发展造成不良更影响。

高校英语教师除去扮演教育者的角色之外，也应当是学习者。教师的专业发展应用由初期的教师培训到师资教育再到师资发展，在这个几个阶段当中，教师综合素质占据的地位变得越发重要起来，因此高校英语教师在实际工作的过程中应当培养出来的是终身学习理念。Freeman 认为，外语教师的专业发展当中包含两个方面的内容，第一是教师个人在专业教学生涯当中经历的心理成长过程，包含的内容是专业信息和态度价值观的增强；学科知识在广博和专业上应当有所更新；教学技能水平应当得到一定的提升，为了可以将教学不确定性消弭掉，教学策略意识水平应当得到一定的提升，人际交往力度，以及和同事之间的关系应当逐渐完善起来；第二是在职教师受到外在的教育或者培训，针对语言教师来说，应当具备一定的发展意识，积极地开放自身的态度，假如说想要让个人的文学素养水

平得到一定的提升的话，那么应当构建出来的是终身学习的理念，要在自主发展意识的引导之下主动地将自身的知识具体构成结构逐渐完善起来，教师在实际工作的过程中不单单应当具备驾驭英语汉语两种语言的能力，也应当具备良好的文学素养和文化知识，这不单单是学科发展进程向前推进的过程中提出的要求，更是得到自我认同感和价值感的过程中应当使用到的源泉。

将文学作品的熏陶放置在一个较为重要的地位之上，文学作品是人类社会发展的过程中积累下来的宝贵财富，其中蕴含着较为丰富的人文思想，也渗透着对生命价值、生活意义，以及爱憎善恶的深刻思考，是人类灵魂世界当中的教科书，作为一名教师在实际学习生活的过程中，应当养成的是勤奋阅读文学作品的习惯，在书卷知识的影响之下来让自身的文学素养水平得到一定的提升。"问渠那得清如许，为有源头活水来。"假如说难以得到文学的滋养的话，那么思想就会进入到枯竭的情况之下，见识在这种情况之下也会变得越发浅薄起来，在课堂教学相关工作进行的过程中想要使用幽默风趣的语言，自然也就会显得较为困难。

阅读实际上是一个厚积薄发的过程，在经历过数量众多书籍的洗礼之后，才可以构建出来极为丰富的精神世界，逐步拥有宽广的胸怀和较为开阔的视野，就好像是古人所说的"腹有诗书气自华"，这种教师本身具备的较为特殊的个人魅力和才情会对学生造成强大的感召能力，并将学生的阅读兴趣有效的激发出来，苏霍姆林斯基在《给教师的建议》这一本书当中指出："应当将每一个学生引入到书籍的世界当中去，并培养出来读书兴趣，让书籍逐渐演变为智力生活领域当中指路的明灯，这和教师之间的相互关系较为密切，也取决于书籍在教师本人的精神世界当中占据怎样的地位。"仅仅有热爱读书的教师，才会对读书过程中的精神感受形成更为深入的了解，才可以为学生分享更为实用和感召能力更强的文学知识，为学生推荐更多的文学精神食粮，逐步引导他们从文学快餐误区当中走出来，在阅读经典作品的过程中，可以让学生对人性美、语言美和艺术美形成更为深入的认识，从而也就可以发挥出来一定的陶冶情操和净化灵魂的作用，在领悟出来一定的美的基础上去探寻美并创造美。除此之外，阅读实践的积累，可以较为有效的让教师的审美情趣和文学欣赏水平得以提升，并逐渐将文学研究和评论的意识培养出来，以便于可以让他们对教学材料形成更为深入的了解，也可以使教师对教学材料做出独到的解读，因此，也就可以让以往我国高校英语教学领域当中存在的同质化问题得到有效的解决。将书籍作为媒介，教师应用批判的眼光和智慧引导学生进入到文学世界当中，主动的去和作者对话、去质疑作者，甚至在某些情况之下也可以对作者做出否定，在上文中提到的这个过程当中，不同层次的学生都可以得到一定的提升，也可以让学生的思辨能力变得更强。

正所谓是"冰冻三尺，非一日之寒"，只有阅读数量众多的书籍，教师才可以用"人类进步的阶梯"站到更高的位置之上，用自身较为雄厚的文学素养来为学生指点迷津，从而也就可以让学生对文学世界当中的风光形成更为深入的了解。

需要得到社会和学校方面的支持，怎样才可以让高校英语专业教师文学素养得到有效的提升，这不单单是高校英语教师应当考虑到的问题，也是我国社会、教育部门，以及校方应当注意到的问题。依据相关调查工作得到的结果显示。教学任务过于繁重是影响英语专业教师文学素养提升的重要因素之一。在我国范围之内各个高校不断扩招的情况之下，以往师生之间的固有比例呈现出严重超标的态势，很多高校英语教师在实际工作的过程中需要超负荷工作，甚至在某些情况之下很多学校英语专业教师一周的工作时间达到了 16 个课时之上，迫于工作的沉重压力，高校英语教师只有将数量众多的时间和精力放置在教学管理领域中去，在这种情况之下，想要找寻出来更多的时间去读书，自然是一件较为困难的事情，也没有更多的时间和精力参与到科研领域中去，从而也就会对自身的职称评定造成一定的影响，在自身发展的过程中起到一定的阻碍性作用。如果想要让上文中提到的这种局面发生转变的话，就需要学校和社会秉承对教师负责，对教育负责的态度，在教师个人发展领域当中提供一定高的支持。

针对学校来说，在实际运营的过程中应当将整体性规划工作妥善地完成，在可以对各项教学活动顺利开展做出保证的前提条件之下，最大限度地降低教师承受的工作压力，在提升教师文学素养的过程中构建出来一个宽松的环境。我国范围之内各个高校当中应当呈现出来的是高品位的追求，适当和城市的喧嚣之间保持一定的距离，将自身带有的功利和浮躁气息洗脱掉，逐步回归到素质培养的本质中去。学校应当将校园文化建设放置在一个较为重要的地位之上，逐步构建出来文学社团或者文学沙龙，倡导教师和学生开展一系列的文学讨论和交流活动，逐步构建出来一种校园文学气息；在应用相应的制度规范教师职业行为的过程中，应当注意到的问题是管理领域当中的人文性和互动性，逐步在教育教学领域当中构建出来一种健康和谐的人文氛围。除此之外，学校本身和外界的联系和合作力度应当得到一定的提升，是新个引进来和走出去"策略，一方面应当在校内开设文学讲座，定期地邀请知名人士来学院之内讲解，以便于可以让教师对教学领域大师的文学修养和风范形成一定的了解，并对文学欣赏和研究心得进行分享，也可以对学术领域当中的各种前沿性信息形成一定的了解；此外应当组织教师参与到大规模学术会议或者进入到更高层的国内外院校当中学习深造，以便于可以在知识具体构成结构优化调整的过程中起到一定的促进性作用。逐步提升教师的理论和科研能力，假如说高校本身的经费和人力资源较为有限的话，可以施行学校资助和教师资费相互融合的模式，组织英语教师在暑假期间奔赴国外参加将文学作为主体的短期游学活动，充分的让教师去感受异国的历史文化和语言习俗，以便于可以让教师对英美国家作家的作品形成更为深入的了解，除此之外也可以让教师对英美语言形成更为深入的了解，并逐步让教师的跨文化交际水平大幅度提升。针对社会来说，各级教育主管部门应当出台相关的文件，以便于可以为教师的进修和职业培训提供政策和资金层面上的保障，与此同时也应当在我国范围之内各个知名院校当中构建教师培训基地,长期循环开展提升教师专业素质和文学素养的培训活动,逐渐让教师的培训和进修成为一种惯例性内容,以便于可以让我国高校英语教师提出的能力发展需求得到满足。

素质教育的质量和教师的教育素质之间有较为密切的相互关系,只有构建出来满足时代要求和具备一定文学素养的教师队伍,才可以让英语教学领域当中的"工具性"和"人文性"有机地相互融合在一起,以便于可以逐渐在高校当中培养出来复合型外语专业人才,英语作为一个人文学科应当将自身的优势充分的展现出来。教师的文学素养是教学知识结构当中十分重要的一个构成成分,也在人文素质领域当中占据较为重要的地位,它的发展和构建是一个长期的动态流程,教师在学习生活当中应当逐步构建出来终身学习观念,将文学作品的熏陶放置在一个较为重要的地位之上,并应用学校和社会的帮助,来让教师文学素养水平有效地提升。

第四节　文学和文化的关系

一、文学和文化的关系

广义的"文化",着眼于人类与一般动物、人类社会与自然界的本质区别,着眼于人类卓立于自然的独特的生存方式,其涵盖面非常广泛,所以又称作"大文化"。梁启超在《什么是文化》中称,"文化者,人类心能所开释出来之有价值的共业也",这"共业"包含众多领域,诸如认识的(语言、哲学、科学、教育)、规范的(道德、法律、信仰)、艺术的(文学、美术、音乐、舞蹈、戏剧)、器用的(生产工具、日用器皿,以及制造它们的技术）、社会的（制度、组织、风俗习惯）。广义的"文化"从人之所以为人的意义上立论，认为正是文化的出现"将动物的人变为创造的人、组织的人、思想的人、说话的人，以及计划的人"，因而将人类社会——历史生活的全部内容统统摄入"文化"的定义域。一般来说，文化哲学、文化人类学等学科的研究工作者多持此类文化界说。

与广义"文化"相对的，是狭义的"文化"。狭义的"文化"排除人类社会——历史生活中关于物质创造活动及其结果的部分，专注于精神创造活动及其结果，所以又被称作"小文化"。

文学是语言文字的艺术（文学是由语言文字组构而成的，开拓无言之境），往往是文化的重要表现形式，以不同的形式（称作体裁）表现内心和再现一定时期，一定地域的社会生活。由于出版和教育的进步，以及社会的全面发展，已经失去其垄断地位成为大众文化的一支。产生了所谓的严肃文学和通俗文学或大众文学之分。

文化，打个比方，科学够大，数理化生就在其中，比如文化包括生活习惯、节日等，文学是人为总结。

文学以语言为手段塑造形象来反映社会生活、表达作者思想感情的一种艺术。起源于人类的生产劳动。最早出现的是口头文学，一般是与音乐联结为可以演唱的抒情诗歌。最早形成书面文学的有中国的《诗经》、印度的《罗摩衍那》和古希腊的《伊利昂纪》等。欧洲传统文学理论分类法将文学分为诗、散文、戏剧三大类。中国先秦时期将以文字写成的作品都统称为文学，魏晋以后才逐渐将文学作品单独列出。现代通常将文学分为诗歌、小说、散文、戏剧四大类别。

社会意识形态之一。中外古代都曾把一切用文字书写的书籍文献统称为文学。现代专指用语言文字塑造形象，以反映社会生活、表达思想感情的艺术，故又称"语言艺术"。中国魏晋南北朝时期，曾将文学分为韵文和散文两大类，现代通常分为诗歌、散文、小说、戏剧、影视文学等体裁。在各种体裁中又有多种样式。

孔门四科之一。《论语·先进》："文学，子游、子夏。"邢炳疏："若文章博学，则有子游、子夏二人也。"亦指教贵族子弟的学科。《宋书·雷次宗传》："上留心艺术，使丹阳尹何尚之立玄学，太子率更令何承天立史学，司徒参军谢元立文学。"

指辞章修养。元结《大唐中兴颂序》："非老于文学，其谁宜为？"

官名。汉代置于州郡及王国，或称"文学掾"，或称"文学史"，为后世教官所由来。汉武帝为选拔人才特设"贤良文学"科目，由各郡举荐人才上京考试，被举荐者便叫"贤良文学"。"贤良"是指品德端正、道德高尚的人；"文学"则指精通儒家经典的人。魏晋以后有"文学从事"之名。唐代于州县置"博士"，德宗时改称"文学"，太子及诸王以下亦置"文学"，明清废。

期刊。左联机关刊物之一。1932年4月25日在上海创刊。半月刊。刊有冯雪峰、瞿秋白关于大众文学的文章。仅出一期，即被国民党政府查禁。文学刊物。1933年7月在上海创刊。月刊。郑振铎、傅东华、王统照先后任主编。发表文学创作与文学理论，是当时影响较大的文学刊物。1937年11月出至第九卷第四期停刊，共出五十二期。

文化：笼统地说，文化是一种社会现象，是人们长期创造形成的产物。同时又是一种历史现象，是社会历史的积淀物。确切地说，文化是指一个国家或民族的历史、地理、风土人情、传统习俗、生活方式、文学艺术、行为规范、思维方式、价值观念等。

关于文化的分类。H.H.Stem 根据文化的结构和范畴把文化分为广义和狭义两种概念。广义的文化即大写的文化，狭义的文化即小写的文化。广义地说，文化指的是人类在社会历史发展过程中所创造的物质和精神财富的总和。它包括物质文化、制度文化和心理文化三个方面。物质文化是指人类创造的种种物质文明，包括交通工具、服饰、日常用品等，是一种可见的显性文化；制度文化和心理文化分别指生活制度、家庭制度、社会制度，以及思维方式、宗教信仰、审美情趣，它们属于不可见的隐性文化。

包括文学、哲学、政治等方面内容。狭义的文化是指人们普遍的社会习惯，如衣食住行、风俗习惯、生活方式、行为规范等。

Hammerly 把文化分为信息文化、行为文化和成就文化。信息文化指一般受教育本族语者所掌握的关于社会、地理、历史、等知识；行为文化指人的生活方式、实际行为、态度、价值等，它是成功交际最重要的因素；成就文化是指艺术和文学成就，它是传统的文化概念。

文化的内部结构包括下列几个层次：物态文化、制度文化、行为文化、心态文化。

物态文化层是人类的物质生产活动方式和产品的总和，是可触知的具有物质实体的文化事物。

制度文化层是人类在社会实践中组建的各种社会行为规范。行为文化层是人际交往中约定俗成的以礼俗、民俗、风俗等形态表现出来的行为模式。

心态文化是人类在社会意识活动中孕育出来的价值观念、审美情趣、思维方式等主观因素，相当于通常所说的精神文化、社会意识等概念。这是文化的核心。

有些人类学家将文化分为三个层次：高级文化，包括哲学、文学、艺术、宗教等；大众文化，指习俗、仪式，以及包括衣食住行、人际关系各方面的生活方式；深层文化，主要指价值观的美丑定义，时间取向、生活节奏、解决问题的方式，以及与性别、阶层、职业、亲属关系相关的个人角色。高级文化和大众文化均植根于深层文化，而深层文化的某一概念又以一种习俗或生活方式反映在大众文化中，以一种艺术形式或文学主题反映在高级文化中。

文化是一个非常广泛的概念，给它下一个严格和精确的定义是一件非常困难的事情。自 20 世纪初以来，不少哲学家、社会学家、人类学家、历史学家和语言学家一直努力，试图从各自学科的角度来界定文化的概念。然而，迄今为止仍没有获得一个公认的、令人满意的定义。据统计，有关"文化"的各种不同的定义至少有二百多种。人们对"文化"一词的理解差异之大，足以说明界定"文化"概念的难度。

什么是文化？广义指人类在社会历史实践中所创造的物质财富和精神财富的总和。狭义指社会的意识形态以及与之相适应的制度和组织机构。作为意识形态的文化，是一定社会的政治和经济的反映，又作用于一定社会的政治和经济。随着民族的产生和发展，文化具有民族性。每一种社会形态都有与其相适应的文化，每一种文化都随着社会物质生产的发展而发展。社会物质生产发展的连续性，决定文化的发展也具有连续性和历史继承性。泛指文字能力和一般知识：学习文化、文化水平。

文化的定义很多，许多社会学家和人类学家都下过定义，曾作过统计：自 1871—1951 年，关于文化的定义有 164 条之多，泰勒是现代第一个界定文化的学者。他认为文化是复杂的整体，它包括知识，信仰，艺术，道德，法律，风俗，以及其他作为社会一分子所习得的任何才能与习惯，是人类为使自己适应其环境和改善其生活方式的努力的总成绩。此意义是否合理，W.H.Kelley 对它提出了以下的批评，定义的方式有毛病，这种方式永远不能将概念所包含的全部内容都罗列出来，"其他"虽可概括未罗列出的东西，但如果没有别罗列出来，就容易被人忽略。定义中没有列出"语言"，而语言是文化中重要的部分。整体一词不合适，文化的组成部分之间是有矛盾的，强调整体就只突出了和谐。人类创造出的文化，不一定是为了改善生活，也有破坏的一面。

如果把语言包括进去，该定义列出了文化的重要组成部分。整体一词并不排除矛盾，任何事物都是矛盾的总体。人类创造的文化是有破坏的一面，但不要初衷，是意愿与实际的偏差，文化的创造本来是为了适应和改善生活，但结果相反，因此，张凡月先生认为，如果加上语言，此概念是可以的。美国社会学家 David popenoe 则从抽象的定义角度对文化作了如下的定义，一是一个群体或社会就共同具有的价值观和意义体系，它包括这些价值观和意义在物质形态上的具体化，人们通过观察和接受其他成员的教育从而学到其所在社会的文化。此定义的前两句概括了泰勒的第一句，文化对于人类来说，就像是本能对于动物一样，都是行为指南。Robin FOX 更进一步指出，文化和本能的性质相通，二者都为某一种族成员所共有，大部分文化行为也像本能一样，是潜意识的，不必通过思考而才学到。将它的刺激就能引起特定的反应；因为个人在生长过程中，经常在不知不觉间将社会现存的生活方式及习惯保存入脑，形成文化密码，由于这些离子的作用人就可以不经过大脑而得出种种行动，这一点上，与动物受到体能的支配一样；后天学习而得。

文化的构成。David 总结文化的要素主要为 3 个：符号，定义和价值观。这些是用于解释现实和确定好与坏，正确与错误的标准，包括语言和符号，规范准则，对在一个特定的社会中人们应该怎样思想，感觉和行动作出的解释，包括习俗，道德，宗教和法律。物质文化——实际的和艺术的人造物体，它反映了非物质文化的意义，包括机器、工具、衣服、房屋等。

文化促进了人类社会的发展。文化的发展使人类能根据它的有利条件来改变环境，以及改变自己的行为方式来适应改变了的环境条件，在产生文化以前，人类只能通过生物进化来适应环境的变化，文化使人的适应过程加快了许多。当一种猎物灭绝后，猎手猎另一种动物的战术又会产生，文化促进了人体生物进化。人脑越来越发达，人手越来越灵活，文化本身成为人类环境中的一种力量，它无论是范围上，影响上都变得和环境一样重要，而且自己也处于动态进化过程中。

符号与语言符号。文化的存在依赖了人们创造和运用符号的能力；什么是符号指能有意义地表达某种事物的任何东西。字，数字，一把斧头和镰刀符号的功能，传递和保存复杂的信息，借助符号人类可以创造文化和学习文化，帮助理解抽象概念。上帝，正义，爱国主义。中国传统文化基本精神诸说。中国传统文化的基本精神，从实质上看，就是中华民族的民族精神。关于中国传统文化的基本精神，论者有诸多看法。有的学者认为，中国传统文化长期发展的思想基础，可以叫做中国传统文化的基本精神，文化的基本精神是文化发展过程中的精微的内在动力，即是指导民族文化不断前进的基本思想。中国传统文化的基本精神就是中华民族在精神形态上的基本特点。中国的民族精神基本凝结于《周易大传》的两句名言之中，这就是："天行健，君子以自强不息"。"地势坤，君子以厚德载物"。"'自强不息厚德载物'是中国传统文化的基本精神"。"中庸"观念，虽然在过去广泛流传，但是实际上不能起推动文化发展的作用。所以，"不能把'中庸'当成中国传统文化的基本精神"。

中国传统文化的基本精神还表现为以德育代替宗教的优良传统。有的学者认为，"中国传统文化之根本精神为融和与自由"。有的学者认为，以自给自足的自然经济为基础的、以家族为本位的、以血缘关系为纽带的宗法等级伦理纲常，是贯穿于中国古代的社会生产活动和生产力、社会生产关系、社会制度、社会心理和社会意识形式这五个层面的主要线索、本质和核心，"这就是中国古代传统文化的基本精神。"有的学者认为，中国的民族精神大致上可以概括为四个相互联系的方面。理性精神。集中表现为具有悠久的无神论传统，充分肯定人与自然的统一和个体与社会的统一，主张个体的感情、欲望的满足与社会的理性要求相一致。总的来看，否定对超自然的上帝、救世主的宗教崇拜和彼岸世界的存在，强烈主张人与自然、个体与社会的和谐统一，反对两者的分裂对抗，这就是中华民族的理性精神的根本，自由精神。这表现为人民反抗剥削阶级统治的精神。同时，在反对外来民族压迫的斗争中，统治阶级中某些阶层、集团和人物也积极参加这种斗争。说明在中国统治阶级思想文化传统中，同样有着"酷爱自由"的积极方面；求实精神。先秦儒家主张"知之为知之，不知为不知"，知人论世，反对生而知之；法家反对"前识"，注重"参验"，强调实行，推崇事功；道家主张"知人""自知""析万物之理"。这些都是求实精神的表现。此外，中国传统文化还具有发展的观点、自强不息和好学不倦的精神。有的学者认为，中国传统文化的精神是人文主义。这种人文主义表现为不把人从人际关系中孤立出来，也不把人同自然对立起来，不追求纯自然的知识体系，在价值论上是反功利主义的，致意于做人。中国传统文化的人文精神，给民族和国家增添了光辉，也设置了障碍，它向世界传播了智慧之光，也造成了中外沟通的种种隔膜，它是一笔巨大的精神财富，也是一个不小的文化包袱。

文化是指人类所创造的精神财富，如文学、艺术、教育、科学等。在考古学上则指同一历史时期的遗迹、遗物的综合体。同样的工具、用具、制造技术等是同一种文化的特征。有时文化也指文明。

早在原始社会时期，人类就已经形成的第一次分工，产生了农业民族和畜牧民族，但早期文化都是在农业民族中产生的，因为畜牧民族要逐水草而居，居无定所，不容易产生大规模的聚居，对文字没有迫切的需要，而农业民族容易形成大部落，兴修水利需要大量协同工作的人群，所以最早的大国家和奴隶制都产生于农业民族。有了大国家和奴隶制才能产生大批聚集的有闲阶级，他们发明了文字，促使形成脑力劳动和体力劳动的人类第二次分工。从而产生狭义的文化（广义的文化指所有人类的活动，都可以叫作文化）。

从哲学角度解释文化，认为文化从本质上讲是哲学思想的表现形式。由于哲学的时代和地域性从而决定了文化的不同风格。一般来说，哲学思想的变革引起社会制度的变化，与之伴随的有对旧文化的镇压和新文化的兴起。

从存在主义的角度，文化是对一个人或一群人的存在方式的描述。人们存在于自然中，同时也存在于历史和时代中；时间是一个人或一群人存在于自然中的重要平台；社会、国家和民族（家族）是一个人或一群人存在于历史和时代中的另一个重要平台；文化是指人们在这种存在过程中的言说或表述方式、交往或行为方式、意识或认知方式。文化不仅用于描述一群人的外在行为，文化特别包括作为个体的人的自我的心灵意识和感知方式。一个人在回到自己内心世界的时的一种自我的对话、观察的方式。

文化是共有的，它是一系列共有的概念、价值观和行为准则，它是使个人行为能力为集体所接受的共同标准。文化与社会是密切相关的，没有社会就不会有文化，但是也存在没有文化的社会。在同一社会内部，文化也具有不一致性。例如，在任何社会中，男性的文化和女性的文化就有不同。此外，不同的年龄、职业、阶级等之间也存在着亚文化的差异。

文化是学习得来的，而不是通过遗传而天生具有的。生理的满足方式是由文化决定的，每种文化决定这些需求如何得到满足。从这一角度看，非人的灵长目动物也有各种文化行为的能力，但是这些文化行为只是单向的文化表现如吃白蚁的方式警戒的呼喊声等。这和人类社会中庞大复杂的文化象征体系相比较仅显得有些微不足道。

文化的基础是象征。这些其中最重要的是语言和文字，但也包含其他表现方式如图像（如图腾旗帜）肢体动作（如握手吐舌）行为解读（送礼）等我们几乎可以说整个文化体系是透过庞大无比的象征体系深植在人类的思维之中而人们也透过这套象征符号体系理解呈现在眼前的中种种事物。因此如何解读各种象征在该文化的实质意义便成为人类学和语言学等社会学科诠释人类心智的重要方式之一。

文学是文化的丰富载体，也是传播文化的有力传媒。同时，文化又是培育文学的丰腴精神土壤。两者存在相生互动的生态关系。文化在历史上从来是文学生长的精神土壤，制约着作家的精神状态。一个国家和民族的文化水平的高下，还往往决定文学发展水平的高下。文化的繁荣也一定会促进文学的繁荣。而文学作为文化的重要部分和传播文化的有力载体，文学的繁荣也会有利于文化的繁荣，反之，文学的颓败则可能助长文化的颓败。可见，文学与文化彼此存在深层的相生互动的关系。

在文化的各种构成中，制约人们精神状态的道德、宗教、哲学等文化，特别是构成文化核心部分的世界观、人生观、价值观，与文学关系尤为重要和密切。

文学既广泛反映文化的内容，同时，作家因自己赞同或反对某种文化，文学作品反过来也能在不同程度上影响文化的发展。

我国古代统治者认为巩固统治秩序的四大支柱是"礼乐刑政""礼"指的是道德伦理。"乐"指的是文学艺术。"刑"与"政"指的就是政治法制方面的行为与文化。如果说国家是阶级统治的工具，那么一定社会的政治法制和伦理道德就是保障统治阶级利益的最有权威性的行为与精神规范。它们与文学虽有区别，却往往是文学表现的重要内容，而文学也往往通过自己的传播，宣扬或反对一定的政法文化与道德文化。

政法文化和道德伦理自然都是人类社会发展过程中逐步形成的，并且渗透于人与人彼此关系的系列行为中。文学要描写人，自然不能不在一定程度上反映人的道德伦理规范和处于一定政法制度、思想中的生存状态。文学艺术的审美判断和审美创造，往往都体现着真、善、美的统一。善就包含政法与道德判断，文学作品由于通过艺术形象感染和熏陶，使读者于审美感受中不知不觉地受到思想的教育，包括受到政法和道德伦理的教育。文学艺术的一个伟大的历史作用就在于使人们的精神世界得到丰富和升华，其中也包括使人们获得伦理道德方面的不断进步。历代优秀的杰出的作家通过自己的作品总在这方面作出不同程度的贡献。而某些道德沦丧的作家，他们的作品自然也就起着这方面的负作用。进步的作家总站在时代潮流的前头，宣扬适合于社会经济基础变革的进步的伦理道德，从而使自己的作品有益于世道人心，有益于社会历史的前进。今天我国作家更要通过自己作品所塑造的艺术形象，大力宣扬社会主义的道德伦理，宣扬爱国主义和集体主义，为建设社会主义精神文明作出积极的贡献。

宗教文化与文学在历史上也早有密切的关系。宗教和文学都需要想象，而且在古代，人类的宗教想象和文学想象往往混在一起。文学作品不但表现有宗教内容，并且由于自己的艺术性，成为宣传宗教信仰的有力的工具。因此，宗教也很乐于利用文学作为它的工具。这在宗教力量强大的国家尤为如此。同时还看到，在这样的国家，宗教还往往采用各种办法来干预文学，包括禁止某些文学作品的存在。有的国家甚至要对触犯一定宗教的作品和作家采取法律制裁。

宗教有落后迷信的成分。但宗教思想中又往往包含人类对于理想世界的一种乌托邦式的追求。在一定条件下，宗教可以有益于社会，成为维系社会稳定的力量；而在另一条件下，宗教则可能有害于社会，成为社会的破坏力量。

文学与哲学都是人类精神的花朵，又似乎是对立的两极：一个是形象的；一个是抽象的。文学作品很容易为广大读者所接受，而哲学著作则往往只能在社会精英的有限范围内才得到阅读和理解。读文学作品，会得到审美的愉悦；读哲学著作则得到的主要是智慧的启迪。在人类的原始精神现象中，比如在神话传说、在巫术占卦的说辞中，也往往兼具有文学与哲学的要素。原始人类通过自己的思维，企图去说明世界，而当时他们的思维基本是映象思维，对世界的抽象思考往往包含于映象思维里。后来掌握世界的哲学抽象的方式与掌握世界的艺术形象的方式才产生分离。文学通过形象的描绘去表现人自身和人与人、人与自然的关系；哲学通过抽象思考企求回答人与宇宙生存的基本问题的答案。但在文学中含有哲学的因素，却由来已久。

自然，不能要求所有的作家作品都表现政法观念或道德、宗教和哲学的思考。因为人们阅读文学作品主要是为了满足自己对于审美愉悦的渴求，而非为了寻求其他。有相当多文学作品即使没有反映政法、道德、宗教、哲学等内容，也得到许多读者的喜爱。而有些文学作品只不过图解上述内容的浅薄概念，反令人不忍卒读。但尽管如此，一部厚重的作品如果完全缺乏上述文化的内涵，只停留在对生活现象的琐屑的表面的描绘，那么，它的价值就必然要逊色。而一部作品如果包括对人生的深刻思考和哲理睿智，又有极其出色的文学描写，形象鲜明，文字优美，那么，它就可能进入上乘之作的行列，这恐怕也是殆无疑义的。如果你期望自己成为一个不是平庸的、浅薄的，而是卓越的、杰出的作家的话，更是如此。人们说，伟大的作家总也是伟大的思想家，这是历史的事实。真正伟大的作家，他总要思考人生，不仅关心人类的命运，也关心宇宙的命运，而且把笔墨深入文化的土壤。他不仅用自己的笔，生动地描绘各方面的人生，更力求通过对文化的批判性思考，对人类文化的发展提供丰富的正能量。

二、创造文学与文化互动双赢的生态

文学与各种文化的互动，体现在三个方面：一是文学反映广泛的文化内涵，并因自己对文化的批判性思考，可能促进文化的发展与进步；二是作家的精神状态因受到自己文化视野和文化信仰的制约，从而也可能使作品对文化的发展和进步产生消极的负面的作用；三是文化所形成的环境，既可能因其先进的趋势而使文学得益，使作家写出具有高度思想和艺术水平的作品，也可能因其颓败的趋势而阻碍文学的发展，使众多作家的作品走向平庸和颓废，跌落在创作的低谷之中。所以，建设良好的文学与文化的互动生态关系，必然是今天所特别要重视的。

在建设文学与文化双赢的生态关系上，从历史经验看，可以和应该做的就是要不断改善和创造有利于文学和文化良性互动的整体文化环境。

要努力实现全民教育的普及和文化的提高，从而为作家文化水平的提高和广大有文化的文学受众的形成，创造必要的平台。这是文化环境最重要的方面。它不仅为文学的繁荣提供广泛的需求，也为作家水平的提高提供必要的条件。不能设想一个文化落后、颓败的国家和民族能够产生伟大的作家和伟大的文学，我国文学史上"汉唐气象"的恢宏，与当时文化的昌盛分不开；俄罗斯 19 世纪文学的崛起，也与彼得大帝大力改革，兴办教育，学习西欧先进文化密切相联系。文化是文学的重要生态环境条件，是文学所赖以吸收广泛营养的丰腴土壤，作家必须从自己时代的文化中去汲取思想的启迪、艺术的素养和审美的风尚，更需要从当代吸取语言的矿藏和方方面面文化生活的体验。文化的贫瘠往往意味着文学作品内涵的贫瘠。作家的文化修养越高，文化视野越开阔，他的作品就越可能攀上时代的高峰。杜甫所说"读书破万卷，下笔如有神"正是作家的经验之谈。可见作家把自己的创作根须深深扎入文化土壤对于发展文学的重要。反过来，文学对传播文化，提高读者的文化素养也起着不可磨灭的作用。正是整个国家、民族的文化水平的提高，才能为具有文化和艺术欣赏水平的广大读者的培养创造良好的条件。而具有较高文化水平的大量读者存在及其所产生的文学需求，则是文学繁荣发展的十分重要的前提。文学十分繁荣的国家和民族，其文化鲜有不繁荣的。

要坚持"古为今用，洋为中用""推陈出新""百花齐放，百家争鸣"的文化方针。历史表明，这是发展和繁荣文学艺术与文化的正确政策方针。文化各部分的良好生态关系的构建，也是文化和文学繁荣昌盛的必要条件。文化和文学的繁荣和发展，都需要变封闭为开放，善于汲取中外文化的有益养分，处理好意识形态中的传统与未来，主导与多元，民主与现代化的辩证关系，必须在多样化的发展中突出社会主义的主旋律，求同存异，取长补短，相互对话，相互补充，并且锐意创新。

第九章　语文教学文学艺术思维培养策略

第一节　艺术思维的概述

一、艺术思维的概念

所谓艺术思维，具体地来说，就是通过创造具体生动的形象来反映社会生活和自然环境，并以美的感染力具体影响人的思想感情和社会生活的一种对世界的艺术掌握的特殊方式的思维活动。

严格地来说，艺术思维属于"审美—艺术思维"。也就是说，艺术思维实际上就是审美思维。审美思维，实际上就是人类艺术形式化观念形成的一个标志。这种审美思维的产生，只有当人类的智力发展到一定水平时，艺术作为一种社会现象才能产生出来。也就是说，人类具有了形式化观念，他才具备了审美思维的能力，在这种思维的引导下，才能创造出具有真正艺术价值的艺术作品，而且在艺术创造的思维方式上也明显地打上了一种形式化的印记。

尽管原始人创造的艺术不能和今天的艺术作品相比较，尽管实用的目的还比较明显，但它是人类艺术思维产生的必不可少的阶段。

艺术作为审美的对象，艺术成为审美的对象，取决于人类审美思维的成熟。如前所述，真正意义上的审美思维必须具备的条件就是形式化思维的成熟。

原始思维也不同于文明人类的思维，它具有非理智性、非逻辑性和意象性等特征。原始人把物质生产和精神生产合而为一，所以他们的时代就不可能生产出真正意义上具有纯审美性质的艺术品。因此，艺术思维的真正产生是在原始社会瓦解、人类文明产生的历史条件下发生的。

二、艺术思维的特征

艺术思维有两个主要特征：第一个特征就是具有形象性和典型性。艺术是依靠形象（色、声、形、情等）的美来表现人们对社会生活的理解、情感、愿望和意志的，它按照审美的原则来把握、再现生动具体的社会生活，并用美的感染力来具体地影响社会生活。因此，艺术家在创作的时候，要考虑形象问题。如唐代诗人中，李白的《黄鹤楼送孟浩然之广陵》一诗，写别情就用了"孤帆远影碧空尽，唯见长江天际流"的诗句，把别时景象有感于心者形象地写出，可谓情景交融；再如他的《劳劳亭》诗云："天下伤心处，劳劳送客亭。春风知别苦，不遣柳条青。"借春风有情来写离别之苦，说春风吹过而柳色未青，似乎有意不让人折柳枝送别。含情于中，形象生动。韦应物的《登楼寄王卿》诗："踏阁攀林恨不同，楚云沧海思无穷。数家砧杵秋山下，一郡荆榛寒雨中。"这也是通过对自然景物形象描写而抒发诗人居官自愧之情，读后令人如亲临其境。

艺术思维的生命力还在于它的典型性。艺术思维的典型不是某些个别具体事物的简单再现，而是概括和综合了客观事物和社会事物中的某些或某方面本质的东西。艺术形象越是典型，概括的范围就越是广泛，它的教育意义也就越大、越普遍。因此，艺术思维不同于道德思维和政治思维。评价艺术只能用美学标准，而不能简单地用道德标准或政治标准。

艺术思维的第二个特征是独创性与普遍性。美国当代著名美学家 H. 闵斯特堡在《艺术教育原理》一书中曾经指出，科学的特征是关联，艺术的特性是孤立。艺术家是以孤立的心灵去观照对象，从而将对象从诸多联系中孤立出来。因此，艺术作品一经形成就不会有任何重复。具有独创性的艺术作品只有在"群籁虽参差，适我无非新"的生命体悟中才能获得。正如叶燮所说："可言之理人人能言之，又安在诗人之言之；可证之事人人能述之，又安在诗人之述之；必有不可言之理，不可述之事，遇之于默会意象之表而理与事不灿然于前者也。"

艺术思维同时还需要有普遍性，也就是要做到"人人胸中所有，人人笔下所无"。艺术必须具有"群体功能"和普遍可传达性，要能够"以一性一情周人情物理之变"。也就是宋人张来所说的："夫诗之兴，出于人之情，喜怒哀乐之际，皆人之私意，而至大之天地，至幽之鬼神。"黑格尔曾说过，艺术是各民族最早的教师。艺术之所以对人具有普遍教育作用，不仅因为它在人类初期曾作为传授劳动经验、培养劳动技能的有效工具，而且还因为它能给人以美的享受、容易为人们所接受。

艺术作为意识形态上层建筑，它的作用就在于为一定的经济基础服务。一般来说反映先进的阶级和社会势力要求并为适应生产力发展要求的经济基础服务的艺术思维，必定对社会发展起到积极的推动作用；反之，则对社会发展起消极阻碍作用。社会主义艺术要求革命的思想内容和尽可能完美的艺术形式的统一，坚持艺术为人民服务、为社会主义服务的方向。但是，艺术思维具有历史继承性和人类共享性，所以，诸如莎士比亚的戏剧、歌德的诗、托尔斯泰和曹雪芹的小说、鲁迅的杂文等，都是全人类的精神财富和不朽的文化遗产，它们都具有永久的生命力。

三、思维与语言关系密切

只有人类才具有思维能力，人类的思维究竟起源于何时，至今尚无定论。不过，一般认为，"人类的思维运动迄今已越过了 300 万年的历史长河"。

思维虽然与环境、与实用的行动有关，但更不应当忽视的就是思维与语言的关系。劳动和语言相结合，既是人类起源和演化的推动力，更是由猿脑变人脑的原动力和人类思维起源的催化剂。思维与语言关系密切，这是中外考古学家和心理学家都肯定的一个事实。

语言对人类的发展关系巨大，连达尔文也认为，动物也有语言。既然如此，在这里，就有必要将人类的语言和动物的所谓语言区别开来。

譬如黑猩猩所谓的思维就始终停留在"前语言阶段"。事实上，黑猩猩连最起码的文化发展也无法达到。有些动物虽然也有手势语，但它们只是处在"情感性表达"和"社会情绪"的阶段。而人与动物的关键区别就在于人既有主观性表达，更有客观性表达，然而，在动物的各种活动中，没有证据表明动物达到了这个客观表述的阶段。

因此，可以断定，"动物并不具备人类那种成熟的语言形式，但动物之间在进行情绪活动、智力活动、交往活动时存在着一种'信号'的活动方式，这可以看作是动物的语言。"因此，"自然环境中的动物的'语言'当然并不具备人类思维的特点和人类社会交往的属性"。

"思维发展受制于语言"，这已经是一个无可争辩的事实。可以说，"没有语言，人就没有理性；而没有理性，也就没有语言"。没有语言，也就没有完整的思维了。因此，语言的形成与发展对人类思维来说就至关重要。可以说，人类是目前所知的"唯一使用语言的动物"，并且正是靠语言区别于其他所有动物。正是由于语言的缘故，正是由于意象思维的形成与发展，人类思维才逐渐形成，最终达到了能够表述自然、社会，以及内心世界的一切领域，甚至最终能够审美地表现自然、社会和人生，这正是由于语言的伟大奠基的结果。

四、艺术思维的发展过程

（一）人类最初的思维属于"感性思维"

人是具备自由创造能力的生灵。虽然在一小块土地上，在一件工作中，在一定空间的生活里，人的感官远不如动物的感官灵敏，但正因为这样，人才获得了一个长处，即自由。人的力量所具有的这种倾向我把它称为"思维"。所谓思维，就是人脑的机能和对客观存在的反映，是人脑接受、加工、存储和输出信息以指导人的行为的活动和过程。没有思维支配，人的所谓的自由也就会变得毫无意义。

（二）艺术的生命取决于思维

虽然思维和感觉、知觉有着密切的联系，但它们对于事物的反映在性质上还是有本质区别的。这主要表现在：第一，思维的反映对象一般总是比较复杂的，甚至是相当复杂的，因为思维对于事物的反映必然是远距离的、穿透性的、系统的；第二，思维的反映必须以感知的反映作为依据或基础，也就是说，人对事物的反映必然先是感知性的，然后才能上升到思维层面；第三，思维所反映的事物全部或者多数或者一部分都不是主体当时直接接触的，或者说干脆就是看不见的，而它们之间的一定联系或区分更是看不见的或者说是不容易看出来的。所以，思维是对事物的整体性反映，是一种潜在的"心理流"，而不是显性的、可直观的东西。第四，思维反映的范围相对来说也较为广泛和较为深入。对事物的感知性反映，可以说还是皮相、浅层次的，还不能反映事物的本质，而只有思维才能系统、概括和深层次地反映事物。

依据别人的经验或论断，这则是艺术家在进行艺术创造时需要切实注意和认真防止的。艺术思维是人类精神中影响最为广泛、最为深远、最具活力的因素。因此，可以毫不夸张地说，影响艺术创造的最重要的因素就是思维。艺术思维的成熟与否决定着一个艺术家一时创作的成功与否甚至他的艺术生命。

（三）语言是一切思维的支撑点

没有语言思维，也就不可能产生概念思维。概念思维，是理性认识的基本形式之一，就是反映客观事物本质属性的思维形式。而这中间，理性作为一种潜在的因素，贯穿其中。这里所说的"理性"，"是与某种机体组织相联系的唯一积极作用的思维力量"。人类的实践精神的掌握方式经历了一个由低级向高级发展的过程。人类的思维是从简单的模仿开始的，这和动物相类似。随着人类实践精神活动的不断深入化、复杂化、规模化和系统化，理性力量越来越强，概念就慢慢地产生了，人类从此便进入了概念思维阶段，标志着人类抽象能力的诞生。在概念产生以后，人们的思维就以概念为材料来进行，产生概念思维。概念思维使人增强了征服一切领域的信心，从此，"人拥有更自由地施展力量的空间"。概念思维与艺术思维有所不同，它是以语言为思维的物质手段的，所以语言学家称它为语言思维。

概念思维并不排斥艺术思维。相反，人的艺术思维在概念思维的影响下得到新的发展，成为与最初的即无概念的艺术思维不同的思维形式。这也就是说，有了概念思维以后，它就必然参与、影响、制约着艺术思维，从而把艺术思维提高到了一个新的水平。

语言支撑着一切思维形式，而最能展示语言"才华"的天地莫过于艺术思维了，意象的创造正是靠语言来进行表述的。

（四）艺术思维的过程就是创造意象的过程

与科学思维不同，艺术思维是以象征思维为主，以意象思维为核心的。这是因为艺术的掌握是对世界的诗意的、审美的掌握，而任何审美价值都体现在一定的物象或形象上。真正意义上的艺术活动，是从人的审美理想和审美需要出发、以创造艺术意象为目的的活动。

这一意象就是遵循亚里士多德的"把谎话说得圆"来创造的，因而它可以是想象的、虚构的，甚至是实际上并不存在的，这是艺术掌握中的意象思维与实践精神的掌握中的意象思维的不同。但艺术活动不管怎么样都是离不开具体形象的，这就决定了艺术思维是以意象思维为主的一种思维形式。象征思维，更主要的是一种艺术表现手法，就是艺术家通过艺术思维的想象和联想活动，凭借某种具体的物象来表现与这种物象的形态、属性相类似的思想感情。所谓意象思维，则是艺术思维创造与描述环节的基本思维形式。是由表象概括而成的理性形象，是事物的表象与主体对其深层之理解的辩证统一。意象以语词为其物质形式。语词既有抽象概括性，又有具体形象性。文学艺术通过语词表达形象化的概念——意象，进行形象创造。艺术思维的出发点就是要紧紧抓住审美属性，进而形成审美意象。

艺术思维的第二步就是要把一般的审美意象转化为艺术典型形象。这个过程是一个分析与综合的过程，是抽象与概括的过程，是把特点、情节分离，进行归纳、概括的过程。经过这种思维过程创造具体形象。当然，这个思维过程的每一步都伴随着意象运动，思维的基本材料是意象，思维的运用，诸如分析和综合，主要是使意象和意象不断结合，简单意象综合为复杂意象，单一意象综合为复合意象，初级意象综合为高级意象，最后形成完整的艺术典型或者是构成一种象征体系，通过有序的语言表达出来，这就是艺术创造的过程。这个过程一般是概念思维在前，即先形成概念，然后才进行艺术思维；而在进入艺术思维过程后，概念思维就会退居从属地位，它不能代替意象思维。

艺术思维中的意象思维是自由的、不受观念和时尚制约、影响的。而其他思维中的所谓意象思维实际上是对概念的图解，其中的联想和想象是从属于观念的，联想和想象实际上是观念的外壳，其联想和想象是按照推理的方式来创造意象的，如果以这种方式进行艺术创造，那就只能创造出公式化、概念化的毫无感染力和毫无意义的东西来。

第二节 文学中的艺术思维类型

一、诗歌思维

诗歌艺术思维最突出的特点就是想象。当一个人感情异常丰富时，他就会浮想联翩，要充分表达情感就要展开想象。想象是诗人情感抒发的最得力的工具。雪莱说："诗可以解作'想象的表现'。"诗人在创作诗歌时，思维异常活跃，感情也极为强烈，想象使诗歌更富有鲜明、生动的色彩。因此，活跃的想象造就了诗歌多种多样的表现手法。像李白《将进酒》中的"黄河之水天上来"、《蜀道难》中的"蜀道之难难于上青天"，这些夸张手法的出现与想象是密不可分的。只有想象思维完全开启之后，诗人才有可能完全投入到诗歌情景中去，从而创造出富有想象、夸张色彩的诗句。实际上，比喻往往就是实质上的想象与夸张，像苏轼的"欲把西湖比西子，淡妆浓抹总相宜"，诗人就是运用比喻手法，传神地写出了西子湖的美丽。可以说，奇妙的想象造就了奇妙的比喻。

想象思维不仅创造了诗歌中多种多样的写作手法，而且为诗歌增添了无穷的想象力，使诗歌富有意境美。

想象还是诗人概括与综合的基础。如杜甫的"朱门酒肉臭，路有冻死骨"，就写出了人人所见之事，但却道出了他人所不能言的寓意。强烈的对比，正是非凡想象的结果，从而深刻地揭示了冷酷的社会现实，抒发了诗人对社会不公平的强烈不满。因此，诗歌思维的主要核心是想象，它是诗歌思维的主要特点和出发点。

二、散文思维

散文的最大特点就是"形散而神聚"。因此，散文思维的出发点就是在表面的漫不经心中表现灵魂的聚焦。

抒情散文是一种通过描述某一事情的片段、某一人物的侧面、某一特定的自然景物来侧重抒发作者对生活的激情和感受的散文。因此，创作抒情散文时，作者往往托物言志，千方百计把自己的思想感情渗透到所描写的客观事物中去，使自己的本质力量对象化，把自然人化，或把自己自然化，使主观的"情"与客观的"物"融为一体，不可分离，难辨主客，从而创造出诗的意境。抒情散文就是凭借它优美的意境来感染人的。

作家在创作议论性散文时，其思维侧重点往往不在"情"，而在"理"。要将政论性与文艺性紧密结合，就要求作家在创作时其思维要有严密的推理、合乎逻辑的判断以及令人信服的论据。作家要通过作品摆出足以支撑论点的事实材料，经过判断、推理、论证，最后得出结论。这是议论性散文的一个重要的思维特点。

在叙事性散文中，报告文学所占的比重较大。因为这种文学形式能够迅速而及时报道社会生活中的重大事件和群众关心的事情。如约翰·里德的《震撼世界的十月》、夏衍的《包身工》等。报告文学所选取的材料一般都具有普遍的社会意义，并且通过作者的分析、议论，能够敏锐地提出并回答现实生活中的重大问题。并充分运用文学手段，对素材进行选择、取舍和艺术加工，在真人真事的前提下塑造形象和典型。在思维过程中，作家要明确热情歌颂新事物。可以叙议结合，可以声情并茂。把议论和抒情很好地结合起来。

综上所述，无论哪种类型的散文，都具有"形散神聚"的特点。所以散文家在创作活动中，其思维重心就在于放纵思想自由驰骋的同时，还要主题集中，用中心思想这条红线串起生活的珍珠。

三、小说思维

所谓小说思维，就是以创造典型形象为基本任务，以人物为中心组织情节、细节，以叙述、描写为主要方法的艺术思维活动。一部小说成功的标志，就是应该有一个或者多个能够站立起来的人物形象。《三国演义》《水浒传》《西游记》《红楼梦》《安娜·卡列尼娜》《红与黑》等古今中外优秀小说，都有几个甚至几十个不朽的文学典型。

小说构思的中心，就是要使人物站立起来、行动起来。而能够站立起来、行动起来的人物一般必定是性格鲜明的、活灵活现的。孕育人物，最重要的是确定人物性格。人物性格应该从他活动的环境中多方面地去展开。人物性格既要有确定的一面，又应该有不确定的一面。这样，就能够做到人物性格既鲜明又丰富，更有利于围绕人物性格来组织情节。情节实质上就是人物性格的发展史，也是人物关系的发展史。人物关系就是典型环境，就是主要人物、次要人物相互间的关系。一切自然的、社会的生活场景的描写，都要服从创造人物的需要。情节的重点需要鲜明、生动的细节描写。人物性格往往是从典型的突出的细节中得到表现的。如中国古典名著《儒林外史》中描写严贡生临死的时候，为了油盏里点了两根灯芯，从而伸出两个指头久久不能咽气。这一细节就很典型，因为它突出地表现了人物的吝啬性格。

人物性格，既要从行动中去显现，又要从心理上去刻画。即使是着重描写人物心理的小说，也仍然要展现人物的行动、人物对现实的态度。因为人物心理归根结底是人的现实活动的反映。现代小说在表现方法上有很多发展，如意识流小说，它打破现实生活的顺序，而以人物的意识活动为轨迹顺序，尽管如此，也仍然要写出人物的现实活动。否则这种意识就会失去历史的内容，变得不可理解。一般地说，中、长篇小说人物性格有一个形成的过程，而短篇小说由于篇幅的限制，一般只能截取生活的横断面，而不可能纵向地描写生活。

第三节　语文教学艺术与学生艺术思维的培养

一、语文教学中的艺术

（一）艺术与教学艺术

艺术，是个含义复杂的词语，包括以下含义：第一，泛指人类活动的技艺，包括一切非天然的人工制品；第二，指各种艺术创作活动；第三，专指美术、音乐、舞蹈、戏剧、文学等专供观赏的艺术作品。艺术不是自然之物，也不是一般的人工制品。它是人类发展的一种本质因素——创造力的体现，无创造性的活动都不在艺术的范畴。除此以外，艺术还具有形象性。艺术的另一个明显特征是作用于人的情感，与情感无关的行为、作品，都不能称为艺术。无论是宽泛的实用艺术，还是纯粹的欣赏艺术，创造性、形象性与情感性是艺术的共性。

最早提出教学艺术这一概念的是捷克教育家夸美纽斯。他于 1632 年写成世界上第一部以教学论命名的巨著《大教学论》，这本书的出版标志着教育成为一门科学。在这本书的卷首语"致意读者"中，夸美纽斯明确阐述了写作宗旨："教学论是指教学的艺术。……我们敢于应许一种'大教学论'，就是一种把一切事物教给一切人类的全部艺术，……是一种教得彻底、不肤浅、不铺张，却能使人获得真实的知识、高尚的行谊和最深刻的虔信的艺术。"

此后，许多教育家都对教育是科学也是艺术做了阐述，认为教学活动是一种艺术，其理由有三点：教学活动是一种创造行为；教学活动是一种作用于人的精神和情感领域的活动；教学活动本身具有审美价值。做到了这三点，必定会取得理想的教学效果。教学艺术是一种高水准的教学境界，并非一切教学活动都具有艺术性。教学艺术是一种符合教学规律的，具有创造性、情感性与审美功能的教学活动方式。

（二）创造教学艺术的途径

因为教学艺术是富有情感的活动，是一个有序的完整结构，是师生创造精神的外化，所以要实现教学艺术化，必须注意情感、知识与方法这三个方面。

1. 教学是善待学生的艺术

所谓教学艺术，不是教材处理、教法选择方面的技术，而是教师善待各种各样学生的良好心态。教育的本质在于使人性得到充分的发展与完善，要实现这一目的，就要求教师一定要爱学生。教师对学生的爱意、善意在教学过程中，会自然流露出来。这种发自内心的情感，在教学中会化为和谐的氛围。

2. 教学艺术是科学地把握教学内容的过程

教学艺术的创造是为了使受教育者在一种艺术化的氛围中接受教育，使教学能够最大限度地发挥作用，使学生的性格得到最充分的发展。教学艺术的主体部分是传授知识的艺术。离开了教学内容，教学艺术就失去了存在的价值。准确地把握教学要点，透彻地理解教学内容，广泛地收集教学材料，熟练地驾驭教学过程，是进行教学艺术创造的基础。

3. 教学艺术是灵活而巧妙地运用教学方法的智慧

教学艺术就其本质而言和其他艺术形式一样，是以富有创造性的方法营造一种使人愉悦的氛围，在视听空间具有具体性、生动性、趣味性和启发性。教学的艺术能够使学生在教学的全过程中始终保持良好的心态和旺盛的学习热情，能取得良好的学习效果。教学艺术离不开对教学方法的创造性运用，一般的教学方法必须升华，才能化为教学艺术手法。

二、语文教学艺术的特征

语文教学艺术是教学艺术的一个门类，它是对学生进行言语教育与文学教育的艺术性活动，具有其自身固有的特征。

（一）不因循守旧，显示创造美

1. 创造性地把握语文教学内容

语文教学艺术强调创造性地把握教学内容是由学科的丰富的人文性决定的。语文教学内容共有三大块：语言、言语、文学。语文能力训练的任务总共五项：思、听、说、读、写能力的培养。语文教材的内容富有文学性，语文课外活动丰富多彩。将多种教学内容融会贯通，巧妙组合，是对语文教学内容的再创造。

2. 语文教学过程的创造性设计

语文教学过程有其常式，如果教师只用常式而不能根据学生、教材的具体情况设计出科学的、新颖的教学过程，教学就失去了艺术性。例如，很多语文教师讲课文只用一个程序：介绍作家、作品、背景材料，分段、总结段落大意，概括主题和写作特点。这个程序是较为完整、可行的教学模式，但是不能年年月月地用下去。阅读教学的程序必须有变化。语文教学过程的富有创造性的设计，是语文教学艺术创造的重要方面。

3.语文教学方法的创造性应用

有很多使用频率很高的教学方法，都可以升华为艺术。艺术化的教学方法有两个主要特征：巧妙、灵活。因为，创造性地运用教学方法本身就是一种艺术活动。

（二）注重整体性，形成结构美

系统论美学认为：艺术、人类的审美活动，以及一个民族的文化的全部内容是一个整体，其中各种因素都处于一个完整的系统之中，因此分析事物应该遵循整体性、有机性、有序性、普遍性的原则，认识艺术现象和审美活动应该注意各个部分的相互作用及其之间的关系。在语文教学中，要求教师从教学设计到施教的过程，要从整体着眼，从整体与部分、整体与环境的相互关系中认识、把握教学的规律。由于语文教材本身的整体性、综合性很强，尤其是课文的内容与形式是个不可分割的有机的整体，所以语文教学艺术的完整性较其他课程更明显。

夸美纽斯在《大教学论》中指出：要把艺术与科学当作百科全书式的整体去教，如果不这样，知识对学生来说就会变成一堆木头，结果是这些学生领会这件事实，那些学生领会了别的事实，谁也没有得到一种周全的教育。应该牢记先哲的教诲，善于把一节课的内容同单元的教学内容联系起来。把本单元的内容与更长时间段的内容联系起来，从而使语文学科内容的整体性表现出来，使语文教学的各个环节不能脱节或矛盾而顾此失彼。教学论从它诞生时起就强调的教学整体性原则，在现代语文教育中应该得到进一步的发扬。

（三）重视简洁性，体现形式美

艺术家和科学家都认为简单是美的。高尔基说："没有什么比简单的自然更纯真更高雅的了。"教学艺术体现出的简单，其要素是教学思想的集中、明了和教学方法的简明、自然。教学过程中师生紧紧围绕一个中心，重点、要点突出，一切都进行得自然、妥当，水到渠成。在教学过程中，内容应该简明扼要，语言应当简洁凝练，板书应该简约明了，一切都做得干净、利落，给人以美感。简洁是教学艺术形式美的核心要素。

（四）讲求节奏性，构成旋律美

课堂教学如同演奏交响乐，有张有弛，有疏有密，从而形成音乐的节奏美。上课伊始，设计一段清新的导语，如同音乐篇章的序曲，将学生的注意力抓住，明确意向，打通思路。接着应该加重负荷，增大密度，趁着学生有兴致，可由读到讲，或由问到答，展开教学的中心内容。这样持续二十几分钟，教学任务会完成大半。然后继之以短时间的舒以品味，疏以润神。接着便应该进入概括、总结、练习、留作业阶段。

（五）展现形象性，突出文学美

语文教材中的文学作品具有鲜明的形象性，在钻研教材，设计教案及施教的过程中，教师应该进行再创造，使教材中的艺术形象更加丰满、生动地展现出来，而不能照本宣科地抽掉文学作品中的形象性，使之变成干瘪的教条。要在课堂上展现文学作品的形象性，要注意教学语言的风格，尽量运用富有文学色彩的语言讲析文学作品，用说明性、议论性的语言解析作品是必要的，讲解须精辟、简练。教师要设法引导学生进入文学作品所创造的意境，让他们能够体会到文学作品所独有的魅力，而不应该只是自己陶醉于其中，学生不知所云。作品的形象性和形象思维本身都伴随着丰富的情感。教师如果抽掉文学形象的情感，使之变成一种说教，就抽去了文学形象的灵魂。总之，语文教师以教学语言，从对理解作品形象、意境的引导和情感的传递等方面着手设计教学，才能展现语文教材的形象性，突出教材的文学美。

（六）把握抽象性，显示理性美

语文教学除了应强调形象和情感以外，还应该注意教学内容和思维训练所具有的理性美。语文教学中有很多内容是人的逻辑思维的产物，必须将它们还原为逻辑思维形式，如说明文、议论文、语法知识的学习。还有许多东西须凭借理性思维方式来解析，如对文章段落的讲解、作文训练等。因此，语文教学必须强调理性美。人类理性思维和抽象思维能力具有一种与形象思维迥异的审美价值。理性美的特点是它并非是以生动性和可感知的形式诉诸感官，而在于当审美主体运用逻辑思维把握了这些内容以后，产生了类似大彻大悟般的美感。

（七）注意趣味性，创设氛围美

教学艺术应当注意趣味性，以形成情趣盎然的课堂氛围。趣味性作为教学艺术的一个显著特征，古今中外的教育家对此多有精辟的论述。古希腊哲学家柏拉图认为：强迫学习的东西是不会保存在心里的。17世纪英国教育家洛克在《教育漫话》中写道："教育儿童的主要技巧是把儿童应做的事也变成一种游戏似的。"由此可见，在确认教学的知识性以后，应该考虑把趣味性放到重要地位。语文教学的趣味性应该体现在：让学生觉得有趣，激发他们的学习动机；让学生觉得有味，学了还想再学；让学生学有所得，堂堂课都有收获。

（八）追求独特性，创造风格美

风格是艺术作品或艺术创作中显示出来的艺术家的创作个性和艺术特色。教学风格是教学艺术创造活动中所显示出来的教师的个性心理特征与教学艺术特色的总和。马克思把风格看作是"精神个体性的形式"。教学风格是教师的德、学、才、情、识与教学技能融合为一体所产生的综合的艺术效应，具有明显的个性化的、独创的特征。并非一切教学活动都能形成"风格"，只有能够称为"艺术"的教学活动，才有风格。风格是作家成熟的标志，也是教学艺术成熟的标志。

根据教师课堂教学活动的总体特色，我国目前的中学语文教学艺术风格可以分为四类：情思激荡型、谨严朴实型、睿智深刻型和广博典雅型。教学风格具有创造性、稳定性、完整性、主导性及变化性。语文教学艺术风格的形成是教师卓有成效的创造性劳动的成果，单纯地模仿不可能形成教学风格；风格一旦形成就是相对稳定的，缺乏稳定性的特征不能称为风格；教学艺术风格和一切艺术作品一样，是一个完美而和谐的整体，其构成要素不能割裂；教学风格的主导性与变化性相统一，也是教学风格所具有的重要特征，即在保持一定的风格的同时，适当地变化风格，也是发展艺术创造力的有效途径。

夸美纽斯强调："教育人是艺术中的艺术，因为人是一切生物之中最复杂和最神秘的。"他认为："描绘艺术中的艺术是一件烦琐的工作，需要非凡的批判；不独需要一个人批判，而且需要许多人的批判……"语文教学艺术的创造与升华是语文教育工作者的永恒的事业。

三、语文课堂教学的艺术

教学是一种独具特色的艺术活动，语文课堂教学是语文教学艺术活动的中心。在教书匠和教学艺术家之间，最大的区别恐怕就是是否具有教学的创造性。应该认真研究语文课堂教学的艺术创造。

（一）导语设计艺术

导语是课堂教学的第一个环节，或能总摄全篇，或能统领一节课。它是课堂教学的门户，而不是可有可无的花边。导语设计的方法没有固定模式，下面提供一些实际操作的方法。

1. 由旧课导入

任何教学内容都不是孤立存在的，教师可以寻找新旧内容之间的联系点，从联系点出发设计导语。这样可以承前启后，既复习了旧知识，又引起学生对新课内容的预测和关注，同时也有利于他们领悟贯通知识的方法，真是一举三得。

2. 介绍时代背景

时代背景是学生理解文章的基础知识之一，教师应该尽可能使学生多了解背景知识。利用导语介绍时代背景是一种常用的方法。

3. 介绍作者

介绍作者可从不同角度着手，常用的方法有：介绍作者创作时的思想状况，介绍作者的写作动机，介绍作家的代表作。了解作者是理解作品的重要途径。关于名家名篇的知识，亦是语文教学的重要内容之一。阅读课的导语从介绍作者着手，既完成了讲析作品的第一个步骤，又传授了语文知识，所以这种方法便成为导语的常用形式。

（二）课堂提问艺术

提问在语文课堂具有多重作用，它是引起学习活动的常用的刺激信息。它能激发思考，培养思维习惯；能引导学生注意教材中的重点难点；能训练学生系统地回答问题，锻炼学生的表达能力；它是教师了解学生的重要手段，能促进师生之间的交流。教师在发问以前，对所提问题是否有必要，提问的时机是否合适，问题是否难易适中，这一问题与上个问题，以及之后将要提出的问题是否有内在联系等，都要心中有数。

1. 问题的明确性

教师提问首先要做到问题明确。提问明确就是要划定一个明确的问域，这是运用提问方法、提问艺术的基础。

2. 巧妙的曲问

陶行知先生说过："发明千千万，起点是一问；智者问得巧，愚者问得笨。"曲问是一种经过教师设计的巧妙的问题。或采取迂回的方法，或采取化整为零的方法，要经常变换提问的角度，而不是想起什么就直接问什么。

设计曲问应做到曲而不繁，力求曲而有效。同时曲问与直问应结合使用，不能一"曲"到底。

3. 提问的启发功能

至今还有人误以为启发式教学等于提问式，凡讲解就是注入式。一些教师由"满堂灌"变成"满堂问"，在语文课上展开了"提问比赛"。评价一节课，不问学生的实际收获，只要提问多，回答"积极"，就是好课。这些都是错误的、庸俗的教学观念。启发式既是科学的教学主张，也指一类（不是某一种）高质量的教学实践活动，其核心是对学生的思维发展具有启迪作用。运用提问的方法，首先应该注重提问的意义、质量和价值，应善于运用问题将学生导入思维的王国。教师能够提出富有启发性的问题，是一种高超的教学艺术。

4. 提问的坡度

苏联教育家赞可夫在《教育与发展》一书中提出了高难度的教学原则，强调要让学生"跳起来摘果子"，这很有道理。但是问题一下子提得太难，学生不能回答，就失去了提问的意义。教师应该讲究设置问题的坡度。《学

记》中说："善问者，如攻坚木，先其易者，后其节目。"要求提问应先易
后难。

5. 诱导式提问

诱导式提问并不要求学生回答具体的问题，而是引导他们产生浓厚的
学习兴趣和强烈的学习愿望。例如，于漪讲《孔乙己》时，提了很多问题：
根据鲁迅先生的学生孙伏园回忆，鲁迅先生在他所写的小说中最喜欢《孔
乙己》，为什么呢？有人说希腊神话是命运的悲剧，莎士比亚的悲剧是性
格的悲剧，易卜生的悲剧是社会问题的悲剧。那么，孔乙己悲惨的一生究
竟是怎样的一种悲剧呢？

6. 追问的艺术

追问是一种帮助学生理解教学内容，推进教学程序的提问方法。追问
由一连串的提问组成，有方向、有步骤地引导学生寻找答案。追问教学法
的倡导者是古希腊的苏格拉底。他认为，教师的使命就是启发学生自己去
发现存在于本性中的真理。苏格拉底称自己的追问法为"知识的产婆术"。
追问应强调学生的主体学习地位，强调在学生产生学习需要时再进行
追问。

运用提问教学方法，切忌问题过多过碎，截断了意流语脉，破坏了文
章的完整性。空泛的提问无法引起思维活动，属于无用的信息。不合逻辑
的提问会影响学生思维的发展，属于有害信息。只有树立正确的教育观念，
深入钻研教学内容，才可能将提问的方法升华为提问的艺术。

（三）课堂调控艺术

控制论越来越多地运用于社会科学。从控制论看，课堂教学是一个调
控系统。它包括两个分系统：教师的控制系统和学生的自控系统。教师的
控制流程与学生的自控流程是不能割裂的，二者通过教学的反馈回路沟

通、调整、深化，形成完善的课堂教学系统。把握课堂教学需要一种调控艺术，语文课堂教学调控可从以下方面掌握。

1. 氛围与节奏的调控

整学期的教学的"量"与"序"的安排，单元教学设计都属于宏观调控。一篇课文、一个单元练习或一节课是微观过程的调控，微观过程的调控应该重视氛围与节奏。

教学节奏是另一项调控内容。学生紧张时，教师应该让学生有所缓解，在学生学习不起劲时，则应该施加压力，使他们紧张起来。学生就加快了阅读速度，寻找答案。课堂教学的节奏不会如教案设计一样，一成不变，教师应审时度势，随机调控。

2. 教学定向、定位调控

语文课堂教学要受教学目的定向控制，这样才能将教学纳入正确的轨道。定向控制的特点是设点、定线、选角度。例如，讲朱自清的散文《绿》，在大学讲，就要研究现代散文的成就，朱自清散文的艺术特色及这篇散文的文学地位。在高中讲，主要作为典范的言语作品而学习，并不过多涉及现代文学史。这样就将教学定在散文欣赏这个点上，以理解课文、品味课文的基本内容与艺术美为基准，然后选择切入的角度。

3. 教学定序调控

定序调控表现在教学程序的调控上，它要兼顾教材的纹路与教学思路。语文教学程序大多依据课文的思路，有时也要变通。灵活地控制教学程序，是一种创造。定序调控应该考虑学生的接受思路。例如，综合性强的课文可采用先分解后综合的程序，帮助学生理解作者的写作思路；故事性强的课文，学生会更多地注意情节，可以先讲指导理论，然后再分析课文。

4. 教学定量调控

教学定量调控指在一定的教学时间，教师对一定的教学对象进行信息传递或智能训练活动的量次控制。量次不足，不能完成既定的教学任务；量次过于频繁，学生不胜负担，也会影响教学任务的完成。语文教学必须科学地研究定量控制。在一课时教学中，应该确定最佳篇幅量、生字量、词汇量、阅读理解量、写作量及其他各种作业的量。语文课堂教学的定量控制目前较为薄弱，有待改善。

5. 根据反馈信息调控

由受控者学生发出反馈信息，施控者教师根据信息及时调整教学行为是最常见的调控方式。对学生发出的信息，教师一定要敏锐地接受，迅速地判断，及时地处理。如果对这些信息反应迟钝，那么就不能有效控制教学。通过反馈信息，教师能准确地判断教与学之间的差距，准确地寻找学生的疑点、难点、错误点，灵活地调整教学速度，调整不平衡状态，从而使教学取得最佳效果。

艺术是人类创造力的产物。课堂是教师和学生生活的一个特殊的空间，教学空间的主要内容是知识的传授与能力的习得、智慧的碰撞与情感的交流。要提高课堂教学的质量，使师生对语文课堂教学充满向往而绝无厌倦之情，就必须不断注入创造性的内容。从这一方面说，语文课堂教学艺术创造是教学的需要与教学发展的必然。

三、语文教学中学生艺术思维的培养

新课程标准下，对培养学生的艺术思维和艺术能力提出了新的要求。在语文教学中，注重对学生艺术思维的培养，不仅有利于加深学生对文学作品内容的理解，帮助学生与作者形成情感上的共鸣，提高语文的学习效率，而且能够帮助学生形成正确的审美价值，培养高尚的艺术情趣。立足于语文教学，深入分析如何在语文教学中培养学生的艺术思维。

（一）培养学生的想象能力，实现语言的画面转化

想象力是人类社会进步和发展的重要推动要素。在语文教学中，教师应让学生根据自己的生活实际经验对课文内容展开想象，在头脑中形成生动形象的画面。如在教学朱自清的《荷塘月色》时，教师应引导学生抓住课文中的关键词句，"舞女的裙""零星地点缀的白花""月光如流水""袅娜地开着""羞涩地打着朵儿""像笼着轻纱的梦""远处高楼渺茫的歌声"等描写景色的句子，让学生运用丰富的想象力，把这些景物有机地融合成一幅荷塘月色图，把作者所描绘的景象与作者的写作背景和生活经历联系起来，体会作者表达的情感。在教学杜甫的《茅屋为秋风所破歌》时，教师可以引导学生抓住从"床头屋漏无干处"到"长夜沾湿何由彻"四句诗，从眼前之景和心中所想之景两个角度展开想象，体会作者忧国忧民的思想。

（二）激发学生的情感活动，体会作品的思想感情

情感活动是艺术表达的第一要义和最终目的，情感表达不仅是文学艺术作品的核心所在，也是语文教学的主要内容。许多优秀的文学艺术作品都凝结着作者的思想感情。例如，《紫藤萝瀑布》描绘了美丽动人的紫藤萝，激发了学生对大自然的喜爱之情；《风筝》表达了作者对童真童趣的歌颂，激发了学生对孩童时代的回忆。文学作品中不仅有许多鲜明生动的人物形象，如爱国科学家邓稼先、勇敢机智的小英雄雨来、俗世奇人泥人张等。在语文课堂教学中通过分析这些人物的形象，能够深入激发学生的情感活动，使其与作者共鸣。

（三）加强学生的移情训练，培养学生的艺术思维

一般来说，移情指的是情感的生发主体，也就是人，从自身的主观感受出发，为本没有情感的客观事物赋予感情，使它有思想、有情感，是人将自身的感情转移到客观事物上的一种修辞手段。在文学作品中比较常见。运用移情的手段，可以将作者的主观情感与外界的客观事物有机地融合在一起，是一种含蓄、委婉的情绪表达方式，达到寓情于景、情景交融的境界，不仅可以丰富文学作品的写作内容，而且可以让读者有身临其境的感受，能够加深读者对文学作品的印象，帮助读者更加深刻地理解作品内容和其中所表达的情感。例如，分析杜甫《月夜忆舍弟》中"露从今日白，月是故乡明"这一句诗，结合诗人颠沛流离的生活经历，作者把自己的思想情绪转移到露水和月色上，表达了作者对故乡的浓浓思念。

移情通常有三种主要的表现手法，分别是：比喻、拟人、夸张。比喻是指作者结合生活实际，用与甲物具有相似性的乙物来说明和描述甲物，例如，朱自清《荷塘月色》中写道"叶子出水很高，像亭亭的舞女的裙"，就是抓住了荷叶和舞女裙摆形状的相似之处，生动形象地描绘了荷叶舒展的状态。分析《紫藤萝瀑布》中"紫色的大条幅上，泛着点点银光，就像迸溅的水花"，将紫藤萝比作大条幅，将阳光的辉映比作晶莹的水花。通过这种表现手法，生动形象地描绘了阳光下的紫藤萝的美好姿态，让学生能够体会到大自然的美好和神奇，促进生发出对自然的向往和热爱。拟人是指作者赋予本没有生命的物体以生命，仿佛它是具有生命、具有情感的。例如，秦观在《春日》中写道："有情芍药含春泪，无力蔷薇卧晓枝。"为蔷薇和芍药赋予了人的生命，将雨后芍药和蔷薇的形态描写得别具情味。朱自清《春》中开篇写道："盼望着，盼望着，东风来了，春天的脚步近了。"为春天赋予了人的生命，"春天的脚步"生动地描绘了春之将近的

喜悦心情。夸张是指在文学作品中，作者为达到某种写作效果，而对事物的形态、程度刻意地夸大或缩小的修辞方式。例如，李白"白发三千丈，缘愁似个长"，将白发夸张成有三千丈长，突出了"愁"的程度。

因此，在语文教学中，教师应该注重学生对移情这一修辞手法的理解和感悟，帮助学生形成系统的艺术思维。例如，教师可以组织学生参加丰富多样的课外实践活动，让学生走出课堂，去体验生活中的万事万物，让学生结合自己的实际生活经验体会和感受蕴含在生活和自然中的艺术魅力，为学生语文学习营造轻松愉快的学习氛围。

总之，在语文教学中，渗透学生的艺术思维能力，不仅能增强学生的语文理解能力，提高学生的学习效率，而且可以丰富学生的精神世界，提升学生的审美能力。

参考文献

［1］ 王荣生. 语文教学之学理［M］. 商务印书馆有限公司，2022.

［2］ 孙立华. 基于核心素养的语文教学实践［M］. 北京：线装书局，2022.

［3］ 樊洁，崔琼，单云. 语文课堂教学创新实践研究［M］. 吉林人民出版社，2021.

［4］ 方相成，林忠港，毛然馨. 语文精准教学原理及案例评析［M］. 杭州：浙江大学出版社，2021.

［4］ 方相成，林忠港，毛然馨. 语文精准教学原理及案例评析［M］. 杭州：浙江大学出版社，2021.

［5］ 张泽建. 高校院校大学语文教学现状及改革探析［J］. 天中学刊，2008（2）：125-126.

［6］ 韦志成. 语文教学艺术论［M］. 南宁：广西教育出版社，2001.

［7］ 李新宇. 语文教育学新论［M］. 南京：南京师范大学出版社，2006.

［8］ 郭平. 中学教育学［M］. 成都：西南交通大学出版社，2015.

［9］ 王炳社. 艺术思维能力论［M］. 北京：作家出版社，2006.

［10］ 冉正. 语文思维教学论［M］. 桂林：广西师范大学出版社，2005.

［11］ 彭华生. 语文教学思维论［M］. 南宁：广西教育出版社，1996.

［12］ 卢金明. 语文课程教学设计论［M］. 北京：光明日报出版社，2013.

［13］ 秦先斌. 高中语文教学中人文素养教育构建思路与实践研究［J］. 文存阅刊，2020（35）：81.

［14］ 林红霞. 高职院校语文教学与人文素养教育的融合研究［J］. 百科论坛电子杂志，2020（6）：1043.

［15］ 尹携携. 大学语文教学与大学生人文素养培育探讨［J］. 产业与科技论坛，2020（10）：2.

［16］ 孙丽. 高职院校语文教学与人文素养教育的融合研究［J］. 当代教研论丛，2020（2）：2.

［17］ 古力巴哈尔·莫拉尼亚孜. 高职语文教学渗透职业精神与人文素养研究［J］. 世纪之星——交流版，2021（30）：2.

［18］ 呼艳. 高职语文教学渗透职业精神与人文素养研究［J］. 陕西教育：高教版，2022（1）：57-58.

［19］ 王子欣. 大学语文教学与大学生人文素养培育研究［J］. 成功：上，2021（12）：3.

［20］ 王艳杰. 高校语文教学如何体现其人文素养研究［J］. 知识经济，2014（6）：1.